JN436254

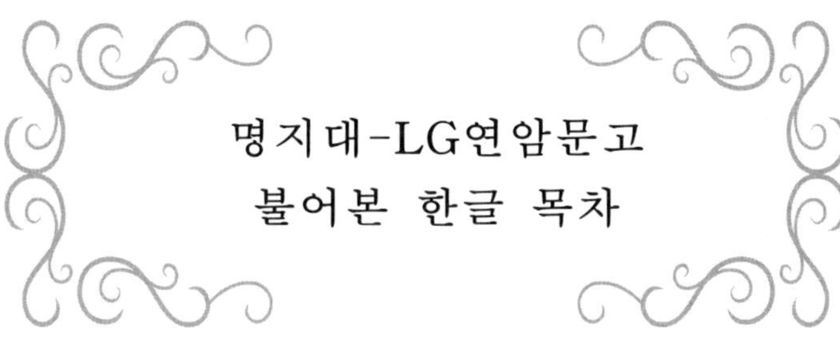

명지대-LG연암문고
불어본 한글 목차

책임편역자 김윤구
공동편역자 김차규
공동편역자 최경국

명지대학교 출판부

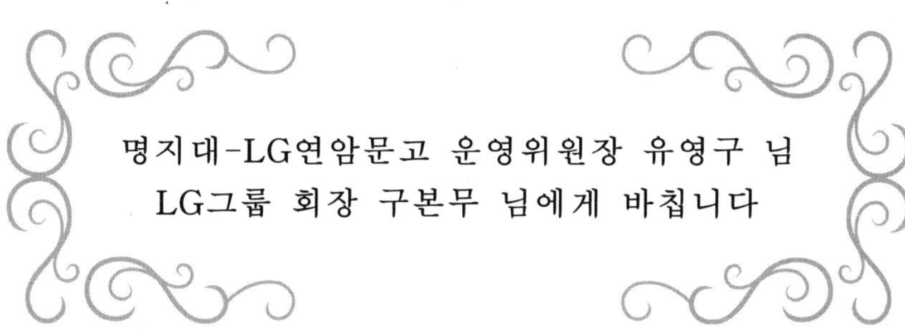

명지대-LG연암문고 운영위원장 유영구 님
LG그룹 회장 구본무 님에게 바칩니다

2012 서울

머리말

전통과 민족 문화에 대한 올바른 인식과 평가, 계승과 창조는 우리시대의 과제다. 그러나 이에 대한 갈망과 염원은 많은 경우 자료 부족과 시공간적 한계 때문에 곧잘 장애와 마주하게 된다. 따라서 한국학의 저변 확대와 연구의 체계화, 그리고 한국학의 위상 정립을 위해서는 먼저 한국학 관련 자료의 발굴과 확보가 가장 시급하다.

이러한 일은 범국가적 차원에서 시작해야 할 것이지만, 명지대는 1995년 광복 50주년을 기념하여 민족문화의 이해와 창달을 위해 외국인이 저술하고 해외에서 간행된 한국관계 귀중본을 수집하기로 결정했다. 이렇게 설립된 <한국관계고서찾기운동본부>는 조선일보사, 주식회사 문화방송의 후원과 LG 그룹의 협찬으로 1950년 이전에 발간된 한국관계 귀중본 고서찾기 운동을 국내외로 전개했다. 수집된 귀중본은 서양인이 쓴 한국 관련 서적 약 1만권, 일본 책과 중국 책 약 4천권, 합계 1만 4천권 정도이다. 명지대학교는 총 18개 언어로 기술된 이 수집 책들을 <명지대-LG연암문고>로 설정해 특별히 관리하고 있다.

<명지대-LG연암문고>의 이러한 자료는 종이로 된 것뿐만 아니라 견백류(絹帛類), 피혁류 등으로 나눌 수 있을 정도로 다양하다. 수집된 한국관계 고서들은 내용 면에서 다양할 뿐만 아니라 전 세계에서 단 한 권밖에 없거나 서너 권밖에 없는 희귀본들도 많다. 아울러 화첩, 지도, 삽화 등의 자료도 과거의 한국모습을 그대로 읽을 수 있는 귀한 자료들이다. 이렇게 귀중하고 풍부한 자료들을 심층적으로 연구하고, 한국학의 세계화를 실제적으로 수행하고자 명지대학교는 2001년 5월 <국제한국학 연구소>를 정식으로 발족시켰다.

따라서 <국제한국학 연구소>는 <한국관계고서찾기운동본부>의 현실적인 성과물인 <명지대-LG연암문고>의 수집 고서 목록과 해제작업을 통해 그 내용을 분석하고 체계화시켜 국내의 한국학과 국외의 해외한국학을 어우르는 국제한국학 분야의 연구를 지원하

고 수행하여야 하겠다. 나아가 전 세계적으로 진행되고 있는 한국학 연구 상황을 유기적으로 연계시켜 우리민족의 전통적 문화유산을 발굴해내고, 한편으로는 그것을 현대적 관점에서 실현하여 민족 문화를 국제적으로 앙양하여야 할 것이다. 그러한 목표를 실현시키기 위하여 <국제한국학 연구소>는 <명지대-LG연암문고>를 연구자들이 쉽게 접근하도록 준비하여야 했다. 그러나 고서는 열람시 파손의 위험이 있기 때문에 파손을 막으면서도 많은 사람들에게 책 전문를 제공하기 위해 <국제한국학 연구소>는 귀중한 자료들을 스캔해 디지털화 하여 현재 원문서비스를 제공하고 있다. 나아가 이 작업은 <국제한국학 연구소>가 2005년 "한국관련 서양고서 원문DB구축사업"의 주관기관으로 선정되어 현재에 이르기까지 3차 사업을 진행 했다.

이러한 디지털화 작업은 전문연구자들에게 원문 접근을 용이하게 한다는 점에서 굉장히 중요하지만, 다른 한편으로는 연구자들의 저변확대를 위해 언어문제를 극복할 필요성이 제기되었다. 이러한 목적을 위하여 <국제한국학 연구소>는 명지대학교가 특별히 마련한 연구비로 <명지대-LG연암문고> 가운데 중요하다고 판단되는 18개 언어로 저술된 문헌들의 목차를 한글 및 영어로 번역하였다.

앞에서 언급한바와 같이 <명지대-LG연암문고>는 18개 언어로(그것도 각 시대의 고어로) 쓰여진 1만 4천여 점에 이르는 방대한 분량이다. 이것을 중요도로 분류하고, 중요하다고 판단된 자료들의 목록을 한글로 번역한 다음, 다시금 영어로 번역하는 일은 그렇게 간단하지 않다. 뿐만 아니라 2001년부터 2005년에 이르기까지 진행 된 이 작업의 초벌번역과 재벌 번역에 참여한 국내외 학자들만 해도 40여 분이나 된다. 그렇게 하여 정리된 마지막 원고가 (18개 언어로 된) 원어 목록이 7권, 한글로 번역된 한글 목록이 7권, 그리고 이것을 다시 영어로 정리한 영어 목록이 7권이다. 언젠가는 이 21권 모두가 인쇄되어 국제한국학을 하는 연구자들에게 제공되어야 하겠지만 현실적인 사정이 여의치 못해, 가능한데로 연차적으로 간행을 하고자 한다.

마침 이번에 명지대학교 출판부가 힘을 보태어 이 사업의 결과물이 처음으로 빛을 보게 되었다. 우선 학자들이 접근하는데 있어 영어보다는 제2외국어로 쓰여진 책이 힘들 것 같아 불어로 쓰여진 책의 목록을 먼저 출간한다. 그렇지만 재벌까지의 번역이 끝나 있는 상태이기는 하지만, 마지막으로 또 한 번의 검사를 거치고, 또 그 이후에 입수된 서적들을 포함하여 다시 한 번 검토를 거친 다음에 인쇄를 하게 되었다. 이 작업도 1년여가 필요했던 만만치 않았던 작업이지만, 공편역자인 김차규 교수님이 기분 좋게 맡아서 해결해 주셨다.

여기에서 감사를 드려야 될 분들은 누구보다도 초벌번역과 재벌번역에 참여해 준 40여분들이다. 여기에서 한 분 한 분 거론할 수 없음을 양해 바란다. 그리고 이 책이 출간되도록 마지막까지 수고하신 공편역자인 김차규 교수님, 항상 함께 고민하고 참여해주신 공편역자 최경국 교수님 그리고 초벌과 재벌 번역 때 번역 내용을 컴퓨터로 정리해주신 정연대 선생님에게도 감사를 드린다. 또 <한국관계고서찾기운동본부>에서부터 <국제한국학 연구소>의 태동뿐만 아니라 <명지대-LG연암문고>를 실질적으로 정리해 오신 박인숙 사서선생님과 박태근 교수님 그리고 본 문고와 기영회 일을 도와주시고 계시는 백연진 사서선생님에게도 감사를 드린다. 아울러 이러한 연구가 이루어지도록 격려해주시고 현재도 <명지대-LG연암문고>의 고지도 수집에 물질적인 후원을 해주시고 계시는 LG연암문화재단의 이사장님이신 구자경 LG명예회장님과 LG그룹의 구본무 회장님께도 감사를 드린다. 그리고 이 연구를 처음부터 지금까지 후원해 주시면서도 말씀 한마디 없이 묵묵히 지켜봐주시고 기다려 주신 유영구 운영위원장님, 나아가 이 목록의 출간을 가능하게 해 주신 명지대학교 유병진 총장님과 출판부 선생님들에게도 심심한 감사의 말씀을 드린다.

책임편역자 김윤구

『국제 극동 연구회의 : 1902년 하노이 : 회의들에 대한 분석 보고서』
F. -H. Schneider, 1903, FRE 294 v.1

회의 준비
회의 구성
회의들

I. 12월 3일 수요일
II. 12월 4일 목요일. 오전 회의
III. 12월 4일 목요일. 오후 회의
IV. 12월 5일 금요일. 오전 회의.(통합 분과)
V. 12월 5일 금요일. 오후 회의.(2분과, 중국과 일본)
VI. 12월 6일 토요일. 오전 첫 회의.(1분과, 인도)
VII. 12월 6일 토요일. 오전 두번째 회의.(3분과, 인도-중국)
VIII. 12월 6일 토요일. 오후 회의.(통합 분과)
IX. 12월 8일 월요일. 오전 회의.(통합 분과)
X. 12월 8일 월요일. 오후 회의.(통합 분과). 폐회식

『국제 동양학 연구자 회의 : 첫 회기의 보고서』 Maison neuve et Cie, Editeurs, 1874, FRE 55

첫 회의. 9월 1일 월요일, 오전 9시 반에
학술협회 대표들의 접견
간부와 위원 선출
선출된 의장의 연설
두번째 회의. 9월 1일 월요일, 오전 11시에
공교육 장관, 바트비 씨의 편지
로즈 제독의 연설
상 수여
세번째 회의. 9월 1일 월요일, 오후 2시에
삼에시마 나오노부 씨의 연설
일본 문명의 가장 오랜 기념물들에 대하여
일본에서의 돌의 나이에 대하여-마가타마에 대하여 그리고 킨완과 진콴에 대하여
일본의 옛 거울들에 대하여
일본어로 된 색깔 이름에 대하여
일본에서의 옛 금화들에 대하여, 일본어로 번역된

일본과 중국의 고대시대의 몇 가지 물건들에 대한 관찰
일본의 고전학
하세 사원의 비문
대 호텔에서의 접견, 9월 1일 월요일, 저녁 9시에
선출된 의장에 의한 접견
네번째 회의–9월 2일 화요일, 오전 10시
일본어 본문들의 유럽어로의 베껴 쓰기
다섯번째 회의–9월 2일 화요일, 오후 2시에
교수인 블래즈 씨의 연설
일본인들에게서의 정치
일본인들의 원시 종교에 대하여
일본에서의 종교들과 신 불교
일본인들에게서의 여성의 이상
일본 정부의 수입
일본에서의 사서 증서하의 행위에 대한 서류에 관하여
일본에서의 마지막 혁명
여섯번째 회의–9월 3일 수요일, 오전 10시에
황색 인종의 인류학적 성격에 관하여
일본 국민의 기원과 초기 이주들
일본인들의 오세아니아의 섬들과의 교류
일본의 아메리카와의 관계
일본에서의 문신에 대하여
예조와 쿠릴 제도의 섬사람들, 아이누 인들에 대하여
아이누 어 본문에 대한 언급들
일본의 고대사의 자료들에 관하여
일본에 중국 글자들의 도입에 관하여
일본인의 구식 문자
지아쿠 시요라는 문자에 대하여
중국어 기호들에 대한 일본어 발음에 관하여
일본 시의 3일 저녁 연회
몇 가지 일본어 사투리에 관하여
소시, 혹은 일본 설화와 소설에서의 박자와 운율
만장의 꽃잎 수집
일본 문학의 주요 기념물들

일곱번째 회의-9월 3일 수요일, 오후 2시에
일본인들에게서의 세밀한 과학들
일본에서의 의학
일본 농업의 비료
일본의 양람, 재배와 제조. 일본어로 번역된 간단한 설명
일본에서의 누에
일본에서의 구리 광물
일본의 광물학에 대하여
대 호텔에서의 연회, 9월 3일 수요일, 저녁 7시에
의회의 전람회 방문, 9월 4일 목요일, 오전 9시에
여덟번째 회의–9월 4일 목요일, 오후 2시에
의장 연설
미아오 체 인들에 대한 민족지학
고대 중국어의 단음절성에 관하여
한대의 중국 왕조의 연대기에 관하여
之 소사의 의미 단순화
고대인들로부터 알려진 외국인들
고대 중국인들은 아메리카를 알고 있었는가?
중국에서, 그리고 다른 동아시의 국민들에게서의 성모
스탄이스라스 줄리앙
아홉번째 회의–9월 4일 목요일, 저녁 8시에
일본어 원문들의 유럽어로 베끼기에 관하여
국제 동양 연구자 회의에 의해 채택된 체제에 따라 베껴진 일본 원문들
열번째 회의–9월 5일 금요일, 오전 10시에
의장 연설
우랄 알타이어들
피노 일본어들의 유사함
중앙 아시아의 선사시대의 지리
만주에서의 ≪권력≫의 관념을 나타내는 표현들
티베트의 불교신자 들에게서의 고해
샴어로 번역된 , 공자와 젊은 항토의 전설
마호소에서 뽑아내고 샴어로 번역된 시
티베트어로 번역된, 사물의 기원에 대하여, 부처와 브라마의

대담
열한번째 회의-9월 5일 금요일, 오후 2시에
의장 연설
말레이 인구의 언어와 민족지학에 관하여
말라카 반도의 민족지학과 말레인들의 기원
보르네오 섬의 내륙 탐험
말레이어로 번역된, 말라카의 말레이 왕들의 역사
카비와 자바 문학의 역사에 관하여
오세아니아의 실제 미개인들의 도구들에 관하여, 그리고 100 만년 전 시기의 도구들과의 유사함

『단계적 연습 과정을 포함한 부록 뒤에 있는 서문에서 나온 한국어 문법』 Les Missionnaires de Corée Imprimerie de L. Levy et S. Salabelle, 1881, FRE 295

머리말
서문. 한국어와 한국어 쓰기에 관한 일반 원칙들
1장. 중국어와의 관계와 차이
2장. 한국어는 어떤 어족에 속하는가?
3장. 문자, 쓰기와 발음
I 부. 단어들 혹은 품사들
1장. 관사에 대하여
2장. 명사에 대하여
3장. 형용사에 대하여
4장. 대명사에 대하여
5장. 한국어 동사
6장. 부사에 대하여
7장. 전치사에 대하여
8장. 접속하에 대하여
9장. 간투사 혹은 감탄사
II 부. 구문에 대하여
1장. 명사 혹은 실사
2장. 형용사에 대하여
3장. 대명사에 대하여

4장. 동사에 대하여
5장. 관계 분사와 동사적 형용사에 대하여
6장. 작문과 화법에 대하여
부록

『르메리시에 안내서』 Exposition Universelle de 1900. Catalogue Officiel Lemercier, 1900, FRE 171

우리의 체제.
일반 정보.
샹젤리제.
앵발리드 광장.
나시옹 길.
파리 길.
옛 파리.
퀘 도르세.
트로카데로.
스위스 마을.
뱅센느.
알파벳 순 목록.
외국 국가들.

『선교 협회보』 Librairie Ecclésiastique de Rusand, 1823, FRE 16 v.1

일러두기.
1호. 3번째 판.
권두.
아시아. 중국과 이웃 왕국들의 선교. 1822.
통킹과 코친차이나.
아메리카. 루이지아나 선교. 1822.
켄터키 선교.
2호. 1823. 3번째 판.
선교 협회.
아시아. 중국과 이웃 왕국들의 선교.

아메리카. 켄터키 선교.
루이지애나 선교.
3호. 1824년 1월. 3번째 판.
일러두기.
선교 협회.
연설.
6호. 3번째 판.
일러두기.
아시아. 중국과 이웃 왕국들의 선교.
중국 제국에서, 수 추엔 선교.
우리의 신성한 교황 피우스 7세의 존경하는 형제들에 대한 연설.
통킹과 코친차이나 선교.
사이암 선교.
말라바르 선교.
5호. 1825년 3월. 2번째 판.
일러두기.
선교 협회.
아메리카. 루이자애나 선교.
6호. 1825년 8월.
아시아 선교.
중국 제국에서의 수 추엔 선교.
통킹과 코친차이나 선교.
사이암 선교.
말라바르 선교.
선교 협회 규칙 발췌문.
목차.

『선교 협회보』 Librairie Ecclésiastique de Rusand, 1823, FRE 16 v.2

7 호. 1826년 3월.
일러두기.
8 호. 1826년 5월.
9 호. 1826년 11월.

일러두기.
통지.
10 호. 1827년 4월.
통킹과 코친차이나 선교.
11 호. 1827년 8월.
중국에서의 수 취엔 선교.
풀로 피낭의 중국 중학교.
사이암 선교.
바빌로니아 선교.
12 호. 1827년 11월.
루이지애나 선교.
플로리다 선교.
목차.

『선교 협회보』 Librairie Ecclésiastique de Rusand, 1823, FRE 16 v.3

여섯번째 해의 보고서(1827)16.
일곱번째 해의 보고서(1828) 17.
일곱번째 해의 보고서(1828) 18.
협회에 대한, 데르모폴리스 주교 각하의 의회 연설 발췌문 14.
툴루즈 대주교 교서 14.
협회에 대한, 낭트 주교의 편지 14.
협회에 대한, 아겐 주교의 편지 14.
협회에 대한, 뤼콘 주교의 편지 18.
동양 선교를 위해 배당된 기금들의 사용에 대한, 외방전도회의 세미나 운영자들의 편지 14.
동양 선교와 아메리카 선교 사이의 대비 16.
수추엔 선교 16.
수추엔 교구장, 시니트 주교, 퐁타나 신부 각하의 편지 16.
바루델 씨의 편지 16.
타타르에서 추방된 기독교인, 조세프 송의 편지 16.
엥베르 씨의 편지들 16.
엥베르 씨의 편지들 16.
샤스탕 씨의 편지 17.

서 통킹 선교 17.
서 통킹 교구의 보좌주교, 올리비에 신부 각하의 편지 17.
주루누 씨의 편지 17.
벨라미 씨의 편지들 17.
에이요 씨의 편지들 17.
에이요 씨의 편지들 17.
에이요 씨의 편지들 17.
마송 씨의 편지들 17.
마송 씨의 편지들 17.
코친차이나 선교 17.
코친차이나 교구장, 타베르 씨의 편지들 17.
코친차이나 교구장, 타베르 씨의 편지들 17.
코친차이나 교구장, 타베르 씨의 편지들 17.
코친차이나 교구장, 타베르 씨의 편지들 17.
선교사들에 대한, 코친차이나 왕의 칙령 17.
르게로 씨의 편지 17.
고관 레보에 의해, 크리스트교에 대한 코친차이나 왕에게 제출된 요구서 17.
가르랭 씨의 편지 17.
노블레 씨의 편지들 17.
장테 씨의 편지들 17.
사이암 선교 15.
브뤼귀에르 씨의 편지 15.
바르브 씨의 편지들 15.
말라바르 선교 13.
인도에서의 성서 협회들과, 프로테스탄트 선교들 13.
뒤보아 씨의 편지들 13.
뒤보아 씨의 편지들 13.
뒤보아 씨의 편지들 13.
뒤보아 씨의 편지들 13.
퓌피에 씨의 편지들 13.
퓌피에 씨의 편지들 13.
창세기 제1장의 캐나다 어로 번역 13.
페코 씨의 편지들 13.

마르쉬니 씨의 편지들 13.
프렌데르가스트 신부 각하의 편지들 13.
인도에서의, 크리스트교 역사 개요 13.
달리카르나스 주교 각하의 편지 13.
보낭 씨의 편지들 13.
보낭 씨의 편지들 13.
보낭 씨의 편지들 13.
바빌로니아 선교 14.
바빌로니아 주교, 쿠프리 신부 각하의 편지 14.
바빌로니아 주교, 쿠프리 신부 각하의 편지 14.
페르시아에서의 크리스트 교의 상황에 대한 간단한 설명 14.
근동제국 선교 14.
근동제국 선교 17.
다비에르 씨의 편지들 14.
다비에르 씨의 편지들 18.
다비에르 씨의 편지들 18.
우낭 씨의 편지들 14.
브리세 씨의 편지들 18.
브리세 씨의 편지들 18.
아르메니아 족장, 수키아스 소말 신부 각하의 편지들 18.
루이지애나와 미주리 선교들 18.
성 루이 주교, 로사티 신부 각하의 편지들 18.
성 루이 주교, 로사티 신부 각하의 편지들 18.
성 루이 주교, 로사티 신부 각하의 편지들 18.
성 루이 주교, 로사티 신부 각하의 편지들 18.
오뎅 씨의 편지들 18.
오뎅 씨의 편지들 18.
페. 방퀴켄보르느의 편지들 18.
앙뒤즈 씨의 편지들 18.
엠. 제. 베. 블랑 씨의 편지들 18.
부이이에 씨의 편지 18.
뒤체느 씨의 편지들 18.
캔자스에서 뤼츠 선교사의 편지들 18.
아르...움... 씨의 편지들 18.

켄터키 선교 15.
켄터키 선교 15.
바드스타운 주교, 플라게 신부 각하의 편지들 15.
바드스타운 주교, 플라게 신부 각하의 편지들 15.
바드스타운 주교, 플라게 신부 각하의 편지들 15.
바드스타운 주교, 플라게 신부 각하의 편지들 15.
바드스타운 주교, 플라게 신부 각하의 편지들 15.
바드스타운 주교, 플라게 신부 각하의 편지들 15.
바드스타운 주교, 플라게 신부 각하의 편지들 15.
헤르만 씨의 편지 15.
켄터키에서의 50주년 기념식 15.
켄터키에서의 50주년 기념식 15.
바드스타운 교구에 대한 간단한 설명 15.
켄터키에서의 이교도 분파들 15.
인디애나 선교사, 샹포니에 씨의 편지들 15.
인디애나 선교사, 샹포니에 씨의 편지들 15.
인디애나 선교사, 샹포니에 씨의 편지들 15.
인디애나 선교사, 샹포니에 씨의 편지들 15.
오하이오 선교 16.
신시내티 주교, 펜위크 신부 각하의 편지들 16.
신시내티 주교, 펜위크 신부 각하의 편지들 16.
신시내티 주교, 펜위크 신부 각하의 편지들 16.
신시내티 주교, 펜위크 신부 각하의 편지들 16.
신시내티 주교, 펜위크 신부 각하의 편지들 16.
레제 씨의 편지들 16.
레제 씨의 편지들 16.
미시간 선교 15.
드장 씨의 편지 15.
드장 씨의 편지 15.
드장 씨의 편지 15.
드장 씨의 편지 15.
드장 씨의 편지 15.
드장 씨의 편지 15.
드장 씨의 편지 15.

리차드 씨의 편지들 15.
리차드 씨의 편지들 15.
리차드 씨의 편지들 15.
오타와에서 리차드 씨의 편지들 15.
샌드위치 제도 선교 14.
샌드위치 제도 선교 16.
교구장, 바슈로 씨의 편지들 16

『선교 협회보』 Librairie Ecclésiastique de Rusand, 1823, FRE 16 v.4

선교 19호.-1830년 1월.
  바빌로니아 선교.
  알라바마와 플로리다 선교.
선교 20호.-1830년 4월.
  선교 협회.(1)
  말라바르 선교.
  사이암 선교.
  볼티모어 선교.
선교 21호.-1830년 7월.
  선교 협회.
  상드위크 제도 선교.
  찰스톤 선교.
  통킹 선교.
  코친차이나 선교.
선교 22호.-1830년 10월.
  중국에서의 수 추엔 선교.
  근동제국 선교.
  뉴욕 선교.
선교 23호.-1830년 1월.
  오하이오 선교.
  켄터키 선교.
  나자렛과 로레트 수도원의 통합.
  미주리 선교.
선교 24호.-1830년 4월.

알라바마 선교.
티베트, 보스톤, 허드슨 만 선교.
목차.

『선교 협회보』 Librairie Ecclésiastique de Rusand, 1823, FRE 16 v.5

선교 25호. - 1831년 7월.
말라바르 선교.
사이암 선교.
선교 26호. - 1831년 10월.
바빌로니아 선교.
선교 27호. - 1832년 1월.
통킹 선교.
코친차이나 선교.
선교 28호. - 1832년 4월.
보스톤 선교.
근동제국 선교.
선교 29호. - 1832년 7월.
미조리 선교.
플로리다 선교.
선교 30호. - 1832년 10월.
수 추엔 선교.
프로테스탄트 선교.
볼티모어 선교.
선교사들의 출발.
목록.

『선교 협회보』 Librairie Ecclésiastique de Rusand, 1823, FRE 16 v.6

선교 31호. - 1833년 1월.
통킨 선교.
샌드위치 제도 선교.
선교 32호. - 1833.
오하이오와 미시간 선교.

찰스톤 선교.
선교 33호. - 1833년 7월.
보스톤 선교.
선교 34호. - 1833년 10월.
통킹 선교.
코친차이나 선교.
선교 31호. - 1834년 1월.
수 추엔 선교.
한국 선교.
사이암 선교.
목차.

『선교 협회보』 Librairie Ecclésiastique de Rusand, 1823, FRE 16 v.7

선교 1834 4월-36호.
선교.
말라바르 선교.
켄터키 선교.
루이지애나 선교.
선교 1834년 7월- 37호.
미국 선교.
보스톤 선교.
레바논 선교.
선교. 1834년 10월-38호.
근동제국 선교.
콘스탄티노플 선교.
다마스 선교.
스미린 선교.
살로니크 선교.
알레프 선교.
중국에서의 성 라자로 회원들의 선교.
바빌로니아 선교.
선교 1835년 1월- 39호.
통킹 선교.

코친차이나 선교.
선교 1835년 4월-40호.
파리 위원회.
벨기에.
리용 위원회.
외국인.
통킹과 코친차이나에서의 박해.
가그렝 씨에 대한 역사적 기술.
중국 선교.
중국민의 고미술품.
수 추엔 선교.
목차.

『선교 협회보』 Librairie Ecclésiastique de Rusand, 1823, FRE 16 v.8

선교 활동
열다섯번째 해의 보고서
바이욘 주교 각하의 교서
베르사이유 주교 각하의 교서
성-디에 주교 각하의 교서
로데즈 주교 각하의 교서
생-클로드 주교 각하의 교서
오튕 주교 각하의 교서
베르덩 주교 각하의 교서
블로와 주교 각하의 교서
뤼콩 주교 각하의 교서
리에즈 주교 각하의 교서
시옹 주교 각하의 교서
스와송 주교 각하의 교서
마르세이유 주교 각하의 교서
생-플루르의 부주교 회람
세번째와 다섯번째 사면 교서들
선교사들의 출발
레오폴딘 협회에 대한 간단한 기술

프로테스탄트 선교에 대한 간단한 기술
아시아 선교
그 선교 상황에 대하여, 외국 선교 학교장들의 편지 발췌문
성 라자르 회의 재무관의 편지 발췌문
한국 선교
캅스 주교, 브뤼기에르 신부 각하의 편지들
중국 선교
코친차이나 선교
교황청 파견 선교사, 드 라몰트 씨의 편지
교황청 파견 선교사, 퀴에노 씨의 편지
코친차이나 교구장, 타베르 신부 각하의 편지
메텔로폴리스 주교, 퀴에노 신부 각하의 편지
제. 제이에 씨의 편지
통킹 선교
교황청 파견 선교사, 시모냉 씨의 편지
사이암 선교
사이암 교구장, 드 소조폴리스 신부 각하에 대한 간단한 서술
선교 위원회에 보내는 드 소조폴리스 신부 각하의 편지
모든 회원들에게 보내는 동일인의 편지
사이암 주교, 드 비드 신부 각하의 편지들
라오스 주교, 팔그와 신부 각하의 편지
교황청 파견 선교사, 에르. 알브랑 씨의 편지들
교황청 파견 선교사, 갈라베르 씨의 편지
교황청 파견 선교사, 부초 씨의 편지
교황청 파견 선교사, 캉달 씨의 편지
교황청 파견 선교사, 바르브 씨의 편지
교황청 파견 선교사, 파팽 씨의 편지
힌두스탄 선교.
캘커타 선교
교황청 파견 선교사, 페. 힙. 모르의 편지
몽골 선교
몽골의 티베트 교구장, 페제니 신부의 편지
고아에서, 르 그레조와 씨의 편지
말라바르 선교

교황청 파견 선교사, 샤르보노 씨의 편지
사르다냐의 왕비에 대한 간단한 설명
근동 제국 선교
이콘 대주교, 오베르뉴 신부 각하의 편지
불가리아 선교
페르시아에 있는, 살마츠 선교
콘스탄티노플 선교
총대주교, 힐레로 신부 각하의 편지
교황청 파견 선교사, 르뢰 씨의 편지
시리아 선교
교구장, 푸소 씨의 편지들
교황청 파견 선교사, 르로아 씨의 편지들
알레프 선교.-바뷔렌 주교, 보나니 신부 각하의 편지
교황청 파견 선교사, 고데즈 씨의 편지
미국 선교사
보스톤 선교
보스톤 주교, 페니킥 신부 각하의 편지들
교황청 파견 선교사, 으데. 드닐리에 씨의 편지
뉴욕 선교
뉴욕 주교, 뒤보아 신부 각하의 편지들
필라델피아 선교
필라델피아 주교, 켄리크 신부 각하의 편지
찰스톤 선교
찰스톤 주교, 잉글랜드 신부 각하의 편지들
미주리 선교
생-루이 주교, 로사티 신부 각하의 편지들
교황청 파견 선교사, 드 트외 신부의 편지
미시간 선교
교황청 파견 선교사, 엠. 에프.. 본뒤엘의 편지
미국 신문, 카톨릭 텔레그래프의 발췌문
교황청 파견 선교사, 엠 드 부뤼앵 편지
인디애나 선교
뱅센느 주교, 브뤼트 신부 각하의 편지
오하이오 선교

신시내티 주교, 퓌르셀 신부 각하의 편지
오세아니아 선교
퀵퓌스 선교회에 대한 간단한 설명
퀵퓌스 선교회 의장 씨의 편지 발췌문
샌드위치 제도의 교구장, 바슈로 씨의 편지
전도사 멜슈와의 편지
남 오세아니아의 교구장, 크리 오스톰 리오쉬 씨의 편지들
교황청 파견 선교사, 카렐 씨의 편지들
교황청 파견 선교사, 오노레 라랄 씨의 편지들

『선교 협회보』 Librairie Ecclésiastique de Rusand, 1823, FRE 16 v.9

열 다섯번째 해의 보고서
1836년 유럽 통계
카르카손 주교 각하의 교서
리모즈 주교 각하의 교서
프레쥐 주교 각하의 교서
오크 주교 각하의 교서
파리 주교 각하의 교서
리용 주교 각하의 교서
바이욘 주교 각하의 교서
몽토반 주교 각하의 교서
퓌 주교 각하의 교서
앙시 주교 각하의 교서
아오스트 주교 각하의 교서
뤼크스 주교 각하의 교서
랑그르 주교 각하의 교서
투르 주교 각하의 교서
에르 주교 각하의 회람
오세아니아 선교
교황파견 선교사, 카레 씨 편지들.
교황파견 선교사, 카레 씨 편지들.
교황파견 선교사, 카레 씨 편지들.
교황파견 선교사, 카레 씨 편지들.

교황파견 선교사, 오노레 라발 씨의 편지들.
교황파견 선교사, 오노레 라발 씨의 편지들.
교황파견 선교사, 오노레 라발 씨의 편지들.
교구장, 드 니로폴리스 신부 각하의 편지
크리조스톰 리오쉬 씨의 편지
멜슈와르 형제의 편지
콜롬반 뮈르피 형제의 편지
앙드레 카로 신부의 편지
서 오세아니아 교구장, 퐁팔리에 신부 각하의 편지
교황파견 선교사, 브레 씨의 편지
한국 선교
브뤼기에르 신부 각하의 여행 이야기
동일인에 의한, 중국 연대기에 대한 간단한 서술
중국 교황파견 선교사, 파시피크 리 씨의 보고서 발췌문
수추엔 교구장, 드 시니트 신부 각하의 편지
교황파견 선교사, 베롤 씨의 편지.
보좌 주교, 드 막쉴라 신부 각하의 편지
선교 회원들에 대한 중국 전도사들의 편지
프란체스코 수도사들의 십계명
크리스트교에 반대하는 중국 황제의 칙령
중국에서의 성라자르 회원들의 선교
성라자르회원, 라모 씨의 편지
라리브 씨의 편지
토레트 씨의 편지들
토레트 씨의 편지들
물리 씨의 편지
통킹 선교
카스토리 주교, 하바드 신부 각하의 편지
민멩크의 대화
교황 파견 선교사, 마송 씨의 편지
교황 파견 선교사, 루즈 씨의 편지들.
교황 파견 선교사, 루즈 씨의 편지들.
선교 위원회에 보내는 서 통킹 선교사들의 편지들
회원들에 보내는 통킹의 한 사제의 편지

코친차이나 선교
교황파견 선교사, 르토르 씨의 편지
교황파견 선교사, 자케아르 씨의 편지
라 모트와 마레트 시들의 편지들에서 발췌된, 마르샹 씨의 순교에 대한 이야기
교황파견 선교사, 자카르 씨의 편지.
사이암 선교
말라바르 선교
다리카르나스 신부 각하의 편지
교황파견 선교사, 파크로 씨의 편지들.
교황파견 선교사, 파크로 씨의 편지들.
교황파견 선교사, 샤르보노 씨의 편지
달리카르나스 신부 각하의 죽음
예수회원의 선교
티느와 시라 선교
캘커타 선교
부에노스 아이레스 선교
리비아 선교
이콘 대주교, 오베르뉴 신부 각하의 죽음
미주리 선교
반 퀴켐보르느 신부에 의한, 인도 여행에 대한 이야기
캐나다 선교
홍강 선교기관 설립
뉴 펀들랜드와 라브라도르 선교
교구장, 플레밍 신부 각하의 편지
선교사들의 출발
선교사들의 출발

『선교 협회보』 Librairie Ecclésiastique de Rusand, 1823, FRE 16 v.10

1837년 9월. - 54호.
리비아 선교.
사이암 선교.
중국에서의 성 라자로회원들의 선교.

1837년 11월. - 55호.
중국 선교.
중국에서의 성 라자로회원들의 선교.
예수회 선교.
미국 선교.
1838년 1월. - 56 호.
동 오세아니아 선교.
1838년 3월. - 57호.
미국 선교.
신시내티 선교.
통킹 선교.
1838년 5월. - 58호.
1837년 보고서.
서 오세아니아 선교.
1838년 7월. - 59호.
주교들의 교서들 - 종교 사업을 위하여.
서 오세아니아 선교.
오스트레일리아 선교.
1838년 9월. - 60호.
미국 선교.
볼티모어 선교.
서 오세아니아 선교.
콘스탄티노플 선교.
리비아 선교.
목차.
1838년 11월. - 61호.
중국에서 성 라자로회원들의 선교.
포 키앙 선교.
오세아니아 선교

『선교 협회보』 Librairie Ecclésiastique de Rusand, 1823, FRE 16 v.12

68. 1840년 1월.
유럽 선교.

아메리카 선교.
미국과 텍사스.
영국령 소 서인도 제도 교구.
오세아니아 선교.
동 오세아니아 교구.
주교들의 교서.
소식들과 서류들.
69. 1840년 3월.
아시아 선교.
인도차이나의 종교 지리학.
코친차이나 교구.
중국에서 성라자로 회원들의 선교.
유럽 선교.
콘스탄티노플 교구.
다양한 소식들.
70. 1840년 5월.
선교 활동.
동 오세아니아 선교.
미국 선교.
성 루이 교구.
주교들의 교서들.
다양한 소식들.
선교활동.
선교들의 일반 상황.
아프리카.
아메리카.
오세아니아.
통킹에서의 새로운 박해.
주교들의 교서들.
선교 활동. -미국 선교.
뒤르브크 교구.
캐나다 선교.
킹스톤 교구.
리비아 산 교구.

인도 선교.
마뒤르 선교.
퐁디셰리 교구.
베라팔리 교구.
중국 선교.
사이암 선교.
다양한 소식들.
선교 활동. - 통킹과 코친차이나 선교.
동 오세아니아 선교.
아프리카 선교.
알제리 교구.

『선교 협회보』 Librairie Ecclésiastique de Rusand, 1823, FRE 16 v.13

오세아니아 선교.
서 오세아니아 교구.
아메리카 선교.
미국.
자마이카 교구.
영국령 기아나 교구.
아프리카 선교.
알제리 교구.
다양한 소식들.
근동제국 선교.
스미른에 대한 간단한 설명.
비율적 수치.
아메리카 선교.
허드슨 만.
나슈빌 교구.
보스톤 교구.
뉴욕 교구.
뉴 오를레앙 교구.
뒤뷔크 교구.
코친차이나 선교.

중국 선교.
　　중국령 타타르.
한국 선교.
　　교서들과 소식들.
　　선교사들의 출발.
선교 활동 보고서. 1840.
인도 선교.
　　퐁디셰리 교구. 마뒤르 선교.
동 오세아니아 선교.
중국과 통킹 선교.
통킹 선교.
사이암 선교.
인도 선교.
　　페귀와 아바 교구.
콘스탄티노플 선교.
뉴 홀랜드 선교.
아프리카 선교.
　　희망봉 교구.
　　알제리 교구.
　　주교들의 교서들.
통킹 선교.
서 오세아니아 선교.
　　칸티크.
인도 선교.
　　마뒤르 선교.
　　마드라스 교구.
아프리카 선교. 알제리 교구.
중국과 통킹 선교.
페르시아 선교.
아메리카 선교.
아비시니아 선교.
타타르 선교.

『선교 협회보』 Librairie Ecclésiastique de Rusand, 1823, FRE 16 v.14

아프리카 선교.
중국과 통킹 선교.
아메리카 선교.
수추엔 선교.
아프리카 선교.
    알제리 교구.
인도 선교.
    퐁디셰리 교구.
근동제국 선교.
    교서들과 소식들.
선교 활동 보고서.
서 오세아니아 선교.
동 오세아니아 선교.
근동제국 선교.
인도 선교.
통킹 선교.
사이암 선교.
중국 선교.
    후쿠암 교구.
    수추엔 교구.
    레아오통과 만주 교구.
동 오세아니아 선교.
    마르퀴즈 제도 선교.
    샌드위치 제도 선교.
아메리카 선교.
    바드스타운 교구.
    하이티 섬.
    교서와 소식들.
통킹 선교.
아메리카 선교.
    트리니다드 선교.
    신대륙 교구.
    뒤뷔크 교구.

텍사스 교구.
아프리카 선교.
알제리 교구.
유럽 선교.
불가리아 교구.
다양한 소식들.

『선교 협회보』 Librairie Ecclésiastique de Rusand, 1823, FRE 16 v.15

서평
대주교와 주교 각하들의 교서
선교사들의 출발
유럽 선교
콘스탄티노플
교황 대리 주교 일르로 각하의 편지
몰다비아 선교
몰다비아를 방문한 교황청 방문객 아르두아니 각하의 편지 발췌문
알바니아 선교
스쿠타리 주교 귀리엘미 각하의 편지 발췌문
아시아 선교
중국
위의 편지들
발뒤의 편지 발췌문
조제의 편지 발췌문
고틀랑의 편지 발췌문
몽골
몽골의 교황 대리 물리 각하의 편지
인도차이나오 통킹
레즈로의 편지
미슈의 편지들
베르뇌의 편지들
갈리의 편지
샤리에의 편지
통킹 동부 마르티 보좌신부의 편지

세라도르의 편지 발췌문
마송의 편지 발췌문
르토르 각하의 편지들
인도
퐁디세리 교구
샤르보노의 편지 발췌문
마뒤레의 선교
루이 가르니에 신부의 편지
조셉 베르트랑 신부의 편지
루이 타시 신부의 편지 발췌문
루이 셍-시르 신부의 편지 발췌문
유케느 보레의 연락 편지 발췌문
르파베의 편지
아프리카 선교
리베리아
두 귀네 교황 대리 바롱 각하의 편지 발췌문
본-에스페랑스 갑(岬)의 교구
그리피즈 각하의 편지 발췌문
아비시니아
자코비의 편지 발췌문
아비시니아의 가톨릭 선교에 관한 메모
아메리카 선교
미국
벵센느 교구
헬랑디에르 각하의 편지 발췌문
오귀스트 마르텡의 편지
발티모어 교구
5차 발티모어 종교회의 신부들의 편지
신시네티 교구
퓌르셀 각하의 편지 발췌문ㅣ
세인트 루이스 교구
스메 신부의 편지들
텍사스 교황 대리 오뎅 각하의 편지
오세아니아 선교

동부 오세아니아
마르퀴즈 군도
마티아스 그라시아 신부의 편지
샌드위치 군도
마르티알 장 신부의 편지들
바르나베 카스타 신부의 편지
서부 오세아니아
세르방 신부의 뉴질렌드에 관한 짧은 글
슈브롱 신부의 편지
바타이옹 신부의 편지
비아르 신부의 편지
콩트 신부의 편지
뤼지 형제의 편지
우베아 그리스도인들의 편지들

『선교 협회보』 Librairie Ecclésiastique de Rusand, 1823, FRE 16 v.16

아프리카 선교.
아비시니아 선교.
알제리 교구.
근동 제국 선교.
바빌로니아 교황 대표단.
코친차이나와 통킹 선교.
코친차이나 선교.
니코바르 제도 선교.
만주와 한국 선교.
교서와 소식들.
선교사들의 출발.
1844년 보고서.
선교의 일반 상황 (1844.) 유럽.
자선의 세부항목.
인도 선교.
퐁디셰리 교구.
사이암 선교.

한국 선교.
중국 선교.
　　난경 교구.
　　수추엔 교구.
　　후쿠앙 교구.
　　레오통 교구.
서 오세아니아 선교.
아메리카 선교.
페르시아 선교.
중국 선교.
　　치앙통 교구.
　　교서와 소식들.
북 아메리카 선교.
인도 선교.
　　아그라 교구.
통킹 선교.
근동 제국 선교.
　　선교사들의 소식과 출발.

『선교 협회보』 Librairie Ecclésiastique de Rusand, 1823, FRE 16 v.17

보고
교서와 소식
교서와 소식
교서와 소식
교서와 소식
선교사들의 출발
선교사들의 출발
선교사들의 출발
선교사들의 출발
선교사들의 출발
아시아 선교
중국.
　　성 라자로 회원, 라리브 씨의 편지 발췌문

동일인의 편지의 계속
몽골 타타르 지방.
성 라자로 회원, 휘에 씨의 편지
코친 차이나와 통킹.
르 페브르 주교 각하의 편지
도미니크 파 수도사, 레이몽 바르셀로 신부의 편지
같은 신부의 편지 발췌문
같은 신부의 편지
마르티 신부의 편지 발췌문
같은 신부의 편지
같은 신부의 편지
같은 신부의 편지
같은 신부의 편지
사이암.
교황 파견 선교사 그랑장 씨의 편지
팔레그와 신부의 편지 발췌문
같은 고위 성직자에 의한 고관 브노아에 대한 간단한 서술
선교사, 레이몽 알브랑 씨의 편지
이교도들의 자식들 영세에 대한 간단한 서술
근동제국의 선교
아라비아.
페즈 주교, 귀아스코 신부 편지의 발췌문
같은 고위 성직자의 또 다른 편지
스페인 성직자, 조귀에 신부의 편지
외젠 보르 씨의 기록
리카도나 신부의 편지
콘스탄티노플
힐레로 신부의 편지
그루지아.
카푸친회 수도사이며 교구장, 다미앙 드 바레지오 신부의 편지
아프리카 선교
아비시니아.
성 라자로회 선교사, 드 자코비스 씨의 편지

앙토완 다바디 씨의 편지
모리스 섬.
모리스 섬의 교구장, 알랑-콜리에 신부의 편지
아메리카 선교
성모 마리아 회에 대한 간단한 설명
성모 마리아 회 수도사, 부라사 신부의 편지
피세트 신부의 편지 발췌문
라베로셰르 신부의 편지 발췌문
몬트리올 주교 각하에 의해서 중앙 위원회에 전달된 편지의 발췌문
예수회 선교사, 샤젤 신부의 편지
콜롬비아.
볼뒤 씨의 편지
드 스메 신부의 편지
미국.
선교사, 크레탱 씨의 편지
신시네티 주교, 퓌르셀 신부의 편지
선교사, 소랭 신부의 편지
브라질
예수회원, 조세프 사토 신부의 편지
예수회원, 미셸 카베자 신부의 편지
카푸친 회원, 사무엘 드 로디 신부의 편지 발췌문
오세아니아 선교
오스트레일리아.
루이 마리 페스시알로리 신부의 편지 발췌문
서부 오세아니아.
통가.
제롬 그랑즈 신부의 편지
셉브롱 신부의 편지
웰리스 제도.
루데르 신부의 편지
에노스 주교, 바타이옹 신부의 편지
뉴 칼레도니아.
루즈브롱 신부의 편지

교구장, 두아레 신부의 편지
같은 고위 성직자의 편지 발췌문
뉴질랜드와 푸투나.
세르방 신부의 편지 발췌문
레그니에 신부의 편지 발췌문
엘. 로제 신부의 편지 발췌문
동부 오세아니아.
프랑스와 다시스 카레 신부의 편지들
프랑스와 다시스 카레 신부의 편지들
시리앙 리오쉬 신부의 편지
데지레 메그레 신부의 편지
데스보 신부의 편지
아르망 쇼송 신부의 편지

『선교 협회보』 Librairie Ecclésiastique de Rusand, 1823, FRE 16 v.18

교황으로부터 리용 위원회에 보내는 편지
교황으로부터 파리 위원회에 보내는 편지
보고서
교서와 소식
교서와 소식
교서와 소식
교서와 소식
교서와 소식
선교사들의 출발
선교사들의 출발
선교사들의 출발
선교사들의 출발
선교사들의 출발
아시아의 선교
중국
한국 교구의 주교, 페레올 각하의 편지
핀촌 씨의 편지 발췌문
쇼보 씨의 편지

드 라 브뤼니에르 씨의 편지
샹시의 부주교, 알퐁스 각하의 편지
예수회원, 클라브랭 신부의 편지
같은 신부의 다른 편지
같은 신부의 다른 편지
후쿠앙의 주교, 리조라티 각하의 편지
리에우 키에우 제도
교황청 파견 선교사, 포레아드 씨의 편지
한국
한국의 부제, 앙드레 키메 킴의 편지
다브뤼 씨의 편지 발췌문
서부 통킹
주교, 르토르 각하의 편지
샤리에 씨의 편지
사이암
그랑장 씨의 편지
동일인의 다른 편지
인도
뤼퀘 씨의 편지 발췌문
자리즈 씨의 편지
보낭 주교 각하의 편지 발췌문
예수회원, 브리소 신부의 편지 발췌문
예수회원, 트랭칼 신부의 편지 발췌문
예수회원, 생 시르 신부의 편지 발췌문
시리아
카푸친회 수도사, 프랑스와 드 플루 신부의 편지
콘스탄티노플
힐레로 신부의 편지
아프리카 선교
마다가스카르
교황청 문서부장, 몽 씨의 연구보고 발췌문
예수회원, 코탱 신부의 편지
아메리카 선교
미국

볼티모어의 6차 위원회에서의 페레즈 편지
바위 산
예수회원, 드 스메 신부의 편지
예수회원, 조세 신부의 편지
같은 신부의 다른 편지
캐나다
성모 마리아 회원, 오베르 신부의 편지
회원, 라베르로셰르 신부의 편지
예수회원, 하니포 신부의 편지
오세아니아 선교
오스트레일리아
페르트 새교구에 대한 간단한 설명
베네딕트 파, 돔 레앙드르의 편지
성 마리아회 사제, 티에르스 씨의 편지
동부 오세아니아
마르키즈 제도
픽퓌스의 선교사, 에코피에 신부의 편지
서부 오세아니아
윌리스 제도
성모 마리아 회원, 마티외 신부의 편지
성모 마리아 회원, 루로 신부의 편지
에노스의 주교, 바타이옹 각하의 편지
통가
성모 마리아 회원, 그랑즈 신부의 편지
성모 마리아 회원, 칼리농 신부의 편지
뉴질랜드
퐁팔리에 주교 각하의 편지 발췌문
동일 고위 성직자의 또 다른 편지 발췌문
동일인의 또 다른 편지
중앙 오세아니아
뉴 칼레도니아
성모 마리아 회원, 루제이롱 신부의 편지
성모 마리아 회원, 비아르 신부의 편지
멜라네시아

성모 마리아 회원, 쇼랭 신부의 편지

『선교 협회보』 Librairie Ecclésiastique de Rusand, 1823, FRE 16 v.19

보고서
교서들
교서들
선교사들의 소식과 출발
선교사들의 소식과 출발
선교사들의 소식과 출발
선교사들의 소식과 출발
선교사들의 소식과 출발
선교사들의 소식과 출발
선교사들의 소식과 출발
선교사들의 소식과 출발

아시아 선교

중국

성 라자르 회 수도사, 카라용 씨의 편지

몽골

이 곳의 선교에 대한 약술
염불에 대한 약술
이 곳의 선교에 대한 약술

한국

한국 교구의, 페레올 주교의 편지들
한국 교구의, 페레올 주교의 편지들
한국 교구의, 페레올 주교의 편지들
한국 교구의, 페레올 주교의 편지들
예수회원, 고트랑 신부의 편지 발췌문
교황청 파견 선교사, 메스트르 씨의 편지

베트남

교구 주교, 르페브르의 편지 발췌문
프레라 주교의 편지

동부 통킹

마르티 신부의 편지 발췌문

라몽 로드리게즈 신부의 편지 발췌문
서부 통킹
교구 주교, 르토르 신부 편지
교황청 파견 선교사, 르 그랑 씨 편지
인도
마뒤르
예수회원, 루이스 타시스 신부의 편지
예수회원, 베르트랑 신부의 편지
예수회원, 루이 생 시르 신부의 편지
살레지오회 출신의, 라보렐 씨의 편지 발췌문
메수르 교구
교구 주교, 샤르보노 각하의 편지
주교 프레라의 편지
코임바투르 교구
교구 주교, 마리옹 브레지락 각하의 편지
실론 섬
실론 교구의 보좌주교, 베타치니 각하의 편지 발췌문
근동제국의 선교
성 라자르 회 수도사, 르뢰 씨의 편지
성 라자르회 수도사, 루즈 씨의 편지
힐레로 신부의 편지
예수회원, 베르트랑 신부의 편지 발췌문
아프리카의 선교.
기니아
이 곳의 선교에 대한 간단한 서술
성 마리아 회 수도사, 베시외 씨의 편지
성 마리아 회 수도사, 베시외 씨의 편지
성 마리아 회 수도사, 베시외 씨의 편지
성 마리아 회 수도사, 아라공 씨의 편지
성 마리아 회 수도사, 아라공 씨의 편지
성 마리아 회 수도사, 아라공 씨의 편지
아메리카 선교
보스톤 교구
부주교, 브라쇠르 드 부르부르그 씨의 편지 발췌문

텍사스

교황청 파견 선교사, 샹리옹 씨의 편지.

영국령 서인도 제도

트리니나드 주교, 리차드 스미스 각하의 편지 발췌문

오세아니아 선교

샌드위치 제도

릭퓌스의 조아킴 마레샬 신부의 편지 발췌문

마르키즈 제도

픽퓌스의 아마블 신부 편지

픽퓌스의 뒤몽테이 신부의 편지들.

픽퓌스의 뒤몽테이 신부의 편지들.

서부 오세아니아

서 오세아니아의 에스코피에 신부의 편지.

성 마리아 회원, 메리에스 신부의 편지

성 마리아 회원, 뒤브뢸 신부의 편지

성 마리아 회원, 마티외 신부의 편지

예술가, 룰로 신부의 편지

성 마리아 회원, 몽트루지에 신부의 편지

『선교 협회보』 Librairie Ecclésiastique de Rusand, 1823, FRE 16 v.20

교서와 소식들

교서와 소식들

교서와 소식들

교서와 소식들

교서와 소식들

교서와 소식들

교서와 소식들

교서와 소식들

교서와 소식들

선교사들의 출발

선교사들의 출발

선교사들의 출발

선교사들의 출발

        - 선교사들의 출발
        - 선교사들의 출발
- 아시아에 대한 선교
    - 중국
        - 기독교적 중국에 대한 역사적 기술
        - 기독교적 중국에 대한 역사적 기술
    - 키앙 난 교구
        - 예수회원, 페. 에스테브의 편지
        - 예수회원, 클라브랭 신부의 편지 발췌문
        - 예수회원, 리오네 신부의 편지
    - 운남 교구
        - 쇼보 씨의 편지
    - 수췐 교구
        - 죽음의 위험 속에서 이교도 자녀들의 세례
    - 촘 맹 선교
        - 예수회원, 베르너 신부의 편지
    - 쿠에이-체우 선교
        - 알브랑 씨의 편지
    - 한국
        - 다브뤼 씨의 편지
    - 티베트
        - 성 라자르회 수도사, 가베 씨의 보고서
        - 가베와 훅 씨의 여행 이야기
        - 동일인들의 여행 결과
    - 몽골
        - 성 라자르 수도회원, 가베 씨의 편지
    - 만주
        - 레아오 통의 교구장의 보좌주교, 라 브루니에르 신부의 편지
    - 통킹 선교
        - 르그랑 씨의 편지 발췌문
        - 티토 씨의 편지 발췌문
    - 말레이지아 선교
        - 르니에 씨의 편지

라크랑프 씨의 편지
플레장 씨의 편지
비강데 씨의 편지
아프리카 선교
희망봉
드베뢰 씨의 편지 발췌문
기니
브리오 씨의 편지
갈레 씨의 편지
중앙 아프리카
예수회원, 리로 신부의 편지
아메리카 선교
마리아 수도회원, 오베르 신부의 편지
예수회원, 숀 신부의 편지
마리아 수도회원, 라베르로셰르 신부의 편지 발췌문
오세아니아 선교
동 오세아니아
경건회의, 오베르 부이용 신부의 편지
경건회의, 알퐁스 도르디용 신부의 편지
중앙 오세아니아
뉴 칼레도니아
성모 마리아 회원, 루즈이롱 신부의 편지
성모 마리아 회원, 루즈이롱 신부의 편지
성모 마리아 회원, 그랑즈 신부의 편지
산 그리스토발
콜롬브 주교의 편지
베르귀에 신부의 편지
항해자들의 군도
성 마리아 회원, 베른 신부의 편지들
성 마리아 회원, 베른 신부의 편지들
성 마리아 회원, 베른 신부의 편지들
통가
성 마리아 회원, 셰브롱 신부의 편지

『선교 협회보』 Librairie Ecclésiastique de Rusand, 1823, FRE 16 v.23

관용칙령
관용칙령
관용소론
주교교서
주교교서
주교교서
보고서
새소식
새소식
선교시작
선교시작
선교시작
아시아 선교
중국
들라쁠라스의 서한
루이 드 카스텔라조의 서한
꽁벨르의 서한
노벨라의 서한
노벨라의 또 다른 서한
리졸라띠의 서한
에피즈 쉬에의 서한
삥숑의 서한
뿌와스모의 서한
뿌와스모의 또 다른 서한
르메트르의 서한
뻬로쑈의 서한
르뛰르뒤의 서한
벡트랑의 서한
몽고
프랑슬르의 서한
한국
페레올의 서한

- 통킹(북베트남)
  - 르또르의 서한
  - 르그랑의 서한
  - 띠또의 서한
- 캄보디아
  - 미쉬의 서한
- 인도
  - 뉘레의 서한
  - 베르나뎅 드 셍트 테레즈의 서한
  - 스므리아의 서한
  - 스므리아의 서한

아프리카

- 기네
  - 갈레의 서한
- 캅 드 본-에스페랑스
  - 드브로의 서한
- 아비시니아
  - 아방쉐르의 서한

아메리카

- 미국
  - 미국 성당에 관한 약술
  - 미국 성당에 관한 약술
  - 키루즈의 서한
  - 벨꾸르의 서한
- 허드슨만
  - 라베르로쉐르의 서한
  - 라베르로쉐르의 서한

오세아니아

- 오노르 나발의 서한
- 퐁본느의 서한
- 퐁본느의 서한
- 퐁본느의 또 다른 서한
- 몽트루지에의 서한
- 루제롱의 서한

루제롱의 또 다른 서한
쁘띠 쟝의 서한

『선교 협회보』 Librairie Ecclésiastique de Rusand, 1823, FRE 16 v.24

서 통킹 선교.
중국 선교.
하이난 섬.
허드슨 만 선교.
로마와 세계를 향해서.
로마와 세계에.
허드슨 만 선교.
만주 선교.
브라질 선교.
다양한 사건들.
1851년 보고서.
북 아메리카 선교.
마다가스카르 선교.
중국 선교.
티베트 선교.
다양한 선교.
허드슨 만 선교.
중국 선교.
기니 선교.
아메리카 합중국 선교.
캘리포니아 선교.
북 아메리카 인도안들의 선교.
아비시니아 선교.
레바논 선교.
사이암 선교.

『선교 협회보』 Librairie Ecclésiastique de Rusand, 1823, FRE 16 v.26

한국 선교.

사이암 선교.

서 통킹 선교.

티베트 선교.

티베트 선교.

마다가스카르 선교.

중국 선교.

오세아니아 선교.

뉴 칼레도니아.

중국 선교.

라오스 선교.

코친차이나 선교.

1855년 보고서.

인도 선교.

오세아니아 선교. 뉴 칼레도니아.

다양한 선교들. 중국.

아비시니아.

캐나다 선교.

만주 선교.

티베트 선교.

로마 교황 피우스 9세 각하 칙령.

칙령 번역.

알제리 교구.

I. 게로니모의 순교.
II. 게로니모의 발견.
III. 게로니모의 진정한 르네상스.

시리아의 선교.

중국의 선교.

한국의 선교.

활동을 위한 교서들.

칠레 선교.

중국 선교.

기니아 선교.

성지 선교.

회원들에 대한 통지.

『선교 협회보』 Librairie Ecclésiastique de Rusand, 1823, FRE 16 v.27

아메리카 선교. 신부들의 편지. 영국령 서인도 제도의 첫 종교회의,
통킹 선교. 동 통킹의 교구장, 르토르 신부 각하의 리옹에 있는 베르게 씨에게 보내는 편지.
중국 선교. 외방 선교회 출신의, 라비뉴 씨의 ...신부에게 보내는 편지.
샌드위치 제도 선교. 픽푸스 회 출신의 신부 겸손한 파벤스의 편지.
미국 선교. 뉴욕 대주교, 휴즈 신부 각하의 편지.
코친차이나와 통킹의 선교에 대한 간단한 서술.
오세아니아 선교. 성모 마리아 회원, 폰본 신부의 두 번의 편지 발췌문.
마다가스카르 선교. 주앙 신부의 편지 발췌문,
중국 선교. 물리 신부 각하의 편지 발췌문,
세이첼 제도 선교. 데스페레즈 신부 각하의 편지,
1854년의 보고서.
북 아프리카 선교. 타슈 신부 각하의 편지 발췌문,
티베트 선교. 선교 협회 출신의, 베르나르 씨의 편지.
중국 선교. 선교사, 콜린 씨의 편지...
사이암 선교. 뒤칼 씨의 편지,""".
로마 교황 성하 피우스 9세의 새 교서.
피우스 9세. 교황.
피우스 9세. 교황.
코친차이나와 통킹 선교에 대한 간략한 기술(1).
중국 선교. 마레스카 신부 각하의 편지,
시리아 선교. 바두르 신부의 편지 발췌문,
북 아메리카 선교. 티몽 신부 각하의 편지 발췌문,
중앙 위원회 의장들에게 보내는, 로마 교황 성하 피우스 9세의 편지.
미국 선교. 신시내티의 첫 지방회의 편지.
선교들에 대한 간단한 기술...
인도 선교.
오세아니아 선교.
미국 선교. 신부들의 편지.
라오스 선교.

오세아니아 선교. 알베르 몽티텐 신부의 편지,
일본 선교.
캐나다 선교.
목차.

『선교 협회보』 Librairie Ecclésiastique de Rusand, 1823, FRE 16 v.28

아프리카 선교.
    세첼 제도.
사이암 선교.
오세아니아 선교.
성지 선교.
통킹 선교.
코친차이나 선교.
중국 선교.
    선교사들의 출발.
1855년의 보고서.
중국 선교.
    키앙난 교구.
티베트 선교.
근동제국 선교.
오레곤 선교.
미국 선교.
인도 선교.
중국 선교.
두 기니아와 세네감비 선교.
캐나다 선교.
    주교 각하들의 교서들.
중국 선교.
이집트 선교.
실론 선교.
캄보디아 선교.
오세아니아 선교.
    선교사들의 출발.

만주 선교.
중국 선교.

『선교 협회보』 Librairie Ecclésiastique de Rusand, 1823, FRE 16 v.29

아프리카 선교.
    세첼 제도.
사이암 선교.
오세아니아 선교.
통킹 선교.
    주교 각하들의 교서들.
    선교사들의 출발.
아프리카 선교.
    나탈 교구.
인도 선교.
아메리카 선교.
오세아니아 선교.
중국 선교.
    선교사들의 출발.
    1856년의 보고서.
코친차이나 선교.
중국 선교.
오세아니아 선교.
    주교 각하들의 교서들.
    선교사들의 출발.
약술
레바논 선교.
일본 선교.
    리에오 키에오 제도.
티베트 선교.
중국 선교.
    호난 지방.
    운난 지방.
    수추엔 지방.

호페 지방.
첸시 지방.
키앙난 지방.
한국 선교.
주교.각하들의 교서들.
만주 선교.
한국 선교.
오세아니아 선교.
뉴 칼레도니아.
샌드위치 제도.
인도 선교.

『선교 협회보』 Librairie Ecclésiastique de Rusand, 1823, FRE 16 v.30

사이암 선교.
중국 선교.
동 오세아니아 선교.
아프리카 선교. - 나탈 교구.
갈라스 인들의 교구.
아메리카 선교.
1857-1858년 대사면.
통킹 선교.
오세아니아 선교.
아메리카 선교.
중국 선교.
1857년의 보고서.
통킹 선교.
중국 선교.
통킹 선교.
중앙 오세아니아 선교.
시리아 선교.
광동 선교.
근동제국 선교.
코친차이나 선교.

미국 선교.
중앙 아프리카 선교. -- 교구.
한국 선교.
말레이지아 선교.
중국 선교.
아메리카 선교.
목차.

『선교 협회보』 Librairie Ecclésiastique de Rusand, 1823, FRE 16 v.31

미국 선교.
중국 선교.
통킹 선교.
통킹 선교. 코친차이나.
중국 선교.
아프리카 선교.
아메리카 선교.
1858년 보고서.
중국 선교.
아프리카 선교.
주교들의 교서들.
아메리카 선교.
한국 선교.
코친차이나 선교.
캉통 선교.
오세아니아 선교.
인도 선교. 동부지역.
중국 선교.
후페 교구.
한국 선교.
통킹 선교.
통킹 코친차이나 선교.
아메리카 선교.
오세아니아 선교.

『선교 협회보』 Librairie Ecclésiastique de Rusand, 1823, FRE 16 v.32

1859년 보고서
선교 활동을 위해 발행된 교서들
선교사들의 출발
소식들: 다귀앵 신부 각하의 죽음, 플랑셰 신부 각하의 죽음, 귀아스코 신부 각하의 죽음 그리고 블란 신부 각하의 죽음
선교에 대한 조사.
유럽 선교
성 라자르회원, 엠. 으. 보르의 수기
브뤼노니 신부 각하의 편지
동일 고위 성직자의 두번째 편지
동일인의 세번째 편지
아시아 선교
근동제국
아랍인들에 의해 암살된, 플랑셰 신부 각하의 죽음에 대한 새로운 세부 내용들
예수회원, 부르크누 신부의 편지
예수회원, 라보르드 신부의 편지
리비아, 마론 교도들, 드뤼즈족들
중국
성 라자르 회원, 아노 씨의 편지
코친차이나
안남인 그리스도교들의 피해에 대한 외방선교회 지도자들의 보고서
외방선교회원, 트외렐 신부 각하의 편지
외방선교회원, 소히에 신부 각하의 편지
코친차이나 원정
한국
외방선교회원, 베르뇌 신부 각하의 편지
동일 회원, 퓌르티 씨의 편지
동일 회원, 다브뤼 신부 각하의 편지
인도

예수회원, 카노즈 신부 각하의 편지
외방선교회원, 구용 씨의 편지
외방선교회원, 뒤피 씨의 편지
예수-성모 마리아 회원, 앙드레 신부의 편지
아프리카 선교
성령과 성모 마리아 성심 회원, 푀뢰 신부의 편지
예수회원, 피나즈 신부의 편지
아메리카 선교
뉴 오를레앙즈의 두번째 지방회의에서의 신부들의 편지
예수회원, 클뤼에베르 신부의 편지
성모 마리아 회원, 뒤리외 신부의 편지
예수회원, 드 스메 신부의 편지
성모 마리아 회원, 데르보메즈 신부의 편지
비토운 주교, 귀그 신부 각하의 편지
모로 씨의 편지
오세아니아 선교
월터 시와 도날드 씨의 편지
예수회원, 매그레 신부 각하의 편지
성모 마리아 회원, 푸피넬 신부의 편지
성모 마리아 회원, 가니에르 신부의 편지
성모 마리아 회원, 베르나르 신부의 편지
성모 마리아 회원, 가베 신부의 편지

『선교 협회보』 Librairie Ecclésiastique de Rusand, 1823, FRE 16 v.33

인도 선교.
그리스 선교.
한국 선교.
다양한 선교.
시리아.
중국.
코친차이나.
미국.
아비시니아.

선교사들의 출발.
마다가스카르 선교.
오세아니아 선교.
핀스 섬에 대한 간단한 설명.
중국 선교.
베이징 조약.
시리아.
불가리아.
아프리카.
전통 축제.
선교사들의 출발.
1860년 보고서.
자선활동의 세부항목.
선교사들의 출발.
중국 선교.
불가리아 선교.
코친차이나와 통킹 선교.
마다가스카르 선교.
대 아프리카 섬에 대한 여러 번의 시도들.
북극 선교.
아메리카 선교.
캐나다.
멕시코.
하이티.
리비아.
통킹.
선교사들의 출발.
미국 선교.
티베트 선교.
통킹 선교.
다호메이 선교.
아프리카.
인도 선교.
퐁디셰리 선교.

파트나 선교.
퀼론 선교.
중국 선교.
출발과 소식들.
중국 선교.
코친차이나 선교.
아메리카 선교.
목차.

『선교 협회보』 Librairie Ecclésiastique de Rusand, 1823, FRE 16 v.34

코친차이나 선교.
오세아니아 선교.
웰링톤 교구의 상태.
베이징에서의 성체 침례.
선교사들의 출발.
리비아 선교.
중국 선교.
통킹과 코친차이나 선교.
아프리카 선교.
활동을 위해 발행된 교서들.
선교사들의 출발.
1861년 보고서.
자선활동의 세부활동.
다호메이 선교.
중국 선교.
코친차이나 선교.
마다가스카르 선교.
코친차이나와 통킹 선교.
중국 선교.
티베트 선교.
중국 선교.
중앙 오세아니아 선교.
중국 선교.

만주 선교.
목차

『선교 협회보』 Librairie Ecclésiastique de Rusand, 1823, FRE 16 v.35

로마 교황 성하 피우스 9세의 답서.
다호메 선교.
중국 선교.
사이암 선교.
아프리카 선교.
잔그바 교구청.
1862년 보고서.
적선의 세부항목.
코친차이나와 통킹 선교.
미국.
구세 추기경 각하의 교서.
아프리카 선교.
세네감비 선교.
미국 선교.
한국 선교.
일본 선교.
통킹 선교.
교서들과 소식들.
선교사들의 출발.
캐나다 선교.
중앙 오세아니아 선교.
중국 선교.
캄보디아 선교.
중국 선교.

『선교 협회보』 Librairie Ecclésiastique de Rusand, 1823, FRE 16 v.36

안남 선교.
버마 선교.

마다가스카르 선교.
기니아 선교.
교서들, 소식들 그리고 출발.
1863년 보고서.
적선의 상세한 내용
일본 선교.
중국 선교.
　　소식과 출발.
통킹 선교.
티베트 선교.
소식과 출발.
인도 선교.
북 아메리카 선교.
마다가스카르 선교.
다호메 선교.
불가리아 선교.
미국 선교.
코친차이나 선교.
동 인도 선교.

『선교 협회보』 Librairie Ecclésiastique de Rusand, 1823, FRE 16 v.37

동 아프리카 선교.
중국 선교.
　　선교사들의 출발.
　　사망자 란.
다호메 선교.
불가리아 선교.
통킹 선교.
동 인도 선교.
1864년 보고서.
적선의 상세한 항목.
티베트 선교.
오세아니아 선교.

티베트 선교.
코친차이나 선교.
유럽 선교.
아메리카 선교.
다양한 소식들.
아시아 선교.
아메리카 선교.
다양한 소식들.

『선교 협회보』 Librairie Ecclésiastique de Rusand, 1823, FRE 16 v.38

아시아에 대하여. -- 비르마니 교구.
아프리카에 대하여. -- 세네감비.
오세아니아에 대하여. -- 망가레바, 타이티 그리고 포모투.
새로운 소식들.
선교사들의 출발.
아시아에 대하여. -- 중국. 쿠이체우.
힌두스탄.
오세아니아. -- 타이티와 포무투.
새로운 소식들.
선교사들의 출발.
1865년의 보고서.
아시아에 대하여. --중국.
아프리카에 대하여. -- 콩고.
다양한 소식들.
교서.
아시아에 대하여. -- 안남 I.
코친차이나.
다양한 소식들.
아시아에 대하여. -- 안남 II.
다양한 소식들.
선교사들의 출발.
아시아에 대하여. -- 한국.
힌두스탄. - 실론.

아메리카에 대하여. -- 미국.
다양한 소식들.
선교사들의 출발.

『선교 협회보』 Librairie Ecclésiastique de Rusand, 1823, FRE 16 v.40

중국. 광통. 귈 트맹 신부 각하의 편지. 산시안 섬 여행.
한국. 가... 씨에 의한, 1886년의 박해에 대한 이야기.
다호메. 지. 부세 씨의 편지. 프로토 노보 학교.
미국. 찰레스톤. 린치 신부 각하의 편지. 첫 복원 작업들.
선교사들의 출발.

『선교 협회보』 Librairie Ecclésiastique de Rusand, 1823, FRE 16 v.41

우리의 교황 피우스 9세의 교황 편지.
불가리아. 통합 불가리아 교회의 실제 상황.
사하라와 수단. 라비게리 신부 각하의 편지
마다가스카르.
I. 마다가스카르 섬의 역사적 조망.
II. 주앙 신부의 보고서 발췌문.
다양한 소식들. 중국;힌두스탄. 미국.

『선교 협회보』 Librairie Ecclésiastique de Rusand, 1823, FRE 16 v.42

티베트. -- 쇼보 신부 각하의 편지. - 추방된 선교사들의 항의.
중국. -- 키앙난. - 1869년 선교상황. - 라바리 신부의 편지.
세네감비. -- 교구의 주요 정착지들에서의 콜레라 피해.
장구에바르. -- 오레네 신부의 편지. - 역사적 조망; 지형학과 기후.
중앙 오세아니아. -- 셰브롱 신부의 두 통의 편지들의 발췌문들. - 통가 제도의 신도들의 열기.
다양한 소식들. -- 북 유럽 - 서 수테휴엔.
선교사들의 출발.

『선교 협회보』 Librairie Ecclésiastique de Rusand, 1823, FRE 16 v.43

안남. -- 서 코친차이나. - 위보 신부의 편지.
중국. -- 키앙난. - 하이멘 지역의 기원.
쿵체우. -- 빌몽 씨의 여러 편지들의 발췌문. - 브말리옹과 모독자들.
갈라스. -- 토랭 신부의 편지들. - 비르히르사 정착지의 기원;
하이티. -- 왕자의 항구. - 귀트루아르 신부 각하의 편지.
다양한 소식들. -- 서 뱅갈; 천진. - 루이스 항.
선교사들의 출발.

『선교 협회보』 Librairie Ecclésiastique de Rusand, 1823, FRE 16 v.44

중국. -- 광시. - 수치에르 씨의 편지.
인도차이나. -- 동 버마. - 비피 씨의 편지들.
중앙 아프리카. -- 콤보니 씨의 편지. - 흑인들의 기관들.
주교의 교서들. -- 애르 주교, 에피반 신부 각하 주교 편지.
다양한 소식들. -- 힐데세임;클론페르. - 쿠이 체우.
선교사들의 출발.
중국. 만주. 노아르장 씨의 편지들.
세네감비. -- 리치 신부의 보고서. 교구의 일반적 상황.
동 폴리네시아. -- 포모투스. - 신부의 편지.
주교의 교서들. -- 에피방 신부 각하의 주교로서의 편지,
다양한 소식들. -- 아에촌리; 킬랄라 ; 키트라로에.
선교사들의 출발.
1871년의 보고서.
알바니아. -- 알바니아 신부들의 편지.
일본. -- 박해에 관한 소식들.
시리아. -- 예루살렘. - 발레르가 신부 각하의 편지. - 기스네의 선교...
동 오세아니아. -- 부스케 보고서 발췌문.
I. 샌드위치 제도.
II. 마르퀴즈 제도.
III. 타이티. 성 수도회.
1822년과 1872년의 선교들의 비교표.
선교사들의 출발.
힌두스탄.

사하라와 수단의 교황청 대표단.
베닌 해안의 교구.
새 브르타뉴.
교구 교서와 서한들.
다양한 소식들.
선교사들의 출발.
아비시니아 교구.
중앙.
선교사들의 출발.
중국. -- 라바리 신부의 편지.
잔구에바르 교구청.
미국.
다양한 소식들.
선교사들의 출발.

『선교 협회보』 Librairie Ecclésiastique de Rusand, 1823, FRE 16 v.45

유럽에 대하여.
그리스 제도. -- 텡레르미타주와 미콘 교구.
힌두스탄. -- 마뒤르 교구.
아프리카에 대하여.
마다가스카르 교구청.
오세아니아에 대하여.
새로운 소식들.
선교사들의 출발.
아시아에 대하여.
I. 선교에 대한 역사적 개관.
II. 포교의 방법들.
III. 선교사들, 거주지들, 여행들.
IV. 달성된 결과들, 개종.
힌두스탄. -- 망갈로르
메소포타미아.
다양한 소식들.
선교사들의 출발.

1872년의 보고서.
자선의 세부항목. -- 유럽.
아시아에 대하여.
힌두스탄. -- 퐁디체리.
아프리카에 대하여.
두 기니아.
선교사들의 출발.
소식.
아메리카에 대하여.
미국.
뉴 브리타뉴.
암석 산맥.
아시아에 대하여.
중국. -- 쿠이체우.
힌두스탄.
오세아니아에 대하여.
만가레바, 타이티 그리고 포모투스.
다양한 소식들.
선교사들의 출발.
아프리카에 대하여. -- 알제리.
아비시니아에 대하여.
선교사들의 출발.

『선교 협회보』 Librairie Ecclésiastique de Rusand, 1823, FRE 16 v.46

안남.
인도차이나.
중앙 지역.
다양한 소식들. -- 중국. 키앙난. 므그랑귀라,
중국. -- 동 수추엔.
인도차이나 -- 북부.
세네감비.
북 아메리카.
선교사들의 출발.

선교 활동 보고서. 1875.
중국 티베트.
신대륙의 조오지.
다양한 소식들.
선교사들의 출발.
중국. -- 키앙 난.
안남.

I. 서쪽.
II. ...일로 부터.
III. 재난의 장은 더 이상 존재하지 않는다.

갈라스.
다양한 소식들.
선교사들의 출발.
알제리.
안남. -- 서쪽.
세브쉘 제도의 교구청.
북아메리카.
다양한 소식들.
선교사들의 출발.
중국. -- 쿠앙통.
콩고 교구청.
주교의 편지들과 교서들.
선교사들의 출발.

『선교 협회보』 Librairie Ecclésiastique de Rusand, 1823, FRE 16 v.47

안남.

I. 프랑스와 안남과의 조약; 종교의 자유.
II. 통킹에서의 반란과 박해.
III. 서 통킹과 남 통킹 교구들이 겪은 손실들에 대한 개요.

중국.

북서쪽의 바다. - 빌리 신부의 편지. 이교도들에 의해 쓰러뜨려진 십자가.

남서쪽의 바다. - 피티피 신부의 편지 고관들의 험담. 에피소드.

쿠이체우.
리옹 신부 각하의 편지 발췌문.
힌두스탄.
자프나. -- 신부 각하의 보고서 발췌문.
I. 교구의 일반적 모습: 면적, 인구, 지역, 행정.
II. 1867년 이후의 주요 사건들: 세메리아 신부 각하의 죽음; 신부 각하의 임명과 서품식.
III. 활동들.
선교사들의 출발.
코르푸.
I. 코르푸에서의 카톨릭 역사.
II. 교구 활동들;학교들, 고아원, 중학교.
중국.
서 수추엔. - 핀촌 신부 각하의 편지.
시리아. - 성심 교단의 아랍인 수녀들.
북 아메리카.
알라스카. -- 르코레 씨의 편지
오세아니아. -- 뉴 칼레도니아. - 비테 신부 각하의 편지
다양한 소식들.
콘스탄티노플.- 코앵바투르;호난; 홍콩; 몽골.- 마다가스카르; 나탈.
선교사들의 출발.
1874년의 보고서.
중국. -- 창통. -코시 신부 각하의 편지. - 젊은이들에 의한 용감한 신앙 고백
티베트. -- 쇼보 신부 각하의 편지. - ...의 도입에 반대하는 곤란한 것들의 이유
메소포타미아. -- 도나토 데 구디아그렐 신부의 편지. - 마르댕 정착, 방문.
뉴 브르타뉴.
오세아니아.
I. 토착민들의 수, 기원, 종교
II. 그들의 개종에 대한 장애
중국. -- 키앙시. 안의 순교에 대한 아노 씨의 보고서 발췌문. 로, 신앙을 위한 죽음

운남. -- 퐁소 신부 각하의 편지. - 지역의 평화
마다가스카르. -- 카제 신부의 편지. - 선교의 보고서
I. 개인적 종교 수장의 지역에서의 선교
II. 개인적 베실레옥스에서의 선교
III. 동쪽 해안의 선교 : 개인
IV. 개인적 필수품들
오세아니아. -- 사모아. - 비달 신부의 두통의 편지들의 발췌문. - 입법...
주교의 교서들. -- 앙굴렘 주교 각하. - 페르트 주교 각하.
다양한 소식들. -- 시리아. 중앙 곳;
선교사들의 출발.
안남. -- 남 통킹과 서 통킹.
I. 고티에 신부 각하의 총독에게 한 답변; 나그에안의 튀예 공.
II. 기독교 신앙 고백자들.
III. ..의 재설립 이후의 기독교인들의 상황
IV. 동탄 지역.
V. 하노이로 퓌기니에 신부 각하의 귀환
중앙 아프리카. -- 로시 씨와 콤보니 신부 각하의 편지들의 발췌문.
하이티. - 궐루 신부 각하의 편지. - 역사적 요약
다양한 소식들.
선교사들의 출발.
콘스탄티노플. - 카톨릭 아르메니아 인들의 박해의 서막
중국. -- 키앙난.
I. 일반적 개념들, 지부들
II. 지카웨이
다양한 소식들. 서 수추엔

『선교 협회보』 Librairie Ecclésiastique de Rusand, 1823, FRE 16 v.48

캐나다.
중국.
III. 상하이.
수녀들.
베닌 해안의 교구.
선교사들의 출발.
그리스. -- 아테네 교구.

아비시니아 교구.
다양한 소식들.
선교사들의 출발.
X. 면화 재배. - 메뚜기들의 침해.
XI. 화재. - 수역. - 선교사들의 죽음.
XII. 토착민 성직자.
세네감비.
중앙 오세아니아 교구.
중국. -- 키앙시.
뉴질랜드. -- 웰링톤 교구.
힌두스탄. -- 서 뱅갈.
I. 아센솔.
II. 발라소르.
III. 보디소르.
IV. 카레.
V. 초타-나그포레.
VI. 치에바사.
VII. 하자레바그.
VIII. 자르그람.
중국. -- 창시.
안남. -- 서부.
메소포타미아.

『선교 협회보』 Librairie Ecclésiastique de Rusand, 1823, FRE 16 v.49

중국. -- 키앙난 - 난간호에이에서의 박해.
I. 에아체우멘 체민트의 순교.
II. 중국 사제, 페. 우앙과 그의 전도사들 중의 한 사람의 살인.
III. 고관들의 행위. 선교사들의 상황.
힌두스탄. -- 서 뱅갈 - 카톨릭의 발전.
I. 순더분드인들의 선교.
II. 산탈인들의 선교.
III. 초타 나그포르 선교.
IV. 칼루에타 선교.
인도차이나. - 사이암 - 베이 신부 각하의 편지 발췌문.
뉴 브르타뉴.

I. 구세주의 출발.
II. 심슨 요새. 성심 선교.
III. 심슨 요새 성 라파엘 선교.
IV. 넬슨 요새. 생 폴 선교.
V. 귀환. - 성 라파엘. 라데 신부.
VI. 심슨 요새.
VII. 신의 섭리.
VIII. 성탄절의 도래.

선교사들의 출발.

중국. - 키앙시 - 브레이 신부 각하의 편지 발췌문.

I. 서 수체엔. 비밀단체들.
II. 동 수체엔. - ...죽음의 문제에 대한 재판 결과.

힌두스탄. -- 마뒤르.

I. 중앙 마뒤르. 마라바에서의 장 신부의 여행.
II. 남 마뒤르. - 알라가파부람에서의 개종.

일본. -- 랑글레 씨의 편지. - 기독교 기념물들의 발견.

두 기니아. - 르 베레 신부의 편지 발췌문.

다양한 소식들. -- 불가리아 .

선교사들의 출발.

선교 활동.

1876년 보고서.

티베트. - 쇼보 신부 각하의 편지. - 선교의 상황.

I. 체콘.
II. 예르칼로.

두 기니아. - 데로르메 신부의 편지. 베시외 신부 각하. 설립자.

항해자들의 제도. - 비달 신부의 편지 발췌문. - 팔카에 있는 슈비에 신부.

중국. -- 서 페첼리. 난쿠테행과 체울리에서의 박해.

동 수체엔. - 블레테리 씨의 편지. 충킹 교구청에서의 박해.

일본. - 북 일본. - 미동 씨의 편지.

힌두스탄. - 폰디체리. - 알라디에서의 기근. - 가뭄과 기근. - 손도둑.

남 아메리카. - 암석 산맥. - 라파그리오시 신부의 편지 발췌문.

북 아메리카. - 암석 산맥.

유타 선교. -- 스칸롱 씨의 보고. - 유타의 지역.

다양한 소식들. - 콘스탄티노플.

선교사들의 출발.

중국. - 찬통. - 코시 신부 각하의 편지들. - 건조와 기근.

힌두스탄. -- 서 뱅갈. 카톨릭의 발전.

I. 오리사 선교. - 면적과 인구.

II. 쵸타나그포르 선교.

III. 상탈 선교.

IV. 24 페르구아나들의 선교.

코앵바투르. - 기근. - 개종.

폰디체리 -- 기근. - 영세 지망자들을 위한 활동 연기.

콩고. -- 뒤파르퀘 신부의 보고.

I. 란다나. 이 거점의 번성.

II. 바나나. - 돔 페드로 왕.

III. 음보마 - 이 곳의 중요성.

IV. 생 아토완. - 소그노의 옛 선교.

다양한 소식들. - 만주;마뒤르.

선교사들의 출발.

중국과 힌두스탄. - 남 페체리, 마뒤르, 폰디체리, 그리고 자프나 교구에서의 기근.

중국 - 키앙난. - 박해 (계속과 끝).

I. 느간호에이.

II. 키앙수.

서 수추엔. - 쿠팔 씨의 편지.

인도차이나. -- 남 버마.

뉴 브르타뉴. -- 성 알베르.

I. 성 라파엘 정착지.

II. 베. 마그리트 마리 정착지.

III. 방문소.

IV. 성 장 밥티스트 정착지.

다양한 소식들. -- 칸디. - 쿠앙통. - 중앙 아프리카.

선교사들의 출발.

『선교 협회보』 Librairie Ecclésiastique de Rusand, 1823, FRE 16 v.52

중국. - 키앙시 - 한 선교사의 보고서.

I.

1. 선교의 기원
2. 키앙시에 선교회 들어감.

II.
1. 칸체우와 난강푸.
2. 키낭과 연체푸.
3. 키앙창푸.
4. 쿠앙신푸.
5. 푸체우.
6. 추이체우와 린키앙푸.
체키앙. - 리지 씨의 보고.
주교의 교서들.
다양한 소식들.
선교사들의 출발.
7. 난창; 우쳉.
8. 야오체푸.
9. 키에우키앙.
10. 난캉.
III. 1832년과 1879년 키앙시 선교의 비교 현황.
한국. -- 블랑과 로베르 씨의 편지들. - 선교의 소식들.
힌두스탄. -- 비자가파탐. - 퀴그네 씨의 편지.
두 기니아. -- 가봉. - 오고아르 신부의 편지.
피지. 브레헤레 신부의 보고.
I. 오발랑 나자레트.
II. 와이리키.
III. 솔레뷔.
IV. 베라타.
V. 레와.
VI. 바투루아, 수라, 바, 칸다뷔.
전도활동을 위한 기관 설립에 대한 간단한 설명.
다양한 소식들. -- 말레이지아.
1879년 선교활동.
한국. - 드귀에트 씨의 편지.
I. 이 선교사의 체포.
II. 첫번째 심문.
III. 공주에서 서울로의 여정.
IV. 한국인 배반자들.
V. 서울에 입성 그리고 심문.
VI. 억류.

VII. 모든 이 기간 동안에.
두 기니아. - 드로름 신부의 편지. - 생 폴의 선교에 대한 보고.
뉴 칼레도니아. - 힐레로 신부의 편지. - 1월 24일 태풍.
교구 교서들. - 오츠 대주교 각하.
다양한 소식들. - 마다가스카르. - 적도 아프리카.
선교사들의 출발.
다양한 소식들. - 장구에바르(동 아프리카).
힌두스탄. - 망가로르. - 선교의 역사.
I. 고아에 예수회 신부들의 도착과 체류.
II. 교구 소유.
III. 첫 교구활동.
IV. 쿨루루 정양지.
고지대 잠베지아. -- 선교 기지 설립.
I. 구불라와요에 첫 기관 설립.
II. 선교사들과 백인들과의 관계.
III. 로 벵굴라 왕과 토착민들과의 관계.
IV. 관습과 미신.
미국. - 북 캐롤라이나. - 그로스 신부 각하의 편지.
새로운 소식들.

『세계를 가로질러』 Hachette, 1896, FRE 72

고지대 아시아에서의 프랑스의 과학 사절단.
메닐리크와 아비시니아 사람들.
다니스 남작의 콩고에서의 활동.
수 르 방(바람 아래) 제도의 굴복. 대서양에서의 체스 씨
투테 선장. 나이제리아와 사하라에서의 우아호메이.
다카르에서 쥐비 곶까지. 사하라 해안 여행.
중국에서 인도까지.
아다마우아에서의 독일 선교단. 폰 우에흐트리츠 씨와 파사르게 박사.
우리의 그리스 여행.
라브라도 반도. 로베트 벨 씨의 여행. ? 로우와 이튼 씨들의 탐험.
운남에서의 카톨릭 선교.
쿠방(코카스)에서의 석유 탐사.
힌데 박사 ; 콩고에서의 3년.

비엔나에서 자전거로 부다페스트까지.
"톰부추 : 투아렉 족, 모르스 족 & 송해 족."
테오도지. 바다 항.
브라질의 미래 수도.
<세네갈> 운항 - 한 승객의 일지.
<세네갈> 운항 - 한 승객의 일지.
<세네갈> 운항 - 한 승객의 일지.
프랑스 카톨릭 선교들. 동 코친차이나에서.
튀니지에서. 10년 후.
영국-러시아 위원회에 대한 몇 가지 초고. 파미르의 경계에 대하여 (1895년 8월과 9월).
제네바 박람회에서의 스위스.
키프러스 섬의 몇 가지 고대의 잔해.
부다페스트에서의 3일. 천년 박람회가 개최되었을때.
투란에서 케마라트까지. 해군 중위 에티엔 메르시의 여행.
우리의 아드리아 해 유람.
라닥에서의 한 프랑스 여성 여행자.
베를린 박람회에서의 독일 식민지들.
쿠바의 한 농원
중국에서의 상업 사절단. 리용 상업 회의소의 발의.
네미 호수의 고대 배들.
중국에서의 상업 사절단. 리용 상업 회의소의 발의.
이구아수의 몰락.
지구-카스피해를 횡단하여 쏘다니다. 우준에서 보카하라.
갈리시아 드 튀에서 생 작크 드 콤포스텔까지의 3일.
남부의 강들과 후타-잘론.
프랑스의 카톨릭 선교들. 모아 지역에서.
중국에서의 프랑스 상업 사절단. 리용 상업 회의소 발의.
카이요르의 추억.
아프리카에서의 로마 잡문집.
베니스에서 코르푸까지.
베니스에서 코르푸까지. 우리의 달마티아에서의 환영.
베니스에서 코르푸까지. 보스니아-헤르체코비나에서의 일주.
프랑스령 기니아에서의 대농장.

우아디 노르통에서의 유람.
보굴인들.
하코다트 방문.
제르바.
중국에서의 리옹 탐험대.
바울에 대한 간단한 논평들.

『세계를 가로질러』 Hachette, 1897, FRE 72

다호메이에서의 국경 경계
윤 난 푸에서 스 추우엔을 향해
세네갈에서 나이지리아까지의 철도
바로트스 지역 탐험
페.와 에프. 사라생에 의해서 셀레브 탐험
셀레브 탐험
아테네 학교의 50주년에
안데스 산맥을 통하여 부에노스에서 발파레소까지
푸에블라 근교의 염소 학살
볼가리의 폐허에서
윤남, 티베트, 몰골 지방을 가로질러 샤를르. 으. 보냉 씨의 탐험
캐나다 북서지방에서
중국에서의 상업 개척을 위한 리옹의 대표단
로데지아에서(특허장을 받은 땅)
오스트레일리아의 토착민들
사칼라브의 풍속
뷔르 엘 앤 계곡 방문
러시아에서의 고고학적 여행
타나라리브에서 피아나란트소아
중국에서의 리옹 탐험대
테살리아와 그리스-터키 전쟁
프랑스의 구석들 :
태양의 개기식을 보기 위하여
바다의 커다란 뱀
세인트 봄과 세인트 막시민

프랑스 령 기니아의 경계 임무
독일 학생들에게서의 결투
튀니지의 항구들과 교통로들
안티노에서의 람세스 2세 신전 발굴
안티노에 발굴
아비시니아에서의 라가르드 선교
마다가스카르에서의 갈리에니 장군의 업적
모시 족
중국에서의 리용 탐험대
타랑테즈 지방과 프티 생 베르나르 지방
고지대 포레즈 지방에서의 거석 기념물들
뉴 칼레도니아에서-천당과 연옥
일하는 코끼리들
식민지의 실험 정원들
튀니지의 구석들 :
베이징에서 러시아 국경까지
인도-아프가니스탄 국경에서의 소요
베이징에서 러시아 국경까지
클롱디크의 황금 광산들
서부 사하라
식민지의 실험 정원들
베론 주위에서
베론 주위에서
앙도르에서
카르카손느
뉴 헤브리데즈 역사적이고 지리학적 개관
뉴 헤브리데즈 원주민들의 풍습

『세계를 가로질러』 Hachette, 1898, FRE 72

식민지의시험 정원들.
오레곤의 ((클라테르 호수)).
텐진에서 베이징간의 철도.
뉴질랜드에 대한 간단한 소개.

베니 하마드의 칼라.
베이루트에서 다마스와 므제리브까지의 철도.
메콩 항해.
마다가스카르에서 - 이콩고 점령. 현장 증인의 이야기.
고지대 부르보네 지방의 거석 기념물들 미사용 작은 작들과 돌들.
톰스크에서 타슈켄트. 공교육 - 러시아와 토착민들의 학교들 프랑스어 교육.
수 르 방 제도.
코르시카와 극동의 문제.
라이아테아 원정.
헬고란드에 대한 간단한 소개.
황해의 해군 위치들. 대련만과 여순 항.
물신 종교의 사제 마비알라의 죽음. 아프리카 입구에서의 상인 대표단.
황해의 해군 위치들(계속). 웨이 하이 웨이.
도라의 과시.
톰스크에서 타슈켄트 사막에서의 축제.
알라스카에서.
쿠바의 정치적 상황.
수단에서의 프랑스 1863년에서 1898.
플로리다.
수단에서의 프랑스 1863년에서 1898(끝).
뉴기니아에서의 호수와 공중 마을들.
사하라의 황폐한 도시들.
아덴 근처의, 하드그 혹은 엘 호타 오아시스 유람.
네팔에 있는 산 마르티노 박물관.
통킹에 있는 해적 두목에 대한 전문적 기술.
통킹에 있는 해적 두목에 대한 전문적 기술(끝).
오베르뉴의 거석들. 봉분과 성소.
독일의 옛 도시들. 마르부르크.
세니스 산 고개 유람.
필리핀의 정치적 상황.
리스본을 가로질러.
아비시니에 대한 인상들.

일본의 철도들.
세인트 헬레나에서.
통킹 군도.
중국의 철도들.
브르타뉴 지방의 신비의 지방에서. 프루장 모르랙스에 있는 그베놀의 신비.
브르타뉴 지방의 신비의 지방에서. 플루장 모르랙스에 있는 그베놀의 신비.
몽마르트의 생 피에르 교회.
산악철도들.
폼페이 방문.
폼페이 방문.
프랑스 령 기아나.
부이용 성.
이집트에서의 일주.
이집트에서의 일주.
투렌에서.
미얀마 생활에 관한 간단한 소개.
미얀마 생활에 관한 간단한 소개(끝).

『세계를 가로질러』 Hachette, 1900, FRE 72

식민지에 대한 확고한 시론
(항해 가능한 배인) 새로운 프랑과 항해할 수 있는 루아르 강
식민지에 대한 확고한 시론(속편)
아프리카에서의 금발인의 선교
식민지에 대한 확고한 시론(속편)
아비시니아에서-레옹티프 백작의 선교
식민지에 대한 확고한 시론(끝)
사모리의 체포
추방되는 사모리
일본의 토착 종교
프랑스의 한 궁벽한 고장 - 가세
프라하에 대한 메모

상아해안에 대한 메모
몽셍미셸 만의 변모
시베리아 횡단 철도
셍-에밀리옹 앙 귀이엔느
통킹의 고지대
상아해안에 대한 메모(끝)
튀니스에서의 집행
러시아에서
바스크식 테니스 게임
인상적인 푸타-달롱
코르도바
통킹에서의 복수
통킹에서의 복수(끝)
마스카트와 오만 제국
비제르트와 페리빌 : 투니지에서의 도시 건설
스칸디나비아 여행자 협회
스칸디나비아 여행자 협회(두 번째와 마지막 글)
이스랑 협로 여행
이스랑 협로 여행(끝)
기구 타고 유럽일주
쉬메시(市)와 그 주변
르 그랑-셍-베르나르
바르셀로나 단평(短評)
룩셈부르크시(市)
룩셈부르크시(市)(계속)
마르세이유로부터 중앙아시아까지
무선 전보
마르세이유로부터 중앙아시아까지(계속)
마르세이유로부터 중앙아시아까지 그리고 회귀
마르세이유로부터 중앙아시아까지 그리고 회귀(계속)
소말리아에서
말레이시아에서의 한 식물학자
말레이시아에서의 한 식물학자(계속)
벨기에 사회문제에 관하여 : 비에이-몽타뉴 광산

프레-셍-제르베의 눈길
베를린에서의 쾌활한 주(週)간

『세계를 가로질러』 Hachette, 1900, FRE 72

시베리아의 도시들
센 섬의 과거, 현재, 그리고 미래
유명한 성물-포르-로얄 데 샹
므나브에 있는 기둥에서(마다가스카르)
므나브에 있는 기둥에서(끝)
갸르드 호수
트란실바니 지역의 몇몇 도시들 칼스부르크
트란실바니 지역의 몇몇 도시들(계속) 세게스바르
트란실바니 지역의 몇몇 도시들(계속)크론스타트
페샤와와 유즐만의 내부들
트란실바니 지역의 몇몇 도시들(계속) 헤르만스타트
시베리아의 커다란 도시들
트란실바니 지역의 몇몇 도시들(끝) 콜로츠스바르
심플론 터널(계속)
1900년 박람회의 전체적 모습
폴란드의크라코프의 무덤
나이지리아의 도시-디엔느
나이지리아의 도시-디엔느(계속과 끝)
시베리아 횡단철도를 따라서, 바이칼 호 그리고 바이칼 횡단 지역.
1900년 파미르 산악지대
시베리아에서
독일에서의 내륙 항해
독일에서의 내륙 항해(끝)
보 지방의 한 마을에 있는 폐허들
시베리아의 도시들
파이윰을 가로질러서
세르프로아 고아원
동 인도에서-바르바도스
동 인도에서(계속) 트리니트

모로코에서-탕제르
동인도에서-자메이카.
옛 수도-오랑즈
옛 수도-오랑즈(끝)
사브와의 구석진 곳-피에르 계곡
중국에서. 시 카 우에이 카톨릭 선교단 방문
텐친
부르고뉴의 조그마한 계곡
모로코의 수도.-페즈
베를린의 스케치(계속)
주라 산맥의 이상한 철도
베를린의 스케치
피에몬토 유람.
피에몬토 유람(계속과 끝)
100개의 문을 가진 테베
100개의 문을 가진 테베(계속)
키아오 체우.
베니스에서-곤돌라로
일본 여성 게이샤
베니스에서-곤돌라로(계속)
바울에 대한 간단한 논평
바울에 대한 간단한 논평(계속)
바울에 대한 간단한 논평(계속)

『세계를 가로질러』 Hachette, 1901, FRE 72

퐁타라블에서 9월 8일의 행진
이탈리아에서 프랑스에 대하여-세니스 산
바울에 대한 간단한 논평(계속)
카이엔느에서 오야포크.
릴에 있는 고물시장.
라닐리스 순례제.
시베리아 이주.
시베리아 이주(계속).

독일에 대한 스케치.
마드리드에 대한 간략한 소개.
마드리드에 대한 간략한 소개(계속)
암두르프 2등 항해사.
마드리드에 대한 간략한 소개(끝)
태평양의 러시아 해안에서
우랄스크
뉴질랜드의 기억들
뉴질랜드의 기억들(끝)
앙골라의 포르투갈 식민지의 발전.
바이노니 집단주택
테베사의 인산염 광상 유람.
러시아의 아시아 유목인들의 사법적 풍속
랩랜드에서의 여행
톨레드
판갈라네스 운하.
생 장 드 릴로 수도원
고지대 포레 지방의 거석들.
프랑스 해안 문제.
프랑스 해안 문제.
프랑스 해안 문제.
생통즈에서의 침체된 도시.
고지대 라오스의 수도.
산적들의 고전적 지역.
콩고에서의 하천의 항해.
콩고에서의 하천의 항해(끝)
솜 지방 연안지대의 변화.
프랑스-튀니지의 대영지들.
프랑스 령 알프스 산맥에서
프랑스 령 알프스 산맥에서(끝).
5세기의 요새화된 수도원
저지대 다호메이의 토착인구들
갈리스에서-렘베르크
생 발레리 쉬르 솜.

저지대 라오스의 카 부족들.
프랑스 령 튀니지의 대영지들(계속).
프랑스 령 튀니지의 대영지들(끝)
저지대 다호메이의 토착인구들(계속)
저지대 다호메이의 토착인구들(계속)
말매종.
나의 앙티노에의 발굴들-나의 여섯번째 원정
검은 숲에서
리르 강의 종려나무 숲.
솜 지방의 생기있는 절벽과 생기없는 절벽들.

『세계를 가로질러』 Hachette, 1902, FRE 72

오베르뉴의 거석들.
칠레의 질산염 광산.
칠레의 질산염 광산(계속).
아메리카의 그레트나 그린.
네덜란드의 프린스 로얄 지역에서 : 슈베린.
프랑스 령 콩고의 별로 안 알려진 한 미개인종.
북 아프리카의 프랑스 학교들(알제리-튀니지).
북 아프리카의 프랑스 학교들1(알제리-튀니지).
사르디니아의 작은 섬. 카를로포르트와 상 피에트로.
파나마 운하와 콜롬비아의 혁명.
파나마 운하와 콜롬비아의 혁명.(계속)
알자스의 한 구석-노트르 담 데 트르와 에피.
새로운 땅에서-프랑스의 해안.
포스 만과 포르 드 북.
피레네의 아리에 주에서.
로마의 평야에서의 열병과 이탈리아의 적십자 보건 봉사.
튀니지 중부에서 있는 올리브나무 숲의 재건.
튀니지 중부에서 있는 올리브나무 숲의 재건.(끝1)
아비시니아에서의 코끼리 이용.
한 도시의 깨어남-황폐한 브뤼즈가 활기찬 브뤼즈가 되는 것으로 변했다.

한 도시의 깨어남-황폐한 브뤼즈가 활기찬 브뤼즈가 되는 것으로 변했다 (끝1).
마이요트와 코모르 군도.
마이요트와 코모르 군도.(끝1)
베쉬브의 철도.
특이한 프랑스.
앤 세프라 주위의 카이드라는 지방관에게서.
앤 세프라 주위의 카이드라는 지방관에게서.(끝1)
가난한 베니스. 쉬오지아 와 ((바뤼프 쉬오조트)).
가난한 베니스. 쉬오지아 와 골도니의 (바뤼프 쉬오조트)) (끝1).
코르시카의 한 구석-카르제스의 그리스 식민지.
중국의 음모-하늘의 아들.
라몽에 의해 빼앗긴 산 점령, 1802년.
하와이 제도에서.
빈티밀에서 콜 드 탕드까지.
스피츠베르크에서1.
스피츠베르크에서1.
모로코 국경에서-피귀 와 철도.
만주에서-만주횡단 철도에서-묵덴 방문.
수스 에서 메트라우이 (남 튀니지).
수스 에서 메트라우이 (남 튀니지) (끝1).
스티리에 있는 노트르담 드 스트라센겔 교회.
라룬스와 콜 아느우를 거쳐 포에서 사라고스에 이르는 피레네의 새로운 길.
실론 섬에서의 보어인들의 죄수들 존재.
어떤 도시의 출현-샌 프란체스코.
비제르트-미래의 아프리카 툴롱.
비제르트-미래의 아프리카 툴롱. (끝1)
비제르트-미래의 아프리카 툴롱. (끝1)
캘리포니아의 경치-샌프란체스코 만.
샌프란체스코에서-캘리포니아의 스케치(계속)
마르콩테르-프랑스에 있는 사하라의 한 구석.
우리의 알프스 사냥꾼들-겨울의 휴게소들.
지베 근처에 있는 보랭 성.

『세계를 가로질러』 Hachette, 1903, FRE 72

시온과 발레 농민들의 삶
페르시아와 페르시아만
남미의 파리, 카라카스
루와르의 광부들. 블랙 컨츄리 여행
마케도니아의 정치상황
몸바즈와 우간다의 철도
크루미리의 떡갈나무숲. 페르나나에서 타바카까지
사하라 횡단은 가능한가?(1)
사하라 횡단은 가능한가?(2)
다도해. 통가군도
사하라 사막 비행선 탐험
사하라 횡단은 가능한가?(3)
시베리아 원주민들의 샤마니즘과 라마교(1)
알프스 산의 방책
시베리아 원주민들의 샤마니즘과 라마교(2)
튀아모튀 군도의 해일(1)
튀아모튀 군도의 해일(2)
중국 황비전(皇妃殿)의 유럽여인들
제르바 섬(남부 튀니지)(1)
제르바 섬(남부 튀니지)(2)
아테네 아크로폴리스의 보수광경
러시아의 농촌산업
오브르보네 지방의 거석문화. 아시스로부터 성 벵상 오텔까지 불안정한 교권블록
세르비아 혁명과 벨그라드시(市)
에랑 노르덴스키올 남작의 아르헨티나와 볼리비아 탐험
파괴 위에 세워진 도시
노르웨이 피요르 항해여행(1)
노르웨이 피요르 항해여행(2)
노르웨이 피요르 항해여행(3)
중국 황비전(皇妃殿)의 유럽여인들

극서지방 캐나다. 무너진 산 ? 프랑크의 도시와 광산
말레이지아 술탄의 호랑이 사냥
코르시아. 숙박과 여행
메이제 등반
추억의 시베리아. 애기신(神)의 집에서
튀니지의 발굴지들(1) I. 포에니의 카르타고
튀니지의 발굴지들(2) II. 로마인들의 카르타고
튀니지의 발굴지들(3) III. 로마인들의 아프리카
실론의 죽음의 도시. 아누라다푸라 유적지(1)
실론의 죽음의 도시. 아누라다푸라 유적지(2)
북경에서 파리까지 기차여행(1)
북경에서 파리까지 기차여행(2)
프랑스의 신설학교와 새로운 교육
제네바의 르네상스
한커우(漢口)-북경 기차여행(1)
한커우(漢口)-북경 기차여행(2)
니켈과 뉴칼레도니아(1)
니켈과 뉴칼레도니아(2)
상가의 바빙하넹(프랑스령 콩고)
몽마주르 수도원

『세계를 가로질러』 Hachette, 1904, FRE 72

멘잘레 호수-그 곳의 사라진 도시들.
포포카테페틀.
그랑 제르 봉우리 여행.
생 루이의 다음번 박람회.
알바니아에 있는 몬테네그로에 대하여-스쿠타리.
피레네 산맥에서-에스코앤 크레바스.
만주의 러시아인들.
가베의 오아시스(남부 튀니지).
한국을 가로질러-서울.
한국을 가로질러 : 서울에서 군산.
한국을 가로질러-한국에 있는 외국인들.

미국으로 귀화한 프랑스인의 도시. 1803년과 1903년의 뉴 오를레앙.
일본에서 - 어제와 오늘날의 종교들.
알라스카의 철도길들. 북극의 철도 건설.
일본에서-민중의 오락.
오디에른 만의 브르타뉴 사람들은 몽골 인 출신인가?.
예소 섬에서의 8일.
헤르체고비나에서- 사라예보에서 드리나 계곡을 거쳐 몬테네그로 국경까지.
파나마-도시.
그랑 리외 호수.
달니의 창조, ((먼 도시)).
몬테네그로에서-가츠코에서 튀르크 국경까지.
한국에서의 죽은 자들에 대한 숭배.
고지대 알바니아에서.
만주에 대한 메모들.
로마 광장의 마지막 발굴.
정확하게 코자크 사람은 무엇인가?
세네갈의 원주민 부대.
노로돔 1세, 캄보디아의 왕. 프랑스로부터 보호를 받는 아시아의 한 군주.
베이루트의 도시와 바그너의 연극.
티베트에서의 여행과 탐험.
생 루이와 루이지아나의 구입 기념 박람회.
생 루이와 루이지아나의 구입 기념 박람회 1.
배칼 호수와 시베리아 횡단지역.
중국과 일본의 칸막이 된 에나멜 제작.
러시아의 농민들.
세네갈에서 나이지리아-수단의 철도.
프랑스 령 기아나의 금광 광산을 향해서. 열대 숲과 금을 함유한 지역.
프랑스 령 기아나의 금광 광산을 향해서. 금을 함유한 충적토의 개발.
시베리아 횡단 지역 위원회와 시베리아에서의 그 활동.
한 러시아 제국 해군 장교에 의한 아르헨티나와 칠레를 가로질러 대서양에서 태평양까지.

한 러시아 제국 해군 장교에 의한 아르헨티나와 칠레를 가로질러 대서양에서 태평양까지.
폼페이 방문.
블라디보스토크에서의 하룻밤.
에프. 세. 보스토크에 의한 맹수 훈련.
로스코프의 실험 동물원의 연구소.
영국령 인도에서의 새로운 철도. ((아삼-벵갈 철도)). 그것의 건설, 그 목적.
고지대 리무쟁에 있는, 비엔느 강에서의 여행.
비티니의 올림푸스 산 등정.
로자리오 드 산타 항구(아르헨티나 공화국).
대서양, 그곳의 법들과 그것의 문제들–어떤 해양학적 기지.
산 알 하가르로의 여행– 고대 타니스의 폐허들.
오랑 항구–그 급속한 발전과 그 뛰어난 미래.

『세계 일람표, 혹은 세계지리』 Leclerc, 1788, FRE 270 v.1

일러두기
다음의 표에 대한 주의
프랑스 길 목록
프랑스 일람표
프랑스의 강들
파리 도시에 관하여
파리의 상업
파리의 길이
파리 근교의 도시, 읍과 마을들
일 드 프랑스
파리 행정구역
노르망디
루앙 행정구역
알랑송 행정구역
캉 행정구역
오를레앙 주와 보스 주
오를레앙 행정구역

맨느와 페르슈 행정구역
앙주
소모로와
투렌
투루 행정구역
브르타뉴
렌느 행정구역
프와투
프와티에 행정구역
베리
부르보네
니베르네
마르슈
물랭 행정구역
오니 지역 행정구역
생통즈
라 로셸 행정구역
리무쟁
리모즈 행정구역
오베르뉴
리옴 행정구역
귀엔과 가스코뉴
귀엔의 상업
오슈 행정구역
스와송 행정구역
샹파뉴와 샹파뉴 지방의 브리
샤롱 행정구역
브루고뉴
브레스
디종 행정구역
프랑슈-콩테
프랑스-콩테 행정구역
리용 지역, 포르와 보졸레 지역
리용 행정구역

돔브
도핀
그르노블 행정구역
랑그독
툴루즈 행정구역
몽펠리에 행정구역
프와 지역
루시옹
페르피냥 행정구역
프로방스
액스 행정구역
로렌과 바르와
세 개의 주교구
메 행정구, 혹은 세 개의 주교구
알자스
알자스 행정구역
피카르디
아미앙 행정구역
플랑드르와 애노
애노 행정구

『세계 일람표, 혹은 세계지리』 Leclerc, 1788, FRE 270 v.2

프랑스 일람표
　　프랑스 정부
　　　　의회
　　　　루앙 의회
　　　　렌느 의회
　　　　보르도 의회
　　　　툴루즈 의회
　　　　그르노블 의회
　　　　디종 의회
　　　　브장송 의회
　　　　메츠 의회

두에 의회
포 의회
엑스 의회
매 달 날수에 따라 열리는 장들의 요약설명
그들이 도착한 날에 따라 유동적인 날에 서는 유럽의 장과 시장
70. 프랑스 교회
대주교 교구들, 주교구들과 수도원들
파리 대주교 교구, 4명의 주교들
오를레앙 교구
샤르트르 교구
블르와 교구
모 교구
샹파뉴의 상스 대주교 교구, 4명의 주교들
트로아 교구
옥세르 교구
네베르 교구
베드레엠 주교구
샹파뉴의 렝스 대주교 교구, 8명의 주교들
아미앙 교구
상리스 교구
샤롱 교구, 쉬르-마른
보베 교구
노와용 교구
라옹 교구
불로뉴 교구
스와송 교구
베리의 부르즈 대주교 교구. 4명의 주교들
리모즈 교구
클레르몽 교구
생 플루 교구
튈르 교구
투렌의 투르 대주교 교구. 11명의 주교들
렌느 교구

- 반느 교구
- 낭트 교구
- 생 브리외 교구
- 퀭페르 교구
- 생 말로 교구
- 생 폴 드 레옹 교구
- 트르귀에르 교구
- 돌 교구
- 앙제 교구
- 망스 교구

리용 지역의 리용 대주교 교구, 6명의 주교들

- 랑그르 교구
- 디종 교구
- 마송 교구
- 샤롱 쉬르 사온 교구
- 오텅 교구
- 생 클로드 주교구

랑그독의 알비 대주교 교구. 5명의 주교들

- 카스트르 교구
- 카오르 교구
- 망드 교구
- 로데즈 교구
- 바브르 교구

툴루즈 대주교 교구. 7명의 주교들

- 라보르 교구
- 생 파풀 교구
- 리외 교구
- 몽토방 교구
- 파미에 교구
- 미르프와 교구
- 롬베즈 교구

귀엔의 보르도 대주교 교구. 9명의 주교들

- 프와티에 교구
- 뤼콩 교구

페리귀외 교구
사르라 교구
셍트 교구
라 로셸 교구
아장 교구
콩동 교구
앙굴렘 교구
가스코뉴에 있는 오흐 대주교 교구. 10명의 주교들
바이욘 교구
레스카르 교구
오레롱 교구
바자즈 교구
레익투르 교구
타르브 교구
악크스 혹은 닥스 교구
꼬맹즈 교구
애르 교구
생 리지에 혹은 쿠스랑 교구
랑그독에 있는 나르본 대주교 교구, 10명의 주교들
몽펠리에 교구
카르카손 교구
베지에 교구
생 퐁 교구
로데브 교구
아그드 교구
미스므 교구
알레트 교구
위제즈 교구
알래 교구
프로방스에 있는 아를르 대주교 교구. 4명의 주교들
툴롱 교구
오랑즈 교구
폴 트르와 샤토 교구
마르세이유 교구

도핀에 있는 비엔느 대주교 교구. 4명의 주교들
비비에 교구
발랑스 교구
그르노블 교구
디에 교구
프로방스에 있는 액스 대주교 교구. 5명의 주교들
프레쥐 교구
시스테롱 교구
리에즈 교구
아프트 교구
가프 교구
도핀에 있는 앙브룅 대주교 교구. 5명의 주교들
그랑데브 교구
방스 교구
디뉴 교구
세네즈 교구
그라스 교구
노르망디에 있는 루앙 대주교 교구. 6명의 주교들
리지외 교구
아브랑슈 교구
쿠탕스 교구
세즈 교구
베이외 교구
에브르외 교구
캉브레시스에 있는 캉브레 대주교 교구. 세 명의 주교들
아라스 교구
생 토메르 교구
이프르 교구
투르내 교구
프랑스 콩테에 있는 브장송 대주교 교구. 3명의 주교들
벨레 교구
트레브, 독일 대주교 교구. 프랑스에 세 명의 주교를 두고 있음
메스 교구

툴 교구
베르덩 교구
스트라스부르 교구
발르 교구
스피르 교구
퀘벡 교구
테라고느, 프랑스에 주교를 두고 있는 에스파니아 대주교 교구
퓌 교구
종교 교단들
수도회들
탁발 수도회들
종교적 간호 수도회의
정식 교단의 성직자들
세속 성직자 단체들
소녀들을 위한 특별 종교 수도회들
군대식 수도회들
프랑스에서 일어난 변화들
프랑스 구역의 첫번째 목록
새로운 프랑스 구역의 두 번째 목록
프랑스의 새 교회 구역의 세 번째 목록
이전 세 목록에 포함된 이름들의 알파벳 목록
이전 목록들의 부록
프랑스에서 일어난 다른 변화들
외국에서 생긴 변화들, 권3, 세계 일람표의
오를레앙 교구

『세계 일람표, 혹은 세계지리』 Leclerc, 1788, FRE 270 v.3

세계의 일람표
유럽에 대하여
이탈리아
사르디니아 왕국들
피에몬테에 대하여

- 사보아에 대하여
- 몽페라에 대하여
- 밀라노 국에 대하여
- 니스 백작령에 대하여
- 제노바 국에서
- 사르데니아에 대하여
- 제노바 공화국들
- 코르시카 섬에 대하여
- 이탈리아에 있는 오스트리아 왕국들
- 만토바 공국
- 파르마 공작 왕자국들
- 모데나 공작령
- 베네치아 공화국들
- 토스카니 대공국들
- 교황령 국가
- 두 시실리 왕국들
- 나폴리 왕국에 대하여
- 시실리에 대하여
- 몰타 섬에 대하여

에스파니아
- 신-카스티야
- 카스티야
- 레옹
- 아라곤
- 카탈로뉴
- 발란스
- 안달루지
- 그르나드
- 무르시
- 에스트라마두르
- 갈리스
- 나바르
- 비스카에
- 아스투리

에스파니아 섬들
포르투갈
포르투갈령 에스트라마두르의 남부 주들에 대하여
알가르브스 왕국에 대하여
앙트르-두에로와 민호의 북쪽 주들에 대하여
스위스
루체른 주, 카톨릭, 13개 주 중의 3번째 주
우리 주, 카톨릭, 13개 주 중의 4번째 주
슈비츠 주, 카톨릭, 13개 주 중의 5번째 주
운데르발 주, 카톨릭, 13개 주 중의 6번째 주
주그 주, 카톨릭, 13개 주 중의 7번째 주
프리부르그 주, 카톨릭, 13개 주 중의 10번째 주
졸러이레 주, 카톨릭, 13개 주 중의 11번째 주
쮜리히 주, 프로테스탄트, 13개 주 중의 첫번째 주
베른 주, 프로테스탄트, 13개 주 중의 2번째 주
바스레 주, 프로테스탄트, 13개 주 중의 9번째 주
샤푸스 주, 프로테스탄트, 13개 주 중의 12번째 주
글라리스 주, 프로테스탄트와 카톨릭 혼합, 13개 주 중의 8번째 주
아펜젤 주, 프로테스탄트와 카톨릭 혼합, 13개 주 중의 마지막 주
13개 주와 동맹을 맺고 있는 스위스의 도시들과 속주에 속한 대법관이 있는 재판소 도시들
그리종 지역에 대하여, 그리고 발트린에 대하여
저지대 국가. 네덜란드 연합주
네덜란드 연합주에 대한 기술. 겔데르란트에 대하여
오스트리아 령 저지대 국가
독일
제국을 구성하는 9개 지리권. 오스트리아 권
오스트리아에 대하여
티롤에 대하여
스티리 공국
카린티 공국
카르니올레 공국

바비르 지리권
바비르 공국들, 고-바브르에 대하여
바비르 권에 위치한 다른 주권 국가들
슈바벤 권
비르템베르크 공국
부르쯔부르그 주교구
밤베르그 주교구
아이히스타트 주교구
마르가비아 단스파흐
고-라인강 권
헝가리
폴란드
프러시아 왕국
쿠르란드 공국
스웨덴
덴마크
러시아
잉글랜드, 달리 말하면 : 대 브리텐 섬 혹은 영국 제도
아일랜드
에코스
유럽의 일람표
승인
왕의 특권

『세계 일람표, 혹은 세계지리』 Leclerc, 1788, FRE 270 v.4

세계의 일람표. 터키
아시아에 대하여
페르시아 왕국
인도
타타르 지방
중국 제국
일본
아시아의 섬들

아프리카에 대하여
바르바리아 지방

『여행 일지 : 그리고 육지와 바다의 모험들』 Journal Hebdomadaire, 1894, FRE 68 v.1894

첫 육개월
메히에 드 마튀시외릭스에 의한 코크의 복수
샤를르 드 바리니에 의한 보물을 찾아서
콘스탕 아메로에 의한 인도의 집시들
에프. 모랑에 의한 스코틀랜드에서의 사슴 사냥
전혀 웃지 않는 민족
알베르 라르트에 의한 파나마 지협에서
알베르 라르트에 의한 인도인의 매장
베. 드메에 의한 글롱랑에서의 페아리 2등 운전사
세 아쉬. 드 바리니에 의한 19세기모험가
조르즈 푸카르에 의한 탐험가 뮐레의 죽음
프레데릭 일레이에 의한 이집트의 만과들
부관 샤브르디에에 의한 미종 2등 항해사의 2차 선교
메히에 드 마튀시외릭스에 의한 고관의 비밀
장 쿠생의 발견들
으. 아. 스폴에 의한 옛 부자 집에서의 생활
부관 샤브르디에에 의한 2등 항해사 미종의 두 번째 선교
부관 샤브르디에에 의한 2등 항해사 미종의 두 번째 선교
메히에 드 마튀시외릭스에 의한 팅크 프상의 매복
샤를르 드 바리그니에 의한 남극 탐험
장 샤파뇽에 의한 남 아메리카 북부의 인디안들
메히에 드 마튀시외릭스에 의한 쿠크를 찾아서
샤를르 드 바리니에 의한 로빈슨 크로스의 섬
앙리 프라망스에 의한 아시아에서의 비아젬스크 왕자의 여행
귀욤 카퓌스에 의한 몽 블랑에서의 비극
앙리 플라망스에 의한 아시아에서의 비아젬스키 왕자의 여행
두 번째 육개월
으. 아. 스폴에 의한 프라 그레고리오

메인 레이드 선장에 의한 악마의 섬
샤를르 라보에 의한 랩랜드를 가로질러서
조르즈 드 뤼콩에 의한 동고이에 대한 놀라움
샤를르 라보에 의한 랩랜드를 가로질러서
베. 모랑에 의한 칼을 씌우는 형벌과 쿠부자
샤를르 드 바리그니에 의한 인도 종족의 종말
샤를르 라보에 의한 랩랜드를 가로질러서
파우앵 족장의 복수
베. 드메에 의한 한국과 한국인들
뉴 칼레도니아에서의 축제들
아. 쉬발리에에 의한 군주의 상속자
세 아쉬. 드 바리그니에 의한 카나이 섬에서의 소풍
토시에 의한 탄 타이의 동굴들
앙리 미그노에 의한 베두인의 전설
모리스 말레와 빌프리드 드 폰빌에 의한 고무풍선을 통한 프랑스 일주
앙리 르튀르크에 의한 백색 인도인
모드 곤 양에 의한 아일랜드의 박해
브로 드 생 폴 리아스에 의한 식인종의 만남
라울 졸리에 의한 에두아르 포아 씨의 여행
에이. 브라운에 의한 애국자들의 성모상
브락 드 생 폴 리아스에 의한 지로 바투
아피아 주위의 여행
샤를르 드 바리그니에 의한 북극 지역에 있는 한 미국 여성
브로 드 생 폴 리아스에 의한 강에서의 하루 밤
샤를르. 드 몽퀄헴에 의한 프랑소아 코슈의 모험들
에밀 데샹에 의한 실론 섬의 코끼리들

『여행 일지 : 그리고 육지와 바다의 모험들』 Journal Hebdomadaire, 1905, FRE 68 v.1905

No 450. 1905년 7월 16일 일요일
No 451. 1905년 7월 23일 일요일
No 452. 1905년 7월 30일 일요일

No 453. 1905년 8월 6일 일요일
No 454. 1905년 8월 13일 일요일
No 455. 1905년 8월 20일 일요일
No 456. 1905년 8월 27일 일요일
No 457. 1905년 9월 3일 일요일
No 458. 1905년 9월 10일 일요일
No 459. 1905년 9월 17일 일요일

『여행 일지 : 그리고 육지와 바다의 모험들』 Journal Hebdomadaire, 1911, FRE 68 v.1911

No. 735. 일요일, 1911년 01월 01일
No. 736. 일요일, 1911년 01월 08일
No. 737. 일요일, 1911년 1월 15일
No. 738. 일요일, 1911년 1월 22일
No. 739. 일요일, 1911년 1월 29일
No. 740. 일요일, 1911년 2월 5일
No. 741. 일요일, 1911년 2월 12일
No. 742. 일요일, 1911년 2월 19일
No. 743. 일요일, 1911년 2월 26일
No. 744. 일요일, 1911년 3월 5일
No. 745. 일요일, 1911년 3월 12일
No. 746. 일요일, 1911년 3월 19일
No. 747. 일요일, 1911년 3월 26일
No. 748. 일요일, 1911년 4월 2일
No. 749. 일요일, 1911년 4월 9일
No. 750. 일요일, 1911년 4월 16일
No. 751. 일요일, 1911년 4월 23일
No. 752. 일요일, 1911년 4월 30일
No. 753. 일요일, 1911년 5월 7일
No. 754. 일요일, 1911년 5월 14일
No. 755. 일요일, 1911년 5월 21일
No. 756. 일요일, 1911년 5월 28일
No. 757. 일요일, 1911년 6월 4일

No. 758. 일요일, 1911년 6월 11일
No. 759. 일요일, 1911년 6월 18일
No. 760. 일요일, 1911년 6월 25일
No. 761. 일요일, 1911년 7월 2일
No. 762. 일요일, 1911년 7월 9일
No. 763. 일요일, 1911년 7월 16일
No. 764. 일요일, 1911년 7월 23일
No. 765. 일요일, 1911년 7월 30일
No. 766. 일요일, 1911년 8월 6일
No. 767. 일요일, 1911년 8월 13일
No. 768. 일요일, 1911년 8월 20일
No. 769. 일요일, 1911년 8월 27일
No. 770. 일요일, 1911년 9월 3일
No. 771. 일요일, 1911년 9월 10일
No. 772. 일요일, 1911년 9월 17일
No. 773. 일요일, 1911년 9월 23일
No. 774. 일요일, 1911년 10월 1일
No. 775. 일요일, 1911년 10월 8일
No. 776. 일요일, 1911년 10월 15일
No. 777. 일요일, 1911년 10월 22일
No. 778. 일요일, 1911년 10월 29일
No. 779. 일요일, 1911년 11월 5일
No. 780. 일요일, 1911년 11월 12일
No. 781. 일요일, 1911년 11월 19일
No. 782. 일요일, 1911년 11월 26일
No. 783. 일요일, 1911년 12월 3일
No. 784. 일요일, 1911년 12월 10일
No. 785. 일요일, 1911년 12월 17일
No. 786. 일요일, 1911년 12월 24일
No. 787. 일요일, 1911년 12월 31일

『여행 일지 : 그리고 육지와 바다의 모험들』 Journal Hebdomadaire, 1913, FRE 68 v.1913

첫 육개월
No 835. 1912년 12월 1일 일요일.
No 836. 1912년 12월 8일 일요일.
No 837. 1912년 12월 15일 일요일.
No 838. 1912년 12월 22일 일요일.
No 839. 1912년 12월 29일 일요일.
No 840. 1913년 1월 5일 일요일.
No 841. 1913년 1월 12일 일요일.
No 842. 1913년 1월 19일 일요일.
No 843. 1913년 1월 26일 일요일.
No 844. 1913년 2월 2일 일요일.
No 845. 1913년 2월 9일 일요일.
No 846. 1913년 2월 16일 일요일.
No 847. 1913년 2월 23일 일요일.
No 848. 1913년 3월 2일 일요일.
No 849. 1913년 3월 9일 일요일.
No 850. 1913년 3월 16일 일요일.
No 851. 1913년 3월 23일 일요일.
No 852. 1913년 3월 30일 일요일.
No 853. 1913년 4월 6일 일요일.
No 854. 1913년 4월 13일 일요일.
No 855. 1913년 4월 20일 일요일.
No 856. 1913년 4월 27일 일요일.
No 857. 1913년 5월 4일 일요일.
No 858. 1913년 5월 11일 일요일.
No 859. 1913년 5월 18일 일요일.
No 860. 1913년 5월 25일 일요일.
두 번째 육개월
No 861. 1913년 6월 1일 일요일.
No 862. 1913년 6월 8일 일요일.
No 863. 1913년 6월 15일 일요일.
No 864. 1913년 6월 22일 일요일.
No 865. 1913년 6월 29일 일요일.
No 866. 1913년 7월 6일 일요일.

No 867. 1913년 7월 13일 일요일.
No 868. 1913년 7월 20일 일요일.
No 869. 1913년 7월 27일 일요일.
No 870. 1913년 8월 3일 일요일.
No 871. 1913년 8월 10일 일요일.
No 872. 1913년 8월 17일 일요일.
No 873. 1913년 8월 24일 일요일.
No 874. 1913년 8월 31일 일요일.
No 875. 1913년 9월 7일 일요일.
No 876. 1913년 9월 14일 일요일.
No 877. 1913년 9월 21일 일요일.
No 878. 1913년 9월 28일 일요일.
No 879. 1913년 10월 5일 일요일.
No 880. 1913년 10월 12일 일요일.
No 881. 1913년 10월 19일 일요일.
No 882. 1913년 10월 26일 일요일.
No 883. 1913년 11월 2일 일요일.
No 884. 1913년 11월 16일 일요일.
No 885. 1913년 11월 23일 일요일.
No 886. 1913년 11월 30일 일요일.

『여행 일지 : 그리고 육지와 바다의 모험들』 Journal Hebdomadaire, 1914, FRE 68 v.1913.12~1914.2

N 890. 1913년 12월 21일 일요일.
N 891. 1913년 12월 28일 일요일.
N 892. 1914년 1월 4일 일요일.
N 893. 1914년 1월 11일 일요일.
N 894. 1914년 1월 18일 일요일.
N 895. 1914년 1월 25일 일요일.
N 896. 1914년 2월 1일 일요일.
N 897. 1914년 2월 8일 일요일.
N 898. 1914년 2월 15일 일요일.
N 899. 1914년 2월 22일 일요일.

『일본과 극동』 월간지, Edmond Bernard, 1923, FRE 205 v.1-2

우리의 계획
외젠 베르뇨.-일본과 러시아, I
시카 나코야.-광대의 범죄(세르즈 엘리세프에 의한 번역)
클로드 메트르.-일본의 야상곡
우리의 삽화:이에 모노가타리 연극
문서 : 1922년 일본 인구의 이동
연대기: 야마모토 내각.-9월 1일의 재앙.-와상톤 협상이후.-일본과 근동.-일본 화가:이쉬 하쿠테.-일본에서의 구리 채굴.-일본에서의 염색물 산업.-((중국의 유일한 희망)).-경제적 설명
참고문헌: 일본 연극에 대한 새로운 책(에스. 엘리스케프).-폴. 클로드 씨의 콩제랑스(세엘. 메트르)
2호(1924년 1월)
아나톨 프랑스.-((아시아의 성인들과 시인들)) 페. 엘. 쿠슈
외젠 베르뇨.-타카하쉬 자작
타카하쉬 코레키요 자작.-문신(세르즈 엘리세프에 의한 번역)
잡록 : 조각가의 추억 (클로드 메트르).-새해의 시를 위한 제국 회의(세르즈 엘리세프).-앙리 바타이유 극에 대한 일본 여인의 의견(숙녀 아리가 미르소)
서류들 : 일본에서의 여인의 상황
연대기:지진에 대한 황제의 교서.-재건을 위한 조치들.-일본 해군의 손실.-지진과 무장.-보험의 문제.-토쿄 대학의 도서관.-보통 선거를 위한 프랑스 재난 동맹.- 추도문:오수미 순 씨
참고문헌:일본에서의 기독교 유물들의 발견(세엘. 메트르)

『일본과 극동』 월간지, Edmond Bernard, 1923, FRE 205 v.3-4

폴-루이 쿠슈.-러일 전쟁 중의 15일 동안
나가이 카푸.-여우(번역. 세르즈 엘리세프에 의해서)
오무라 카요토 여사.-뱃사공의 딸(번역. 레이몽 마르티니와 클로드 게벨에 의해서)
쉬가 나오야.-한 노인(번역. 모이즈 호그노에르)
의견들: 토쿄 주재 프랑스 대사관 재건축(조르즈 알소르)

서류들: 일본에서의 사회적 운동. 집단과 사람들(레젠 가쿠쟁)
연대기: 재건축 조치들.—예산안과 채권의 문제.—정부와 정당.—러일 협상의 재시도 문제.—미국에서의 반 일본 입법.—일본의 경제적 그리고 재정적 상황.—일본의 인조 생사 산업.—프로테스탄트 교회의 일본화.—극동에서의 미국 상업
참고문헌: 현대 일본 문학사 (세르즈 엘리세프)
클로드 매트르.—한 일본학자: 노엘 페리
노엘 페리.—일본 소극들: 소하키, 지조 드 야오
아쿠타가와 리우노세케.—인형들(번역. 세르즈 엘리세프에 의하여)
나트르므 소세키.—나의 동료, I(번역. 레이몽 마르티니)
잡록: 히나 마수리, 인형들의 축제(세르즈 엘리세프)
의견들: 중국에서 라디오의 독점(우에다 에이사쿠)
연대기: 일본 의회의 비정상적 회기.—대군에 대한 암살시도와 야마모토 내각의 사임.—싱가포르의 해군 기지와 일본의 여론

『일본과 극동-오리엔트』 월간지, Edmond Bernard, 1923, FRE 205 v.5-6

노엘 페리. 일본 소극들 : 독, 잉크로 더렵혀진 여인, 복부에 낫도끼로 타격
오카다 야시우오.—삼일 동안(번역. 세르즈 엘리세프에 의하여)
나트수메 소세키.—나의 동료,I(번역. 레이몽 마르티니에 의하여)
세르즈 엘리세프.—지펜샤 이쿠쿠와 히자쿠리즈
문서: 일본에서의 사탕수수 설탕 산업
연대기: 대군의 결혼.—키유루 내각 형성.—내각에 반대하는 세이유쾨이 새로운 정당, 세이유본토 형성. 하원 해산.—새로운 내각과 러일관계.—국제 노동회의의 일본 노동자 대표단 선발.—1923년 일본의 외국 무역.
코소타 만타로.—시작된 여름(번역. 세르즈 엘리세프에 의하여)
노엘 페리.—일본의 소극들: 빠와 살, 한나 소녀
나트수메 소세키.—나의 동료, III(번역. 레이몽 마르티니에 의하여)
의견들: 일본 기자에 의하여 보여진 중국(한자와 쿄쿠조).—미국에서의 일본 이민 문제(클로드 메트르)
문서들: 이민 법 문제에 대한 일본과 미국 사이에 교환된 의견서들
연대기: 일본 의회 선거.—미국에 대한 일본의 경제 의존.—일본 이민을

위한 새로운 출구 모색.—한 영국 기자에 의한 일본, 프랑스 그리고 루마니아.—프랑스 소설들의 최근 일본어 번역들에 대한 르뱅드라나트의 훈시
참고문헌: 아시아 예술에 대한 프랑스 잡지(세엘, 메트르).—중국어로 된 불경의 새로운 판.—프랑스 소설의 최신 일본어 번역의

『일본과 극동-오리엔트』 월간지, Edmond Bernard, 1923, FRE 205 v.7-9

아쿠타가와 리우노수케.—꺅도요(번역. 니코 디아가투 호리구치)
하세가와 니오제칸.—코끼리 조련사(번역. 세르즈 엘리세프에 의하여)
노엘 페이.—일본 소극들: 니오, 덫에 걸린 여우
나트수메 소세키.—나의 동료, IV(번역. 레이몽 마르티니에 의하여)
잡록: 일본에 대한 인상: 영웅의 무덤;보여주는 춤; 토쿄의 밤(알베르 메이봉)
연대기: 새로운 내각.—새로운 협회와 정당들.—러일 협상—추도문: 마트수카타 대군, 쿠로다 자작
세르즈 엘리세프.—이중 자살
키쿠치 칸.—쉬마바라의 이중 자살(번역. 세르즈 엘리세프에 의하여)
노엘 페리.—일본의 소극들: 모든 종교적 보시 없이
나투수메 소세키.—나의 동료, 끝(번역. 레이몽 마르티니에 의하여)
연대기: 종교 연맹.
—일본의 바티칸과의 관계.
—몽골에서의 일본의 탐험.
—재건.—중국에서의 시민 전쟁.
—프롤레타리아 정당.
—보통선거를 위한 법안.
—필리핀에서의 예술 교육

『일본과 극동-오리엔트』 월간지, Edmond Bernard, 1923, FRE 205 v.10-12

10호 (1924년 10월)

세쉬에 하야카와. - 영화작가
사토미 톤.-강 물결 소리(번역. 세르즈 엘리세프)
마수모토 노부히로. - 일본에서의 민속연구 실제 상황

의견 : 카토 내각의 외교정책이 당연히 되어야 할 것 (소에지마 마쉬마사 백작)

연대기 : 일본과 국제연맹. - 정치 정당들. - 새로운 선거 규정들. - 타이완 정부.- 중국 동부 철도에 대한 소련의 점령

참고문헌 : 일본민속집

11-12호 (1924년 11월-12월)

모리 린타로. - 타카세뷘 (번역. 모이즈 하구에나에르)

오스발드 시렌. - 제, 진, 그리고 한 왕조 중의 중국 서부 수도들

니쉬무라 쉰지. - 일본 문명과 배의 모형에 대한 보고서 (번역. 세르즈 엘리세프에 의해서)

견해들 : 태평양의 갈등, 중국에서의 시민 전쟁과 일본 정책의 실제 경향 (모이즈 하구에나에르)

연대기 : 일본에서의 순 야센 연설. - 앵글로 색슨족에 대한 경고. - 브라질과 일본 이민. - 사치 억압. - 경제 정책. - 프랑스의 친구 : 무래 키치베 씨.- 서울 대학교. - 한국에서의 고고학

『일본에 대한 안내 책자, 일본국의 철도들』 Chemins de Fer de l'Etat Japonais, 1923, FRE 248

서론

1. 일본 제국
2. 일본국의 철도들
3. 기차의 개조
4. 코티오-시모노세키간의 특별 열차
5. 항해의 주요 항로들
6. 시베리아 횡단 노정
7. 철도의 공식 시간
8. 일본 대사관, 공사관, 영사관들
9. 일본의 여행자 사무소

여행자들에 대한 충고들

1. 보다 일반적으로 수행되는 일정들

2. 가장 유행하는 여행 형태들
3. 세관 방문
4. 사진을 찍는 권한에 관한 언급
5. 무게와 측정
6. 돈
7. 쇼핑
8. 우편과 전신 요금
9. 안내인들
10. 일본에서의 호텔료
11. 기후
12. 인력거 요금과 자동차 요금
13. 일본의 주요 생산품들

여행가들이 빈번히 방문하는 장소들

1. 토키오, 요코하마와 그 주변
   - 토키오
   - 요코하마
2. 요코하마 서쪽에 있는 해수욕장들
   - 카마쿠라
   - 주쉬
   - 요코수카
   - 에노쉬마, 후지사와, 코주
3. 하코네와 아타미
4. 토카이도의 장거리 노선
   - 후지 산
   - 키오토
   - 오사카
   - 코베
5. 칸사이 선
   - 야마다
   - 나라
6. 호쿠리쿠 선
7. 추오 선
   - 키소 계곡
8. 산요 선

내해
미야지마
시모노세키
9. 산 인 선
10. 시코쿠 선
11. 쿠슈 선
카고시마 선
호슈와 치쿠호 선 : 베푸
나가사키 선 : 나가사키
운젠
12. 토호쿠 선
니코
마트수시마
13. 조반과 우 선
14. 신 에수와 반 에수 선
카루자와
15. 호카이도 선
일본국의 철도들에 관한 일반 정보
1. 요금, 표, 기타
2. 직통 표와 다양한 순회
3. 기차와 화차
4. 짐, 소포, 기타
5. 다양한 것들

『일본 여행정보 : 의복, 역사, 산업에 관한 특별 묘사』 Direction Generale du Tourisme, 1936, FRE 133

일반 정보
일본제국
본래의 일본, 면적, 인구와 기후
조선과 대만, 면적과 인구
가라푸토, 면적과 인구
광동성, 면적과 인구
자연 지리학

일본의 풍경
12개의 국립공원
온천들, 가장 많이 찾는 온천장들
역사적 스케치
제국의 기초와 제국의 영향력의 성장
불교소개
나라시대
후지와라시대
봉건시대 출현
가마쿠라의 쇼군과 호오조오의 통치
아시가가시대
위대한 3두 정치
도쿠가와의 쇼군
근대일본
정부조직
산업과 주요생산품
종교
신도(神道)
불교
그리스도교
교육
초등교육
중등교육
고등특별교육
사회교육
미술
의상, 음식, 주거
의상
음식
주거
계절에 따른 여흥
연례축제
일본의 예술
노(能) 연극

가부끼 드라마
꼭두각시 극
차(茶) 축제
꽃들의 배열
오락
스포츠
여행 수단들
철도
일본정부철도
대만정부철도
남만주철도
사철(私鐵)
자동차와 인력거
선박 이용
항공노선
호텔과 여관
여행객의 이점
여행지 선택
일본의 여행안내소
또 다른 여행안내소
가이드
여행할인표
일본에는 어떻게 가나?
여객선 노선들
니카타 선
오사카 선
시베리아 철도
방문자들을 위한 정보들
주요 도시들과 여행 중심지들
요코하마
토쿄
가마쿠라
에노시마
후지 하코네 국립공원

이즈 반도의 물의 도시 아타미와 또 다른 도시들
보소 반도
니코 국립공원
가루이자와
이까오
센다이
마쯔시마
도와다 국립공원
사포로
노보리베쯔
다이세쯔젠(대설산) 국립공원
아칸 국립공원
나고야
시세 신사
일본 알프스 국립공원
교토
아마노하시다테
교토로부터 시모노세키까지 상인철도여행
다이센 국립공원
나라
오사카
요시노와 구마노 국립공원
고베
국립해상공원
미야지마
시모노세키
모지로부터 나가사키까지
나가사키
운젠 국립공원
베푸
아소 국립공원
가고시마 선(線)
가고시마
기리시마 국립공원

대만
조선
남만주철도

『일본의 공격과 국제연맹』 Delegation Chinoise, 1937, FRE 87 v.1

I. 1937년 9월 15일, 국제연맹 18차 회의에서, 브이. 케이. 웰링톤 쿠 박사 각하의 연설
일본 군대의 중국 침략 : 300,000 명
일본의 공군력 :
중국 시민들 폭격…
…문화기관들과 교육기관들을 파괴하다.
일본인들은 작전 기지로 국제적 조차지를 이용하였다. 외국인들의 생명과 재산의 손실
7월 7일, 대립의 기원
평화적 해결을 위한 중국의 노력들
일본인들은 베이징과 천진을 공격하여 점령하였고 그리고 상하이를 침공하였다.
일본의 목적 : 지배와 점령
인구과잉에 관한 일본의 주장에 대한 논박
...그리고 일차자원에 관한 일본의 주장에 관한 논박
전쟁당의 지배하의 일본
일본의 대륙정책
위협받고 있는 유럽과 미국의 이해관계들
중국 해안의 비합법적 봉쇄
평화는 나누어질 수 없다
평화의 유일한 기반 : 집단안보의 원리

II. 국제연맹에서의 중국 정부의 발표

III. 중국 정부의 발표
7월 7일 사건의 원인
일본 군대의 비합법적 시도들
우호적 중국인들은 평화적 해결안을 갖고 있다.

중국 후퇴와 일본의 군사활동의 발전
7월 16일, 중국의 강대국들에 대한 의견서
중국인들은 그들의 후퇴 제안을 다시 하였다.
7월 19일, 군대의 협조
일본의 거절
7월 26일, 일본의 최후 통첩
8월 9일, 일본인들은 호페이 남쪽 그리고 호페이 국경과 상하이의 차하르 사건의 작전을 확장하였다
일본 해군력의 48시간 동안의 집중
8월 13일 첫 공격
공습의 발전
7월 17일 이후의 사건들의 요약

IV. 국제연맹에서의 중국 정부의 두 번째 발표

V. 중국 정부의 보충 발표
일본 공격 강화되다
상하이에서의 적대관계
북 중국에서의 상황
일본 공군력은 남 중국을 폭격하였다.
비합법적 봉쇄의 선언
적십자 병원의 파괴
의사들과 간호원들의 처형
미국인 병원의 화재
피난자들의 학살, 여성들과 아이들
...그리고 부상당한 군인들의 학살
전쟁 지역 밖의 중국 교육기관들의 무상 파괴
일본인들은 국제법, 조약들, 그리고 모든 인도주의적 법들을 위반하였다.
VI. 중국 정부의 호소
VII. 국제연맹 규약, 10, 11, 그리고 17조
VIII. 1937년 9월 12일, 중국 언론 대표단의 선언
일본 공격의 중요함
대결의 진정한 원인 : 일본의 점령 정책

북 중국에서의 일본군대
...상하이에서
일본 비행기는 시민들을 폭격하였다.
일본 해군과 비합법적 봉쇄
세계적 범죄
집단노력의 필요성

『일본의 공격과 국제연맹』 Delegation Chinoise, 1937, FRE 87 v.2

1937년 9월 27일, 극동에 대한 자문위원회에서 베. 카. 웰링톤 박사 각하의 연설
다른 대표들의 연설
I. 크랜본 경
II. 델보스 씨
III. 샌들러 씨
IV. 리트비노프 씨
개방된 도시들과 비 전투원들에 대한 폭격을 비난하는 결정(9월 27~28일)
공중 폭격에 대한 미국 대표의 선언
중국에서의 일본 공군의 무차별적 폭격에 대한 국제연맹에서의 베. 카. 웰링톤 쿠 박사 각하의 발표 (9월 21, 24일과 10월 3일)
극동에 대한 자문위원회에서의 베. 카. 웰링톤 박사 각하와 다른 대표들의 연설
I. 크베도 씨(9월 29일)
II. 드 테상 씨 (9월 28일)
III. 카랑본 자작(9월 29일)
IV. 베. 카. 웰링톤 쿠 씨(9월29일)
V. 베. 카. 웰링톤 쿠 씨(10월 1일)
중국 대표단에 의해 제출된 해결안
1937년 10월 5일, 베. 카. 웰링톤 쿠 박사 각하와 다른 대표들의 회의에서 발표된 연설
I. 엘리오트 씨
II. 폴-봉쿠르 씨
III. 리트비노프 씨
IV. 베. 카. 웰링톤 쿠 씨
회의에서의 극동에 관한 자문 위원회의 보고서 (10월5일)
첫 보고서(1937년 10월 5일 자문위원회와 10월 6일 회의에서 채택

된)
두 번째 보고서 (1937년 10월 5일 자문위원회와 10월 6일 의회에 의해 채택된)
회의의 결정(1937년 10월 5일 자문위원회와 10월 6일 회의에서 채택된)
9개 강대국의 조약의 서명자들의 회의
중국에서의 18차 회의 의장의 초대장
중국의 답변
미국의 국무부 선언(1937년 10월 6일)
중국의 국제연맹에 일본인들에 의한 가스 사용과 덤덤탄들 사용에 대한 발표(1937년 10월)
I. 일본인들에 의한 가스와 덤덤탄들 사용
II. 외국 의사들의 선언
중국과 국제연맹사이의 기술적 협력을 위한 위원회 회의에 쿠오 태치 대사 각하의 연설(9월29일)
회의의 위원회들에서 발표된 토론들
I. 회의 3번째 위원회에서 치앙 태 대사 각하의 연설 (9월 25일)
II. 회의의 2번째 위원회에서 분츠 공사 각하의 연설 (9월28일)
III. 회의의 5번째 위원회에서 호 치 채 박사 각하의 연설(9월27일)
부록
1937년 9월 26일, 제베바로부터 미국까지 라디오 방송된 미국 주재 베. 카. 웰링톤 박사 각하의 연설문 발췌문들
1937년 10월 5일 시카고에서 발표된 루스벨트 대통령의 연설

『일본의 공격과 국제연맹』 Delegation Chinoise, 1937, FRE 87 v.5

I. 조약의 17조 적용
A. 국제연맹에 대한 중국의 통지
조약 17조의 본문
B. 1938년 9월 16일, 19차 회의에서의 베. 카. 웰링톤 쿠 박사 각하 연설
연도 결산

국제연맹의 노력들 실패
일본의 공격 강화
난경에서의 공포의 통치
무차별적 공중 폭격
가스 전쟁
중국 해안의 봉쇄
방어 없는 어부들에 대한 공격
점령된 영토에서 자신들의 위치를 강화할 수 없는 일본인들
외국인들의 권리와 이해관계에 대한 타격
중국은 저항하려는 그 의지에 있어서 만장일치였다.
형식적 해결책들
현실주의적 방식
국제연맹에 중국이 요구한 것
1. 17조의 적용
2. 무기, 석유, 기타 등등에 대한 판매금지
3. 가스의 사용과 공중 폭격에 대한 효과적 조치들
C. 베. 카. 웰링톤 쿠 박사 각하의 국제연맹에 보내는 소식, 여기에 수반된
침략당한 지역의 이름
일본이 점령한 철도
난경에서 행해진 폭력들
일본의 공중전의 방법들
일본인들에 의한 가스 발사
D. 1938년 9월 19일, 국제연맹의 102차 회기의 4번째 회의에서 베. 카. 웰링톤 쿠 박사 각하의 연설
중국은 동시에 개인적이고 집단적인 원조의 권리를 갖고 있다.
E. 1938년 9월 19일, 일본에 대한 위원회의 초청
F. 초청에 대한 일본 정부의 답변
G. 중국의 외무장관의 선언
II. 조약 16조의 적용
A. 위원회 보고서-1938년 9월 30일 채택된
16조는 적용 가능하다.
B. 보고서를 받아들이기 위하여, 베. 카. 웰링톤 쿠 박사

각하에 의해 발표된 연설
C. 보고서에 대한 다른 대표들의 논평들
영국
스웨덴
벨기에
라트비아
프랑스
소련
뉴질랜드
도미니카 공화국
조약 16조의 본문
D. 16조의 개편-6번째 위원회의 토론들
영국 정부의 선언
프랑스 정부의 선언
중국의 논평들
소련의 선언
E. 16조의 6번째 위원회의 보고서 경제적 제재의 자동적용에 찬성하거나 반대하는 국가들
III. 중국에서의 일본 군대의 독가스 사용
A. 국제연맹에 대한 중국 대표단의 발표
가스에 의한 중독의 경우에 대한 탈보 박사의 보고서
B. 중국에서의 일본 군대에 의한 가스 사용에 대한 보충 정보들
C. 1938년 9월 24일 중국의 발표
D. 중국에서의 일본 침략 군대에 의한 독가스 사용에 관한 결정
E. 결정에 대한 베. 카. 웰링톤 박사 각하의 선언
IV. 전쟁의 경우에 폭격에 대한 비전투원 시민 인구의 보호
A. 1938년 9월 20일, 3번째 위원회에서, 베. 카. 웰링톤 쿠 박사 각하의 연설
실제적 조치들의 필요성
1) 국제 조사 위원회의 창설
2) 석유와 비행기의 무역 금지
3) 총회의 소집

독가스의 문제
중국의 제안들
B. 1938년 9월 30일, 위원회의 103 회기의 2번째 회의에서, 전쟁의 경우에 공중 폭격에 대한 시민 인구 보호에 관한 베. 카. 웰링톤 쿠 박사 각하의 선언들
V. 일본의 마약류에 의한 중국 침략
A. 1938년 9월 17일, 위원회의 102차 회기의 3번째 회의에서의 베. 카. 웰링톤 박사 각하의 연설
중국 정부에 의해 취해진 강한 조치들과 그것들의 성공
일본에 의한 중국의 중독
일본인들에 이해 점령된 영토들에서의 상황
1) 만주
2) 북부 중국
3) 중부 중국
비합법적 거래에 일본 군대의 참여
화학전의 또 다른 형태
B. 1938년 9월23일, 7차 위원회에서 호 치 채 박사 각하의 연설
VI. 1938년 9월 24일 두번째 위원회의 8차 회의에서 극동에서의 경제적이고 재정적 상황에 대한 운츠 킹 씨 각하의 연설
중국에서의 외국 무역의 손실
중국의 신용 유지
외국의 통화들에 대한 통제
국내의 발전
1) 산업적
2) 시골의
3) 교통
VII. 국제연맹과 중국사이의 기술적 협력
1938년 9월 17일의, 위원회 의장의 보고서
부록 I. 중국의 공공 여론과 국제연맹
다양한 협회에 의해 국제연맹에 보내진 전문들
부록 II. 영국, 미국, 그 밖의 국가들의 21개 협회의 전문을 전달하는 중국 대표단의 발표
부록 III. 1938년 10월 21일, 상호부조 궁전에서 중국의 야간 만찬에

서 베. 카. 웰링톤 쿠 박사 각하에 의해 발표된 연설

『일본의 공격과 국제연맹』 Delegation Chinoise, 1937, FRE 87 v.7

I. 1939년 5월 22일, 국제연맹 위원회 105차 회기의 2차 회의에서 베. 카, 웰링톤 쿠 박사 각하에 의한 연설
II. 1939년 5월 22일, 위원회 105차 회기의 2차 회의에서, 뉴질랜드, 영국, 프랑스, 볼리비아, 소련의 대표단들의 연설들
조르단 씨, 뉴질랜드
할리팍스 경, 영국
보네 씨, 프랑스
코스타 뒤 렐스 씨, 볼리비아
마이스키, 위원회 의장, 소련.
III. 1939년 5월 27일, 위원회의 105차 회기의 4차 회의에서 베. 카. 웰링톤 쿠 박사 각하의 선언
IV. 1939년 5월 27일, 위원회의 105차 회기의 4차 회의 중 위원회에 의해 채택된 결정들
V. 일본인들에 의한 중국 인구에 대한 공중 폭격의 주제에 대하여 국제 연맹에 파견된 중국 대표단의 발표
VI. 만주의 괴리 정부에 대한 헝가리에 의한 승인의 주제에 대하여 국제연맹에서 베. 카. 웰링톤 쿠 박사 각하의 발표
VII. 아편에 대한 중국의 투쟁과 마약류 문제에 대한 일본 정책
1939년 5월 20일, 아편과 해로운 약품들의 거래에 대한 집행 위원회에서 호 치 채 박사 각하의 연설 발췌문
부록 1. 천진의 영국 조차지의 봉쇄와 영일 관계들
베. 카. 웰링톤 쿠 박사 각하에 의한, 천진 위기의 중요성
아리타-크래지 협약의 공식
총사령관 장개석의 선언들
웰링톤 쿠 박사 각하의 선언들
중국 외무성 대변인의 선언들
부록 2. 일미 상업 조약에 대한 미국의 폐기
미국 각서의 원문
외무 장관, 왕 충 휘 박사의 선언들
베. 카. 웰링톤 쿠 박사 각하의 선언들

부록 3. 1939년 6월 28일, 런던, 피카딜리 번화가의, 버링톤 하우스에서, 베. 카. 왚. 웰링톤 쿠 각하에 의해 행해진 개방 정책과 세계 평화라는 강연

『일본의 공격과 국제연맹』 Delegation Chinoise, 1937, FRE 87 v.8

1939년 12월 14일, 국제연맹의 위원회 107차 회기의 2번째 회의에서
베. 카. 웰링톤 쿠 박사 각하의 연설
선언들과 서류들

I. 상하이에서의 왕 칭 웨이와 일본인들간의 협약 서명

1940년 1월 23일, 장 개 석 총사령관에 의해 강대국 친구들에게 보낸 교서들

II. 난경에 괴리 정부 창설 : 1940년 4월 1일 날짜의 중국 사절단의 국제연맹 총장에게 보내는 편지

1940년 3월 30일, 중국 공화국 대통령, 린 센 씨 각하의 선언들

1940년 3월 31일, 미국 외무장관, 코델 훌 씨의 선언들

1940년 3월 31일, 중국 정부의 외무장관, 왕 청휘 박사 각하의 선언들

1940년 4월 3일, 하원과 상원에서 행해진 선언들

III. 극동에서의 미국의 정책

1939년 10월 19일, 미일 협회에서, 토쿄 주재 미국 대사, 조세프 그루 씨 각하에 의해 발표된 연설들

IV. 국민당의 활동–중앙 집행위원회의 6기 총회

1939년 11월 12일, 장개석 총사령관에 의해, 개회식에서 발표된 연설

채택된 선언

V. 국민 정치 위원회의 활동

1939년 9월 19일, 중경에서의, 4기 개회식에서의 장개석

1940년 4월 1일, 중경에서, 5기 개회식에서의 장개석

VI. 중국과 미국과의 관계들

1940년 1월 1일에 라디오 방송된, 외무장관, 왕 충 휘 박사 각하의 선언들

VII. 1940년 초 중국의 재정 상황
1939년 12월 31일, 중국 정부 재무장관, 아쉬, 아쉬. 쿵 박사 각하의 선언들
VIII. 중국과 태평양의 평화
1940년 5월 9일, 파리에서의 태평양 문제 연구 위원회에서 베. 카. 웨릴톤 쿠 박사 각하에 의해 행해진 강연
IX. 동 아시아의 진정한 중요성
1939년 7월 7일, 경제장관, 옹 웬 하오 박사 각하의 선언들
헤이그 주재 중국 공사, 운츠 키앙 씨 각하에 의한 중국과 서양 강대국들을 위해 개방된 항구

『일본의 공격과 브뤼셀 9개 강대국 회의』 Delegation Chinoise, 1937, FRE 88 v.2

I. 베. 카. 웰링톤 쿠 박사 각하 브뤼셀 회의에서의 연설, 1937년 11월 13일
중국과 일본간의 직접 교섭의 무용성
장개석 총사령관의 선언
중국은 요구한다 :
1) 일본에 대한 제한 조치들
2) 그 국가를 위한 원조
II. 다른 강대국 대표들 연설
델보 씨, 프랑스
에덴 씨, 영국
노만 데이비스, 미국
포템킨 씨, 소련.
미셸, 멕시코
드 카스트로 씨, 포르투갈
부루스 씨, 오스트레일리아
코스타 위 렐스 씨, 볼리비아
III. 브뤼셀 회의 선언, 1937년 11월 15일 채택된 공동의 태도를 모색할 필요성
노르웨이, 덴마크 그리고 이탈리아의 선언들

Ⅳ. 베. 카. 웰링톤 쿠 박사 각하 브뤼셀 회의에서의 연설, 1937년 11월 22일
조약 위반의 명백한 경우
단순한 단어들은 유용하지 못하다; 적극적 행위가 필요하다.
중국의 후회와 실망
Ⅴ. 브뤼셀 회의 보고서, 1937년 11월 24일 채택된
브뤼셀 회의 선언, 1937년 11월 24일 채택된
1937년 11월 24일 회의 선언에 관한 중국 선언
1937년 11월 24일 회의 선언에 관한 이탈리아 선언
Ⅵ. 부록 : 1937년 11월 11일, 휴전 협정의 날, 콜롬비아 방송 회사에 의해, 미국에 라디오 방송된, 웰링톤 쿠 대사 각하의 연설

『중국 : 극동에서의 강대국들의 팽창, 1895-1898』 Chapelot, 1899, FRE 273

서론
1장. 중국의 경제 지리학.
중국 지방들에 대한 경제적 기술
중국에 대한 경제적 통계
2장. 1894년에서 1898년까지 중국과 강대국들간의 관계들
시모노세키 조약에 있어서 유럽
중국과 한국에 있어서 러히아의 첫 진출
키아오 체우에서 독일의 간섭
키아오 체우 점령의 결과들
프랑스 역할
3장. 중국 시장의 개척
중국에서 외국들이 획득한 조계들
중국에 대한 경제적 약탈
프랑스령 인도차이나를 통한 남방 지역들의 침투
결론
중국 제국의 불확실한 분할

『중일 충돌 : 만주에서의 군사 작전에 있어서 군사 작전의 역사』 Le Mouvement Japonophobe Chinois, 1932, FRE 74

서문
1부. 만주 사건
1장. 만주 사건을 초래한 사건들
2장. 적대관계의 시작
3장. 9월 20일 이후의 상황
4장. 제국 정부로부터 전달 받은 일본 군대의 조치
5장. 노니 전투
1. 적대관계 전
2. 적대관계 발전
6장. 안강치 전투
1. 마 장군의 외교적 술책
2. 마 장군이 갖고 있었던 병력-그들의 배치
3. 일본 군대에 의해 취해진 조치
7장. 첸친 사건
8장. 킨 체우의 우연한 사건
1. 킨 체우 정부의 적대적 준비들
2. 일본에서 보내진 원군
3. 리아오 호 서쪽에서의 작전
4. 만리장성 서쪽에서 중국 군대의 후퇴
9장. 하르빈의 원정
1. 일반적 개관
2. 북부에서의 키린 군대 원정
3. 하르빈에서의 상황
4. 광동 군대의 북부로의 이동
5. 반 키린 군대의 하르빈에서의 준비
6. 하르빈에 두 번째 사단의 진입
7. 결론
2부. 상하이 사건
1장. 적대관계 시작 이전의 상황
1. 반 일본 선전
2. 직접적 원인
3. 1월 21일 이후의 사건들
4. 제국 정부의 군사적 원정과 공식 성명들

5. 상하이 사건의 몇 가지 보충 설명
2장. 원정대의 구성
적대관계 시작 전의 협상들
3장. 상하이 주위의 격전장의 특수성
현재의 군대 상황
A. 지형학적 특수성
B. 적군의 상황
중국인들의 방어조직
4장. 키앙 왕첸 방향으로의 공격
A. 2월 20일의 전투
B. 2월 21일 전투
C. 2월 22일 전투
D. 2월 23일과 24일의 전투
E. 2월 25일에서 29일까지의 전투
5장. 쉬라카와 장군의 명령에 따라 원정대의 재조직
6장. 리우호 지역과 타창첸 주위에서의 작전
작전 시작 전에 중국 군대에 의해 점령된 위치들
3월 1일의 전투
3월 2일의 전투
3월 3일의 전투
쉬라카와 장군의 선언
7장. 3월 5일 휴전 이후의 상황
일본 군대의 감축
상하이에서의 상황
중국의 선전
원정군은 감축되었다
8장. 결론
3부. 중국에서의 반 일본 운동의 기원과 역사
1장. 중국에서의 외국인 혐오운동과 특히 반 일본 운동의 문제
2장. 현대 중국 정책과 중국에서의 외국인 혐오 운동의 지도 원리들
3장. 중국민의 교육과 외국인 혐오 형성
1. 반 외국인 그리고 특히 반 일본 교육
2. 대중에서의 반 외국인 운동 형성

4장. 중국에서의 1908년에서 1932년 까지 의 반 일본 운동들
1. 타수 마루 사건
2. 안퉁-묵덴 철도 사건
3. 21개의 요구
4. 파리 평화회의
5. 다이렌과 여순 항의 반환을 위한 선동
6. 1925년 5월 30일 사건들
7. 1925년 쿠오 승 린 사건
8. 1927년 산퉁 원정
9. 산퉁의 두번째 원정
10. 한국의 중국인들 공격, 1931
11. 만주의 소요 이후, 1932
5장. 중국에서의 반 일본 운동에 대한 몇 가지 고찰
1. 반 일본 감정은 깊다
2. 반 일본 선동은 국가 정책의 일부이다.
3. 이러한 선동은 항상 정당한 것은 아니다.
4. 반 일본 선동은 진정한 무역으로 이용되었다.
5. 운동의 지속
6. 불매운동의 강렬함
7. 불매운동과 평민들
8. 반 일본 운동의 중심
9. 반 일본 운동과 공산주의
10. 중국은 국가가 아니다 혹은 법은 최상의 것이다.
11. 반 일본 운동과 일본의 고도의 군사적 행위들
12. 반 일본 불매운동의 결과들
13. 불매운동의 중단과 중일 협상의 재개
3부 부록. 일본에 대하여 중국에 행해진 행위들과 불평등으로 더럽혀진 계산서
4부. 아시아 대륙에서의 일본 정책에 관한 부속 자료들
부록1. 만주에서 일본과 중국
부록2. 발전하고 있는 일본
부록3. 국방장관은 중국과 만주에 대하여 이야기 하였다.
1. ≪ 타임즈 ≫지 통신원에게 주어진 인터뷰
2. 연합 신문 대표에게 주어진 인터뷰

3. 국제 뉴스 서비스 통신원에게 주어진 인터뷰

『통신원 : 종교, 철학, 정치, 역사, 과학, 사회 경제, 여행, I (종교, 철학, 정치, 역사, 과학, 사회 경제, 여행, 문학, 예술 : 76번째 해)』 Bureaux du correspondant, 1904, FRE 56 v.214

1. 일 회분의 연락. 1904년 1월10일

알비의 대주교, 미뇨 각하에 의한, 비평과 전통

칼바도스의 의원, 페르낭 앙제랑 씨에 의한, 제2제국하의 노동자의 정치적 획득

현대 희극에 의한, 프랑스의 여성 -II. 세 아쉬- 마크 데 그랑즈 씨에 의한, 아내와 어머니

정신의 승리-I, 제. 생-사뱅 씨에 의한

사회적 위생의 제도 모델-엘. 피에들러 씨에 의한, 빌펜트 활동. 루이스 아르누 씨에 의한, 젊은 이들의 노동에 대한

여성의 도덕적 작용에 관하여

연구소 통신원, 아. 브쇼 씨에 의한, 경제적 생활과 사회적 운동

과학 잡지-앙리 드 파르빌 씨에 의한, 방사선

정치적 연대기

2. 일 회분의 연락. 1905년 1월 25일

르네, 라볼레 씨에 의한, 교회와 국가의 분리에 관한 법률의 새로운 초안

빙판에서의 4년-연구소, 아. 드 라파랑 씨에 의한, 오랜 프랑(Fram)

제2제국하의 노동자의 정치적 성취-II. 칼바도스의 의원, 페르낭 앙제랑 씨에 의한, 끝

정신의 승리-II, 엠. 제. 생-사뱅 씨에 의한 엘. 드 랑자크 드 라보리 씨에 의한, 로앙의 마지막 추기경

루이스 델마 씨에 의한, 세기의 악-신경과민-신경쇠약

앙리 보르도 씨에 의한, 자녀의 세계

대리직무에 의한, 활동과 인간들, 세계, 문학, 예술, 연극의 연대기

정치적 연대기

3. 일 회분의 연락. 1904년 2월10일

프랑스 학술원의, 드 보귀에 후작 씨와 아쉬. 드 라콩브 씨에 의한, 레옹 라브당

부렐리 장군 에 의한, 1904년 초반의 프랑스 군대 -앙드레 장군의 활동

연구소의, 아. 드 라파랑 씨에 의한, 비와 날씨 좋은 날

아. 아. 포벨 씨에 의한, 한국

정신의 승리—제. 생-사뱅 씨에 의한, 끝

펠릭스 크렌 씨에 의한, <강렬한 삶>의 나라에서 —I

정신의 발전—도라 멜레가리 씨에 의한, 생-마리시알의 백작 부인, 백의의 자매

미셸 사로몽 씨에 의한, 미편집된 편지들과 함께, 렝스에서의 샤를르 노디에와 빅토르 위고

엘. 드 랑자크 드 라보리 씨에 의한, 아르망 드 퐁마르탱

앙리 드 파르빌 씨에 의한, 과학 잡지

정치적 연대기

4. 일 회분의 연락. 1904년 2월 25일

모리비앙의 상원 의원, 제. 드 라마르젤 씨에 의한, 왜 제3공화국은 정교협약을 폐기하지 않는가?

르네 피농 씨에 의한, 여성 교육에 있어서의 책임에 대한 관념

폴 누리송 씨에 의한, 1903년 프랑스 대 동양 총회의

프랑시스 마레 씨에 의한, 산업 일본

에르네 도데에 의한, 속죄—I

부렐리 씨 장군에 의한, 1904년 초반 프랑스 군대—앙드레 장군의 활동—끝

아. 델리베르 씨에 의한, 블라비보스토크로 가는 길에서—시베리아 횡단 지역에 대한 약도

앙드레 쇼메익스 씨에 의한, 어떻게 해서 예술 작품을 평가하여 만 하는가?—인상주의

아. 보쇼씨에 의한, 경제생활과 사회적 운동

에두아르 트로강 씨에 의한, 작품들과 인간들, 세계, 문학, 예술, 연극의 연대기

정치적 연대기

5. 일 회분 연락. 1904년 3월 10일

드 샤프델렌느 자작에 의한, 독일 제국의 재정과 특정주의 -1904년의 예산과 제국주의와 사회 정책의 이중적 위기

휘브너 남작의 비편집된 일지—I

알베르 지고 씨에 의한, 영국에서의 도시 사회주의—I

엘. 드 랑자크 드 라보리 씨에 의한, 에텐하임의 엥르히엔 공작 (1801-1804)

에르네 도데 씨에 의한, 속죄—II

페르낭 로데 씨에 의한, 로마의 길

세 아쉬. 드 라 롱시에르 씨에 의한, 3세기 전, 프랑스와 일본의 갑옷들

펠릭스 클렌 씨에 의한, <강렬한 생활>의 국가에서—II

프레데릭 플레시스 씨에 의한, 학생—시(詩)

앙리 드 파르빌 씨에 의한, 과학 잡지

정치적 연대기

드 모 자작에 의한, 샤를르 드 라콤브

참고문헌 표

6. 일회분 연락. 1904년 3월 25일

알베르 드 문 백작에 의한, 첫 단계

프랑시스 뮈리 씨에 의한, 만주에서-쿤구스인들

미편집된 편지들에 따라, 6개월 전투를 위하여 러-일 전쟁에 드는 비용

연구소의, 아. 드 라파랑 씨에 의한, 극지의 열-마지막 진주 시즌

알베르 지고 씨에 의한, 영국에서의 도시 사회주의—II. 재정적, 경제적, 그리고 사회적 결과들

에르네 도데 씨에 의한, 속죄—III

아나톨 랑글로아 씨에 의한, 오노레 씨의 노정 일지에 따라, 시리아 사막의 경계에서

노엘 클라장 씨에 의한, 종교사에 대한 강연들

에두아르 트로강 씨에 의한, 활동들과 인간들, 세계, 문학, 예술, 그리고 연극의 연대기

정치적 연대기

『프랑스-일본』 no.42 / Comite Franco-Japonais de Tokio, 1939, FRE 309 v.42

요타로 수기무라 씨에 대한 헌정
일본에서의 프랑스 문화-교토의 프랑스-일본 연구소
나라에 있는 호류지 사원에서
영원한 고통
오늘날의 일본 시인들
한국 소식에 대하여
군소 루이조의 축소된 모습
옛 마술 우화와 연결되어 있는 오소리와 여우들
전시회들
시대를 가로질러서 본 일본 무용
비제 출생 백주년
문학과 예술적 정보들
기술적 기사들
1939년 4월 일본의 외국무역
경제 소식들
잡지의 검열

『한국 예술 전시회 : 한국 역사와 예술에 대한 몇 가지 간단한 언급』 Musée, Cernuschi [Entreprise de Presse], 1946, FRE 193

머리말.
한국 역사와 예술에 대한 몇 가지 간단한 언급.
요약적 참고문헌.

Abend, Hallet. **『중국에서의 나의 시절(1928-1941)』** Jules Tallandier, 1946, FRE 20

1권 깨어나는 중국
1장 잘못된 추측
2장 제국주의의 전초(前硝)
3장 통킹의 기원

4장 불만의 여름
5장 고풍스러운 베이징
6장 변화로 인해 인기있는 나
7장 군사적인 중개물
8장 전쟁으로 사라지다
9장 베이징에서의 일상생활
10장 40세에
11장 휴전과 배신
12장 광신과 표리부동
2권 일본의 활황
1장 진리는 때때로 진실이지 않을 때가 있다.
2장 정복과 승리
3장 뻔뻔함
4장 3만 5000명의 죽음
5장 중간의 사건
6장 무력에 앞선 계략
7장 1936년 여름
8장 배신과 승리
9장 모스크바가 이빨을 드러내다.
10장 장개석의 전술
11장 공포와 학살
12장 일본의 무서운 아이들 중 하나
13장 강력한 동기
14장 격동 전의 고요함
3권 세계 전쟁
1장 멸시당한 카상드르
2장 평화에 대한 약한 희망
3장 새로운 반응
4장 마스크를 벗는 일본인들
5장 고차원 분야 속의 혼란
6장 공포 정치
7장 음모와 책략
8장 환멸과 경악
9장 중국인들의 중국

10장 비교적 유럽의 승리는 쉬운 것이다.

Aleveque, Charles. 『불한 소사전』 Seoul Press, 1901, FRE 29

Allex, André. 『지리학 : 세계의 주요 경제 강대국들 : 편람』 Hatier, 1939, FRE 163

1 부. 세계의 주요 경제 강대국들
첫번째 강의.—영국의 섬들
두번째 강의.—영국 강대국
세번째 강의.—아시아에서의 영국 제국
네번째 강의.—아메리카, 아프리카, 오세아니아에 있는 영국 제국
다섯번째 강의.—저 지대 국가와 네덜란드 령 인도
여섯번째 강의.—벨기에와 벨기에 령 콩고
일곱번째 강의.—중부 유럽
여덟번째 강의.—독일: 중부와 남부
아홉번째 강의.—독일 (계속): 북부; 라이강 지역
열번째 강의.—독일 강대국
열한번째 강의.—다뉴브 강 유역의 국가들
열세번째 강의.—다뉴브 강 유역의 국가들 (계속 그리고 끝): 남부 국가들. 다뉴브 강
열네번째 강의.—대서양.—이탈리아
열다섯번째 강의.—이탈리아 (계속 그리고 끝)
열여섯번째 강의.—폴란드
열일곱번째 강의.—소련 : 전체적 모습
열여덟번째 강의.—소련. (계속): 지리학적 지역들
열아홉번째 강의.—소련. (계속 그리고 끝): 경제적 강대국
스무번째 강의.—극동. 중국 사람들
스물 한번째 강의.—중국 사람들 (끝).—일본
스물 두번째 강의.—일본 강대국
스물 세번째 강의.—새로운 세계
스물 네번째 강의.—북 아메리카.—캐나다.—미국: 개요 뉴잉글랜드; 남부

스물 다섯번째 강의.—미국 (계속): 중부와 서부
스물 여섯번째 강의.—미국 강대국
스물 일곱번째 강의.—브라질과 아르헨티나 공화국
2 부. 세계의 경제 생활: 교통 지리학
스물 여덟번째 강의.—교통과 운송
스물 아홉번째 강의.—육상 교통; 주요 철로들; 도로와 철도
서른번째 강의.—해상 교통: 주요 항해로; 해양들을 관통하는 운하들
서른 한번째 강의.—주요 항해로(계속): 공중 운송; 우편 통신과 전신

Allou. 『중국에서』 Librairie Ch. Delagrave, FRE 73

1장 리뫼의 가족을 알게 되다.
2장 불쌍한 작크는 다시 빌레-오-부와의 길로 가길 원한다.
3장 그곳에서 다시 고전시대를 회상한다.
4장 이집트를 서둘러서 횡단하다.
5장 리와 추를 처음 만나다.
6장 의사 에드몽 진찰 때문에 소환되다.
7장 리와 추 동향인을 만나다.
8장 잠시 프랑스로 돌아가다.
9장 차강 삼촌을 알게 되다.
10장 중국 요리 맛보기
11장 중국 교육 시스템 알게 되다.
12장 광동에서 보기 들은 것을 배우다.
13장 각자 자신을 보면서 놀라다.
14장 중국인이 아님에 대해 기쁨을 표시하는 한 프랑스 소녀
15장 더욱 화려한 축제에 참가하다.
16장 한 해의 끝을 중국에서 어떻게 보내고 새 해를 어떻게 맞이할지를 배우다.
17장 불행은 결코 혼자 오지 않는다.
18장 대탐험을 떠나는 3명의 프랑스인과 4명의 중국인
19장 여행의 목적지에 도달하기를 믿다.
20장 한 중국인의 간특한 짓과 다른 여러 명의 순진함

21장 유가 도둑질 당한 품삯을 어떻게 찾을 것인가?

Aubry, J. B. 『그들에게서의 중국인들 : 21개 삽화 삽입』 Société St. Augustin, Desclée, de Brouwer, 1887, FRE 44

찬양
서문

I. 출발
II. 싱가포르에서 사이공
III. 청강에서
IV. 중국 새해
V. 청강의 급류
VI. 가마에서
VII. 길 위에 있는 이교도 예배당들
VIII. 쿠이 체우 수도에서의 생 조세프 교회의 축복
IX. 교구 생활의 초기
X. 기독교인들에게서의 보낸 이틀
XI. 중국인 순교자 무덤에의 성지순례
XII. 반 인간적 중국 문명
XIII. 텐 이 푸에서의 크리스마스 축제
XIV. 첫 교구 활동
XV. 중국 언어
XVI. 선교사의 노동과 즐거움
XVII. 라오-창, 호텔의 주인
XVIII. 정액은 신의 말씀이다 : 이 단어의 충격적 적용
XIX. 초자연적 죄악
XX. 새로운 소교구를 향한 길에서
XXI. 노아의 방주
XXII. 모라는 위인을 찾아서
XXIII. 창 린 체우의 예언자
XXIV. 프랑스와 중국에서의 복음 활동
XXV. 중국에서의 비밀 종파들: 맑은 물, 하얀 수련
XXVI. 선교사의 심정
XXVII. 타 찬의 행상들
XXVIII. 불행에 바쳐진
XXIX. 푸 간 틴에서의 처형
XXX. 압착기 아래의 기독교인들

Backhouse, E. 『만주의 황제들 : 베이징 궁전에 대한 연구보고들』 Payot,

1934, FRE 92

서문
1장. 추앙 체 황제
2장. 아버지 강 히
3장. 영 창의 고생
4장. 영 창 판결을 내리다
5장. 키앙 롱 폐하
6장. 호 첸의 몰락
7장. 키아 킹 : 종말의 시작
8장. 타오 쿠앙. 서양의 충격
9장. 히앙 퐁과 통 체 : 쉬운 몰락
10장. 쿠앙 시우 폐하의 걱정들
11장. 의화단의 해(1900)에 대한 수기
12장. 츠외 히
13장. 마지막 섭정하의 궁정
결론

Balbi, Adrien Meline. **『지리학적 요약본 : 최근의 평화 조약들과 최근의 발견들에 따른 새로운 지도에 맞춘 편집』** Cans et Cie., 1846, FRE 279e3

서론
1장. 지리학적 일반 개관.
I. 지리학적 경계. 지리학적 그리고 통계적 구분
II. 통계에 대한 비난들.?비난을 피하는 방법들
III. 지리학적 연구의 어려움들. 그것을 극복하는 방법
IV. 체계적 정신의 배제
V. 방법, 분할, 비율
VI. 새로운 명칭의 남용
VII. 고유 명사의 철자법
2장. 지리학적 요약본의 계
I. 지리학적 일반 원리들
II. 일반 지리학, 자연적
III. 일반 지리학, 정치적
IV. 특수 지리학

3장. 이 작품을 위한 도움
  I. 지리학의 일반적 발전들
  II. 수집품
  II. 인쇄물들
  IV. 미편집된 서류들
목록의 순서
지리학의 일반 원리들
  1장. 우주의 체계에 대하여
  2장. 천체계와 그 권들에 대하여.
  3장. 혼천의와 인위적 지구본과 그 권들에 대하여
  4장. 지구 모형, 지리학적 크기와 길이, 그리고 넓이에 대하여
  5장. 지리학적 지도들과 주요 척도들
  6장. 천문학적 측정, 천문학적 기후들과 자연 기후들에 대하여
  7장. 주요 지리학적 정의들에 대하여
  8장. 지구의 큰 구분과 그것들의 면적과 그 거주자들의 수에 대하여
  9장. 도시의 인구와 그 수치를 결정하는 어려움에 대하여
  10장. 우리의 지구의 지질학적 구성과 지구 표면에 있는 생명체의 분포에 대하여
  11장. 인류의 주요 분류에 대하여
  12장. 민족지학적 분류 혹은 언어에 따른 지구상의 거주자들의 결정에 대하여
  13장. 그들이 주장하고 있는 종교에 따른 지구상의 거주자들의 분류
유럽.
  일반적 기술.
    자연 지리학
    정치 지리학
  유럽의 다양한 국가들에 대한 기술.
    프랑스 군주국
    동부 지역
    북동부 지역
    북부 지역

북서부 지역
서부 지역
남서부 지역
남부 지역
남동부 지역
아시아
일반적 기술
자연 지리학
정치 지리학
아시아의 다양한 국가들에 대한 서술
오스만 아시아
아라비아
페르시아
투르키스탄
인도
갠지스 강 너머의 인도
중국 제국
일본 제국
러시아의 아시아
아프리카
일반 기술
자연 지리학
정치 지리학
표
나일강 지역
마그레브 지역
니그리시 혹은 네그르 지역
아프리카 남부 지역
동부 아프리카 지역
외국 강대국들의 소유지들
아메리카
일반적 기술
자연 지리학
정치 지리학

- 앵글로 아메리카 연맹
- 멕시칸 연맹
- 남부 합중국
- 에콰도르 공화국
- 베네주엘라 공화국
- 페루 공화국
- 볼리비아 공화국
- 칠레 공화국
- 파라구아이 독재령
- 리오 드 라 플라타 연맹
- 우루구아이 동부 공화국
- 브라질 제국
- 하이티 공화국
- 독립 원주민 아메리카
- 덴마크령 아메리카
- 영국령 아메리카
- 러시아령 아메리카
- 프랑스령 아메리카
- 홀랜드령 아메리카
- 에스파니아령 아메리카
- 스웨덴 령 아메리카
- 아메리카 통계표

오세아니아

- 일반적 기술
    - 자연 지리학
    - 정치 지리학
    - 서 오세아니아 혹은 말레이지아
    - 오스트레일리아 혹은 중앙 오세아니아
    - 폴리네시아 혹은 동부 오세아니아
    - 오세아니아에서의 유럽인들 소유지들
    - 오세아니아 통계표

지구상의 주요 국들과 고대의 주요 민족들의 돈, 무게 그리고 측정의 비교표:

- 알파벳 표

Balincourt. 『피의 값 : 구축함 선장 세메노프의 수첩과 메모들』 Augustin Challamel, 1910, FRE 31e2

머리말

서문

I. 사후에 쓰여진 혹은 다른 사람들의 기억에 의해 쓰여진 메모들의 초록.-뷔니 연안에서.-비에도비 호로 갈아탐.-환영의 아주 짧은 순간.-추적.-나의 연설, 사람들은 일본 어뢰정에 예인되기를 원하였다.

II. 병원에 도착. 첫 인상들.-수술 후.-나는 노트와 연필을 다시 들었다.-나는 처음으로 다리를 폈다.-훌륭한 약.-나는 목매달릴 것인가 혹은 총살당할 것인가?

58. III. 나의 질문.-무시냐 혹은 관대함이냐?-나는 다시 정기적으로 나의 일기를 썼다.-어떻게 일본인들은 그들의 전쟁 포로를 다루었는가?.

74. IV. 나는 의식을 되찾았다.-불안과 혼란함.-러시아 신문들.-전체적인 분개.-제독은 성공적으로 수술을 받았다.-깜짝 놀랄 전보.-리니에비치의 무기력함.-사할린의 명도. 태풍.

89. V. 회복기.-나는 혁명적이 되었다. 우리의 황금빛 젊은 시절.-평화.-고된 하루.-사세보에서 니노쉬마까지.

히로시마.-마나베 장군의 역사.-우리는 기아와 모기로부터 고통을 당하였다.-활기찬 점심.-교토에 도착.

129. VII. 교토에 대한 우리의 첫 인상.- 사령부 총참모장 오카네와 그의 도덕 강의.-진심없는 대화.-가정의 문제들.-우리의 생활에 대한 상세한 설명들.-네보가토프.

151. VIII. 우리 전쟁 포로들의 생활과 습관들.-일본인들에 의해 체계적으로 시행된 핀으로 찌름.-극우와 극좌.

164. IX. 평화조약이 재조인되었다.- 우리 중에 일본을 좋아하는 사람들.-실패한 향연.-단일로프 장군과 그의 권한.- 추위가 다가왔다.-우리의 마지막 포로의 날들.-석방.-나의 왼쪽 다리 부상이 발견되었다.

184. X. 보로네즈 도착.-무관심속에서 흥분의 징후들.-우리는 나가사키에 다시 갔다.-전쟁 포로들 대열에서의 선전.-우리는

한계에 곧 이르게 되었다.-야쿠 선에서. 고향의 갈들이 보이는 곳에서.
203. XI. 블라디보스토크에서.-거주자들이 우리에게 오무트의 사건들을 이야기 하였다.-정확하게 어떤 정신 상태인가.-리니에프이치와 쿠로파트킨의 만남.-송환된 부상자들은 우리에게 환호를 보냈다.-파업 전야에 트란스배칼리안.-치타.-바이칼 호수의 강에서. 이루쿠츠크에서.
224. XII. 예비군을 위한 군용 기차들.- 우리는 우랄을 통과하였다. 사건들이 국면을 변화시켰다.-제독의 보호아래.-페테르부르크.-무고한 사람들이 죄인들을 위해 지불하였다.-저항의 시도.-휴식.-한 친구의 편지.-피의 값.
부록
246. I. 크롱스타트 해상 전투를 위한 충고.
294. II. 로제스트벤스키 제독의 장례.

Baumont, Maurice. 『산업 발전과 식민지 제국주의(1878-1904)』 Presses Universitaires de France, 1949, FRE 208e2

1부. 일본의 최근 경제 발전
1장. 서론
2장. 현 경제상황
1. 금 수출금지의 재실시 이후의 산업과 경제적 상황들
2. 자본과 노동
3. 생산과 시장
4. 가격과 임금
5. 자본 시장
6. 외국환 교환
7. 공적 재정
3장. 최근의 경제발전에 영향을 주는 요인들
1. 디플레이션과 리플레이션
2. 제조 기술에서의 발전
3. 노동 조건에서의 장점들
4. 사회적이고 교육적 상황들

5. 기업의 조직과 통제
6. 산업과 경제 정책
2부. 무역과 산업발전의 배경
4장. 일본 산업의 기초와 특징들
1. 토지와 인구
2. 일본 산업의 특수한 성격들
3. 일본에서의 근대 산업 발전에 있어 필수적 요소들
5장. 원료의 원산지들
1. 일본의 자연 자원 특징들
2. 국내 자원들과 수입 물품들간의 관계
3. 원료 공급지로서의 만주국의 중요성
6장. 자본화
1. 자본의 원천
2. 자본의 축적
3. 자본 투자의 최근 발전
4. 일본의 만주에서 투자
7장. 생산비용에 영향을 주는 경제적 요인들
1. 재료비용
2. 노동 조건들
3. 연료와 동력
4. 자본과 세금
5. 화물운송
8장. 산업의 조직
1. 산업 정책의 발전
2. 산업통제의 현 상황
3. 개혁 계획들
9장. 산업의 합리화
10장. 산업 이익들
1. 일반적 개관
2. 자본과 자산
3. 사업 결과
3부. 기본 산업들
11장. 농업
1. 일반 특징들

2. 농업생산과 무역
3. 농업생산의 수요와 공급
4. 현재의 농업상황
5. 농업 정책들
12장. 어업
1. 일반 개관
2. 어업 분류
3. 수산물 외국무역
13장. 광업
1. 일반 개관
2. 철과 강철
3. 석탄
4. 석유
14장. 전력 산업
1. 일반 개관
2. 전력 생산
3. 전력 발전소와 송전
4. 전력 소비
5. 경영과 사업 성과들
4부. 주요 제조업들
15장. 직물 산업—일반
16장. 양모 산업
1. 일반 개관
2. 원모의 원산지들
3. 양모 방적
4. 양모 직조
5. 양모 산업 통제
6. 일본 양모 산업의 미래 전망들
17장. 비단 산업
1. 일반 개관
2. 비단 산업에서의 최근 발전
3. 누에고치 재배
4. 비단 잣기
5. 비단 원사 무역

6. 비단 직물들
7. 통제 기제
8. 비단 산업의 미래 전망
18장. 다른 직물 산업들
1. 나일론 산업
2. 모직물 산업
3. 삼, 황마, 그리고 유사한 생산품들
19장. 기계과 조선
1. 일반 개관
2. 조선업
3. 자동차 산업
4. 전력 기계 산업
5. 다른 기계 산업들
20장. 화학 산업
1. 일반 개관
2. 생산
3. 수출과 수입
4. 원료들
21장. 요업
1. 유리 산업
2. 시멘트 산업
3. 도자기 산업
22장. 식료품과 식량 제조업
1. 설탕업
2. 밀가루 제분업
3. 양조업
4. 통조림 음식들
5. 차 산업
23장. 다른 산업들
1. 종이 산업
2. 고무 산업
3. 담배 산업
5부. 은행, 보험, 창고 그리고 운송
24장. 은행

1. 발전과 현재 상황
2. 은행 통합의 발전
3. 일본의 은행 기능과 재정 통제
4. 은행기금의 활용
5. 다른 재정 기관들의 기금 활용
6. 무역 자금 공급
25장. 보험
1. 생명 보험
2. 해양, 화재 그리고 다른 비 생명 보험
26장. 창고업
27장. 운송
1. 육상 운송
2. 해상 운송
6부. 외국무역에서의 최근 발전
28장. 외국무역의 팽창과 그것의 국가 경제에 대한 영향들
1. 일반 개관
2. 무역 균형과 국제거래
3. 무역 발전과 산업생산
29장. 구성품들과 지역 분포에 있어서의 변화들
1. 상품집단에 의한 외국 무역
2. 외국 무역의 지역적 분포
30장. 상품에 따른 수출과 수입
1. 수출 무역
2. 수입 무역
31장. 목적지와 원산지에 따른 수출과 수입 : 중요 시장에서의 경쟁 조건들
1. 동 아시아
2. 남 아시아
3. 서 아시아
4. 오세아니아
5. 유럽
6. 북 아메리카
7. 중부와 남부 아메리카
8. 아프리카

32장. 일본의 외국 무역 정책들
1. 일반 개관
2. 관세 체계
3. 무역 증진 편의들
4. 수출과 수입 통제
5. 무역 보호 법
33장. 중국, 만주, 그리고 일본과의 경제 관계들
1. 일반 개관
2. 경제 협력의 기본 조건들
3. 상호무역에 있어서의 문제들
7부. 결론
34장. 결론
주요 통계 출처들의 목록
색인

Bellessort, André. 『극동에서의 한 프랑스인 : 전쟁 초기에』 Perrin, 1918, FRE 227

서문
1장. 전날 밤의 슬픔
2장. 한국에서. 전쟁 선언.
3장. 일본의 호의적 태도들.
4장. 상하이. 중국에서의 독일인들.
5장. 홍콩: 불타는 돌들.
6장. 말레지아 섬 근처에서. 커다란 걱정.
7장. 사일론과 마지막 단계.

Bellessort, André. 『라 페루즈』 Plon, 1926, FRE 122

I. 그의 봉사 현황
II. 그의 소설
III. 대여행의 준비
IV. 브레스트에서부터 파크 섬까지
V. 파크 섬으로부터 아메리카 북서 해안까지
VI. 마카오에서 부터 캄차카타까지

VII. 항해자들의 제도
VIII. 방키코로
메모

Bellessort, André. 『새로운 일본』 Librairie Académique, 1918, FRE 11

1부 영웅과 신들
1장. 첫대면
2장. 황후의 장례식
3장. 최후의 사무라이
4장. 새로운 종교
2부 연극과 소설
1장. 옛 향락과 새로운 향락
2장. 일본의 프랑스 연극
3장. 문학작품들
4장. 요사노 부인
3부 유럽인들과 일본인들
1-4장. 라프카디오 헤른의 모험
4부 동경으로부터 서울까지
1장. 일본의 만장일치
2장. 영원한 일본
3장. 한국에서
일본인들
1. 47명의 낭인
2. 48번째 낭인
3. 일본인의 자살
4. 첫 여행

Bernard, J. F. 『북부 여행 문집 : 상업과 항해에 관한 매우 유용한 기록들을 포함』 Chez Jean Frederic Bernard, 1717, FRE 260 v.1

Bernard, J. F. 『북부 여행 문집 : 상업과 항해에 관한 매우 유용한 기록들을 포함』 Chez Jean Frederic Bernard, 1717, FRE 260 v.2

1장. 엘베에서 스피츠베르구엔까지
2장. 엘베에서 스피츠베르구엔 귀환
스피츠베르구엔에 관한 기술.
1장. 스피츠베르구엔의 외부적 상황
2장. 바다에 대하여
3장. 얼음에 대하여
4장. 공중에 대하여
스피츠베르구엔의 식물들에 대한 기술
스피츠베르구엔의 동물들에 대한 기술
1장. 갈라진 다리를 갖고 있는 새들
2장. 큰 다리와 작은 다리를 갖고 있는 새들
3장. 몇 가지 다른 새들에 대하여
4장. 4개의 다리를 갖고 있는 동물들
5장. 비늘 있는 물고기들
6장. 몇 가지 다른 물고기들
7장. 고래에 대하여
8장. 사람들이 고래를 잡는 방법에 대하여
9장. 사람들이 죽은 고래에 대하여 하는 것
10장. 사람들이 그것으로부터 기름을 추출하는 방법
11장. 지느러미가 있는 생선들
12장. 로츠 비쉔에 대하여
우드 선장에 의한 북동 여행에 대한 이야기
우드 선장의 일기
우드 선장의 자신의 여행에 대한 언급
패에 대한 간결한 기술
우드와 마르텐스의 여행에 대한 부록

Bernard, J. F. 『북부 여행 문집 : 상업과 항해에 관한 매우 유용한 기록들을 포함』 Chez Jean Frederic Bernard, 1717, FRE 260 v.3

제목 페이지
3권의 목록, 이 문집에 대하여
앙글로와 드 화이트의 새로운 땅에 대한 이야기
동일 인에 의한, 세인트 로랑 만에서 항해에 관한 기록

...씨의 편지 ; 일본의 섬
네덜란드 어로 번역된 제포 발견에 대한 이야기
네덜란드 어로 번역된 카롱에 의한 일본에 관한 이야기
페. 마르탱에 의한 동 타타르에 대한 이야기
일본에 대한 첨가문과 기록들
미시시피에 관한 드릴르 씨의 편지
동일 인의 캘리포니아에 대한 편지
스페인어로 번역된 캘리포니아에 관한 기록
스페인어로 번역된 캘리포니아의 스페인 후손의 이야기
페. 베르비프트에 의한 동서 타타르에서의 중국 황제의 여행
페. 베르비프트의 첨가문

Bernard, J. F. 『북부 여행 문집 : 상업과 항해에 관한 매우 유용한 기록들을 포함』 Chez Jean Frederic Bernard, 1717, FRE 260 v.4

권 4의 목록
역자 서문
네덜란드 배의 난파에 대한 이야기
한국 왕국에 대한 기술
자르 투, 예수회원,의 편지
앙트완느 젠킨퐁의 항해에 있어 앙트완느 젠킨퐁의 항해에 대한 의견
페랑 씨, 타타르인들의 추장 의사, 에 대한 이야기
한 대사의 여행
작자 서문
장 후이겐 드 린쇼텐의 여행
킬두인 섬에 대한 기술
장 후이겐 드 린쇼텐의 두 번째 여행
지침
그 곳으로부터 되돌아오기 위한 제독의 갑판에서 취해진 충고
코르넬리스 코르넬리즈, 브랑 이스브랑츠, 랑베르트 게리츠, 토마스 빌렘츠, 장 후구에스 드 린쇼트와 프랑스와 드 라 달
결론
목록

Blancs. 『러일 전쟁』 Tallandier, 1904, FRE 325 v.1

번역자 서문.-인종간의 투쟁
1부:1904년의 전투
여순 항의 놀라움
여순항의 두번째 공격
마카로프 대장 도착
블라디보스토크 폭격
여순항의 여섯번째 공격
청주 전투
여순항의 여덟번째 공격.-마카로프 대장 죽음
얄루 통과
키아 리앙 체 전투
픙 홍 창 점령
두번째 일본 군대의 상륙
킨 추 전투
시우 엔과 사이마트스 점령
와 판 후 전투
캐 팽 전투
캐 팽 점령
무오 틴 링 전투
타 치 차오 전투
일본인들에 의한 니우 추앙 점령
양츠링 전투.-드 켈러 장군 사망
해 창 전투
블라디보스토크 함대의 패배.-뤼릭 침몰하다
리야오 양 전투
리아오 양 점령
양 태 전투
차 호 전투
고립된 나무 언덕
발틱 함대

Blancs. 『러일 전쟁』 Tallandier, 1904, FRE 325 v.2

훌 함대
여순 항의 봉쇄
여러 미터의 언덕을 점령
북부 키 쿠아노찬 요새의 점령
에르룽 찬 요새의 점령
숭 수 찬 요새의 점령
여순항의 항복
2부:1905년의 전투
번역자의 서문.-과도한 전쟁
여순 항의 죄수들 이송
여순 항에 일본인들의 장중한 입성
발트해로부터 마다가스카르 까지의 함대
네바 호의 축복 사건
유혈의 날(1905년 1월 22일 생페테르부르그)
그리펜베르크 장군의 불행한 공격
대공 세르즈의 암살
트신케첸 전투
탈랭 산맥 험로의 공격과 방어
묵덴의 전투
묵덴 점령
판호 전투
오야마 원수 묵덴에 장중하게 입성
티에랭 점령
장군 이시메 리니비치
케 연 점령
찬 투 푸 점령
친 치 툰 전투
싱가포르에서의 로즈데스트벤스키 함대
말레이 제도에서의 러시아 함대
캄란 만에서의 러시아 함대
빙코이 만에서의 로즈데스트벤스키 함대
싱가포르에 네보바토프 함대 도착
중국해에서의 러시아 함대

러시아의 트라팔가
로즈데스트벤스키 해군대장의 체포
해군 대장 네보가토프의 항복과 그의 군함들
추시마 전투의 종합평가
평화조약을 위한 루스벨트의 개입
장갑차 크니아스 포템켄의 예외적 모험
사할린 섬 점령
젬스토포스 회의
브조에르코 회견
포츠모스 회의
일본의 조건들
평화조약의 체결
포츠머스의 러일 평화조약
결론

Blasco-Ibanez V. 『한 소설가의 세계일주 여행』 Flammarion, 1928, FRE 140 v.1

I. 묵덴에서
II. 베이징 도착
III. 베이징에 있는 세개의 도시들
IV. 중국인 삶의 특이성
V. 사원과 철학자들
VI. 금지된 도시
VII. 하궁
VIII. 만리장성
IX. 청강을 향해 행진하며
X. 상하이, 부유하고 신나는 도시
XI. 황해에서
XII. 홍콩과 광동
XIII. 마카오에서의 여행
XIV. 필리핀 국민
XV. 말레이군도의 바다에서
XVI. 향료의 국가
XVII. 자바의 천국
XVIII. 적도지방의 비 아래에서
XIX. 극동의 문

XX. 코끼리의 도시
XXI. 부처의 세마리 말들
XXII. 다이아몬드 만 (다이아몬드 항)
XXIII. 캘커타에서 죽은자들을 태우는 장소

Blasco-Ibanez V. 『한 소설가의 세계일주 여행』 Flammarion, 1928, FRE 140 v.2

어느 소설가의 세계일주

I. 목단
II. 북경도착
III. 3나라의 수도 북경
IV. 중국인의 특이한 삶
V. 사원과 사상가들
VI. 금지된 도시
VII. 여름궁전
VIII. 만리장성
IX. 양쯔강을 향한 행진
X. 부와 기쁨의 도시 상해
XI. 황해
XII. 홍콩과 광동
XIII. 마카오 여행
XIV. 필리핀인들
XV. 말레이 군도의 바다에서
XVI. 향료의 나라
XVII. 자바의 천국
XVIII. 적도의 비 아래서
XIX. 극동의 항구
XX. 코끼리의 도시
XXI. 부처의 나발
XXII. 다이아몬드만(灣)
XXIII. 캘커타에서 죽은 자를 화장한 장소

Blasco-Ibanez V. 『한 소설가의 세계일주 여행』 Flammarion, 1928, FRE 140 v.3

I. 벵골의 수도
II. 유서깊은 갠지즈 강
III. 베나르, 성스러운 도시

IV. 타프로반 섬
V. 실론의 내륙을 가로질러
VI. 풍요로운 봄베이
VII. 거대한 몽골
VIII. 궁전, 보물과 무덤들
IX. 타지마할
X. 조용한 여행
XI. 인도를 출발하면서
XII. 향료의 국가
XIII. 백 나일과 청 나일강
XIV. 마디 도시
XV. 아부-심벨 혹은 이프삼불의 거대한 상들
XVI. 필레 호수
XVII. 10개의 문을 가진 테베
XVIII. 왕들의 계곡
XIX. 피라미드와 스핑크스
XX. 카이로 박물관
XXI. 엘-아자르 대학
XXII. 여행 종료

Blutel, Fernand . 『한 포로의 소설 : 러일 전쟁에 대한 추억들』 Gedalge, 1907, FRE 291

1부. 눈 속을 가로질러 존재하는 2000개의 장소들
2부. 은자의 왕국 국경에서.
3부. 여순 항에서 리아오 양까지.
4부. 국화의 국가에서
후기. 한 위대한 시민 : 루스벨트 대통령
부록과 참고문헌-목차와 조각표

Boecher, Herbert. 『중국인, 일본인 그리고 깡패들 : 창추에량 대장 가문에 대한 이야기』 Montaigne, 1927, FRE 153

I. 칭 추에량 대장 집에서의 즐거운 저녁식사
II. 1931년 9월 18일에서 19일 밤
III. 여기, 일본의 참모본부
IV. 대장의 수입들
V. 이주자들을 위한 기차들

VI. 버려진 대학
VII. 깡패들이 대학을 포위하였다.
VIII. 창 추에량의 사령부에서
IX. 군수업자
X. 매우 어려운 임무
XI. 산적들에 의해 옷 벗겨진 여행자들
XII. 황제가 되기를 원하지 않는 그 사람
XIII. 한 중국 장군의 규방에서
XIV. 성급한 도망
XV. 하얼빈 관문에서의 전투
XVI. 하얼빈에 있는 백 러시아인들. 출발

Bourdaret, Emile M. 『종교와 미신 : 한국에서』, 1903년 12월 5일 회의, 1904, FRE 321

Bourdaret, Emile M. 『한국에서의 과학적 탐험에 대한 보고』 Imprimerie Nationale, 1904, FRE 322

인류학과 고고학
민족지학
동물학
지질학과 광물학
지리학과 지형학

Boyer, D'Argens. 『한 중국 여행자 사이의 중국말로 된 편지들 혹은 철학, 역사, 비평적 서신』 La Haye Pierre Paupie, 1766, FRE 262e2 v.3

중국말 편지들, 혹은 서신.
시오외 체우, 인체찬에게.
키우 체, 인체찬에게.
초앙, 인체찬에게.
인체찬, 티아오에게.
인체찬, 초앙에게.
키에우 체, 시오외 테헤우에게.
시오외-테헤우, 인체찬에게.
시오외 테헤우, 인체찬에게.(1)

인체찬, 시오외 테헤우에게.
키에우 체, 시에우 테헤우에게.
초앙, 인체찬에게.
시오외 테헤우, 키에우 체에게.
시오외 테헤우, 인체찬에게.
초앙, 인체찬에게.
키에우 체, 시오외 테헤우.

Boyer, D'Argens. 『한 중국 여행자 사이의 중국말로 된 편지들 혹은 철학, 역사, 비평적 서신』 La Haye Pierre Paupie, 1766, FRE 262e2 v.6

편지 144. 인체찬, 이퇼리에게.
편지 145. 이퇼리, 인체찬에게.
편지 146. 인체찬, 이퇼리에게.
편지 147. 인체안, 이퇼리에게.
편지 148. 이퇼리, 인체찬에게.
편지 149. 이퇼리, 인체찬에게.
편지 150. 이퇼리, 인체찬에게.
유태인 글씨의 저자에 의한, 철학적 꿈들.
예비적 담론.
철학적 꿈들. 첫번째 꿈.
철학적 꿈들. 두 번째 꿈.
철학적 꿈들. 세 번째 꿈.
철학적 꿈들. 네 번째 꿈.
철학적 꿈들. 다섯 번째 꿈.
철학적 꿈들. 여섯 번째 꿈.
철학적 꿈들. 일곱 번째 꿈.
철학적 꿈들. 여덟 번째 꿈.
철학적 꿈들. 아홉 번째 꿈.
철학적 꿈들. 열 번째 꿈.
철학적 꿈들. 열한 번째 꿈.
철학적 꿈들. 열 두 번째 꿈.
철학적 꿈들. 열 세 번째 꿈.
철학적 꿈들. 열 네 번째 꿈.

철학적 꿈들. 열 다섯 번째 꿈.
철학적 꿈들. 열 일곱번째 꿈.
철학적 꿈들. 열 여덟번째 꿈.
철학적 꿈들. 열 아홉번째 꿈.
철학적 꿈들. 스무 번째 꿈.

Bres, H. S. **『나의 첫번째 세계 여행』** Hachette et cie, 1914, FRE 61

유럽 : 프랑스
유럽 : 스페인
유럽 : 포르투갈
유럽 : 영국
유럽 : 스웨덴 & 노르웨이
유럽 : 덴마크
유럽 : 네덜란드
유럽 : 벨기에
유럽 : 독일
유럽 : 스위스
유럽 : 이탈리아
유럽 : 오스트리아-헝가리
유럽 : 다뉴브 국가들
유럽 : 터어키
유럽 : 그리스
유럽 : 러시아
아시아 : 시베리아
아시아 : 중국 제국
아시아 : 일본
아시아 : 인도 차이나
아시아 : 인도
아시아 : 아라비아
아시아 : 페르시아
아프리카 : 알제리
아프리카 : 튀니지
아프리카 : 이집트

아프리카 : 아비시니아
아프리카 : 사하라
중앙 아프리카
남 아프리카
아프리카 : 마다가스카르
북 아메리카Amerique Nord : 그린랜드
북 아메리카 : 캐나다
북 아메리카 : 미국
북 아메리카 : 붉은 피부
북 아메리카 : 멕시코
남 아메리카 : 안데스 산맥의 국가들
남 아메리카 : 아르헨티나 공화국
남 아메리카 : 브라질
오세아니아 : 오스트레일리아
오세아니아 : 섬들과 고도들

Briand, P. C. 『아시아에서의 젊은 여행자들 : 이론적으로 검토된 서술』 Hivert, 1829, FRE 250 v.5

편지22. 갠지즈 강 너머의 인도 혹은 인도차이나.– 미얀마 제국.–아바.–카사이.–아라칸.–카차르.–주요 도시들.
편지23. 갠지즈 강 너머의 인도 혹은 인도 차이나.–사이암 왕국.– 방콕.–사이암 혹은 주티아.–루보.
편지24. 갠지즈 강 너머의 인도 혹은 인도 차이나.–사이암 왕국–관습, 풍속, 법률–차이나.–캄팡 페.–티앙 통.–메탁.
편지25. 갠지즈 강 너머의 인도 혹은 인도 차이나.–말레이지아, 혹은 말라카.–다양한 인종들.–리고르.–파타니.–트루가농. 파방.–조호르,–퀘다.–풀로 페라 섬.–살랑고르.–말라카.–오다망, 니코바르, 사이암 섬들.
편지26. 갠지즈 강 너머의 인도 혹은 인도 차이나.–안남 제국.–퉁킹.–코친차이나.–취시암파.–캄보디아.–라오스.–토 호수와 그 밖의 것.–주요 도시들.
편지27. 인도 혁명에 대한 스케치.

Briand, P. C. 『아시아에서의 젊은 여행자들 : 이론적으로 검토된 서술』 Hivert, 1829, FRE 250 v.6

편지 1. 중국 제국. 헤이 난 섬...
편지 2. 중국 제국. 키앙 시...
편지 3. 중국제국, 특징, 풍습, 예법, 관습, 의복, 법률 등
편지 4. 중국 제국. 정부, 재판소....
목록.

Briand, P. C. 『아시아에서의 젊은 여행자들 : 이론적으로 검토된 서술』 Hivert, 1829, FRE 250 v.8

편지11. 아시아의 러시아.—코카스.—조르지아.—티프리스, 수도.—이미레트.-코타티스, 수도.-카르탈리니 와 카르두엘.—밍글르리.—코카스 주위의 거주자들.—바다 연안지방의 거주자들-카스피에.
편지12. 아시아의 러시아.-시베리아.-에카트린넴부르크.-솔리캄스키.-베르챠투르.-이르비트.-티우메느.-토볼스크, 시베리아의 수도—자메이카.—셈팔라트 요새
편지13. 아시아의 러시아.—시베리아.—톰스크.—옌니세이—오스티아크.—사모이에드
편지14. 아시아의 러시아.—시베리아.—크라노야르크.—바이칼 호.— 이 호수 주위의 민족들.—이르쿠타크.—세린긴스크.—네르친스크.—엘림스크.—야쿠타크.—검은 단비 사냥.—시베리아와 중국 사이의 경계
편지15. 아시아의 러시아.—캄챠트카.—캄차달.—쿠릴 제도.—리아코프 제도

Briand, P. C. 『아시아에서의 젊은 여행자들 : 이론적으로 검토된 서술』 Hivert, 1829, FRE 250 v.9

편지6. 일본 제국.—나가사키.—다양한 종교. 정부.—특별한 관습들.—기독교의 설립.—쿠보.—다이리.—매장.—결혼, 기타 등등.
편지7. 일본 제국.—상가와 코쿠라 도시들.—일본 섬—메아코.—제국의 탑. 절들.—오징가바.—후지 산.—파코니 호수.—제도.

편지8. 한국.—킹 티 타오, 수도.—형법.—수도승들.—특별한 관습들.—한국인들의 모습들.

편지9. 타타르 지방.—타타르인들 만주.—몽고의 타타르인들.—묵덴, 수도.—키린, 지방, 키리아우라, 수도.—치트 시 카.—상하히라.—메르겐. 솔론과 통구즈의 타타르인들.—엘외트 혹은 칼묵스.

편지10. 타타르 지방.—카리심.—우르겐스, 그 수도.—우즈벡스.—대 부카리와 소 부카리.— 투르키스탄.— 사마르칸드.—키르그스.—카스피 해.

Brieux. **『일본에서 : 자바, 중국, 한국을 거쳐서』** Librairie Ch. Delagrave, 1914, FRE 139

헌사

I. 바다에서—인도의 남부—실론

도항

홍해에서

지부티

마두라

콜롬보

II. 습기의 섬

자바

수라바야

바타비아

아모크

자바의 두 조작

브로모

쌀 목록

고무

여기 저기의 축제들

여기에서

피에테 에르펠트

III. 중국을 가로질러

바다에서

홍콩

상하이
재판소와 감옥
한 편의 논문
지카웨이의 예수회원들
항체우—농촌에서의 산책
타통 기슭에서
항케우
베이징
묵덴
중국에 대한 몇가지 고찰
IV. 한국
한국에서
서울
서울의 마녀들
서울의 극장에서
부산
한국에 있는 프랑스 인들
가족의 커다란 증오
일본인들과 한국
V. 일본
일본식 집
철도에서
미야지마
거대한 산업도시—오사카
악마의 춤
야마타—이세 신전
이세에서 니코까지—황제에서 쇼군까지
삼나무의 그늘아래에서
꽃, 나무, 그리고 정원들
일본식 저녁—차 예절, 게이샤들
호주의 급류
후지
일본의 생 미셸 산
마수쉬마

VI. 호카이도—예소 섬
야만인들에게서
에노에서
VII. 일본에 대한 개요
일본인의 순결
일본 여인
한 친구의 이야기들

Broughton, W. R. 『태평양 북쪽에서의 탐험여행』 Dentu, 1807, FRE 265

역자 서문
영국 저자의 서문
1권. 우리의 첫 중국 마카오 도착까지의 여행 출발 이후 발생하였던 이야기.
1장. 여행 준비들.-영국에서 카나리아 제도까지의 횡단.- 리오 자네이로를 향해 출발.-이 곳에서의 체류.-구 섬.-누벨 홀란드 해역에 있는 스테판 항에 도착.-천문학적 관찰들.-작손 항.-그 곳의 생산물, 동물, 그 밖의 것들에 대한 언급.-천문학적 관찰들
2장. 잭손 항에서 타이티까지 횡단.-관찰들.-우하호 도착. 타마마아 방문 ; 이 추장의 전투와 야망.-우리는 얌 만에서 닻을 내렸다.-오네호 섬.
3장. 누트카-숭으로 가기 위한 출발.-도나 섬 탐색-마리아 라자.-노크가 도착.-마퀴누아 방문.-밴쿠버 선장에 대한 소식들.-선박을 수리하기 위해 육지에서 만들어진 뗏목.-쉽 코브 로의 가벼운 여행.-우리는 장 드 쿠카 해협 입구에 닻을 내렸다.-프란시스 드레이크 경이 1579년에 있었던 장소.-몽트레이 도착.-여행 계속을 위해 채택된 계획
4장. 몽트레이에서 오위헤까지의 횡단.-오하호 도착.-위모아 만.-아토이 와 오네호 섬.-이 마지막 섬의 거주민들에 의한 두 명의 해군 군인들 암살.-일본을 향한 출발.-우리는 화산들을 방문 하였다
5장. 화산만 주위의 지역과 거주민에 대한 언급들.-일본인들의 정중함.-앙데르모 항에 대한 기술.-자연들에 대한 관찰 ; 그들의 의복, 그들의 거주, 그들의 식사, 그들의 소형 보트들.-상업, 농업

물품들, 식물, 동물들에 대한 언급.-인수 해안을 따라서 항해.-스판베르그 섬

6장. 쿠릴 제도의 하나인 마리캉에 가기 위한 횡단.-드 브리 해협을 통한 통과.-회사의 땅.-에타 섬.-우리가 상가르 해협을 통과하는 것을 방해하는 역풍.-우리는 일본의 동쪽 해안을 따라갔다.-제도 만.-일본의 소형배들.-파트시시오 섬

7장. 리켄조 섬과 포르모스 섬을 향한 여정.-티파 정박지와 마카오 도착.-한 삼각선의 구입.-여행 계속을 위한 준비들.-티파 정박지에서 행해진 항해 관찰들

Brunem, Vojeu de. **『타타르인들에 의한 중국 정복사 : 대홍수에서 예수 크리스트까지, 고대의 신성한 역사와 세속적 역사를 포함하여, 중국 왕정의 연보에 대한 연대기적 협약 첨부』** Lyon Chez les Frères Duplain, 1754, FRE 219 v.2

3 부. 의회의 법령들, 회의에서 나온 명령들, 규칙들, 규정들, 그리고 법규들. 1865-1895

70번. 1865년 3월9 일. 영국 신민들에 대한 정부 회의의 명령

71번. 1865년 5월4일. 디토 디토의 규칙들

72번. 1867년 9월9일. 해사 재판 소송 절차 규칙

73번, 1868년 5월 31일. 세관 당국에 의한 압류와 벌금의 사건 합동 조사 규칙들

74번. 1868년 10월 6일. 영국의 중국 후손 신민들의 복장 통지문

75번. 1869 토지 조례들. 상해

76번. 1869년 5월31일, 항구 위원회의 명령, 영사, 관세와 정박 규정들

77번. 1874년 8월6일. 해군 위원회의 명령

78번. 1875년 8월13일. 의회 외국 사법권에 관한 법령. 추방

79번. 1877년 4월 30일. 무역을 위해 개방된 부속 항구들 위원회의 명령

80번. 1877년 10월23일. 최고 법정회의의 명령

81번. 1878년 8월14일. 최고 법정회의의 명령. 재판관의 임

명. 부 해군제독의 사법권
82번. 1878년 9월16일. 해안으로부터 100마일 상의 동해에 있는 영국 신민들에 대한 의회 사법권에 관한 법령
83번. 1878년 11월7일. 중국에서 법정에 관한 규칙들. 범죄 사건들
84번. 1881년 3월28일. 지방 법정들의 변호사들에 대한 규칙들
85번. 1881년 10월25일. 영사회의 명령, 관세, 정박, 그리고 상해 토지 규칙들. 감옥들. 저당. 판매 지폐들. 동업. 민사 소송들. 중국, 일본, 그리고 외국 법정들. 영국 신민들
86번. 1883년 5월22일. 상해 위원회 명령. 적하 등록
87번. 1886년 8월3일. 외국인들에 의해서 혹은 그들에 대한 위원회 소송 명령
88번. 1888년 10월1일. 법률적 보수 규칙들
89번. 1892년 2월23일. 대부 계약에 대한 중국의 의견서
90번. 1892년 8월18일. 영사 위원회 명령과 결혼 수수료
91번. 1893년 5월5일. 토지 조례들. 한코우
4부. 부록. 날짜 순에 따라 정렬되어진
부록 1. 1855년 8월14일. 영국. 중국 여행자들 법
부록 2. 1861년 10월 30일. 영국과 중국. 통행료. 면제 증명서들. 해양무역
부록 3. 1862년 11월10일. 영국과 중국. 양 체 키앙에서의 무역 조례들
부록 4. 1865년8월-9월, 중국과 프랑스. 의견서들 톤세들
부록 5. 1868년 11월3일, 일반 수로 안내료 규정들
부록 6. 1885년 4월4일, 중국과 프랑스. 적대관계의 중단
부록 7. 1890년 8월4일, 영국. 의회 법령. 외국인의 사법권
부록 8. 1891년 6월13일, 중국. 법령. 선교 시설들 보호
부록 9. 1894년 3월1일, 영국과 중국. 협정. 경계들과 그 밖의 것들. 버마와 중국
부록 10. 1894년 9월 6일, 영국과 중국. 협정. 중국과 미얀마 전신선들
부록 11. 1895년 4월17일, 중국과 일본. 조약. 평화

부록 12. 1865-1895 중국과 프랑스. 명령들. 토지 구입, 기타 등등, 중국 내륙에 있는 선교사들에 의해서
부록 13. 1895년 8월9일, 중국. 명령. 선교 시설물들의 보호
부록 14. 1895년 11월8일, 중국과 일본. 협정. 리아오-통의 반환. 탕 티안 반도

Buffier, P. 『역사와 지리의 새로운 요소들』 Chez Pierre-François Giffart, 1740, 1894, FRE 345

새로운 요소들. 성스러운 역사
새로운 요소들. 세속 세계사
프랑스 역사의 요소들
새로운 요소들. 세계사
새로운 요소들. 세계지리
질문들
답변들

Bujac, E. 『러시아 군대 : 그 역사, 그 실제적 조직』 Paris Charles-Lavauzelle, 1894, FRE 59

머리말
1장. 역사를 가로질러 본 러시아 군대
2장. 군대 모집
3장. 군대의 지휘와 운영의 조직
4장. 보병에 대하여
5장. 기병대
6장. 포병
7장. 공병
8장. 보조 근무 대
9장. 군대 조직들의 해체와 배치
10장. 군대의 전략적 장과 궁극적인 집결
11장. 해군

Chable, Jacques-Edouard. 『재즈, 부메랑 그리고 기모노 : 세계 일주 여

행』 Alexandre Jullien, 1930, FRE 102

머리말
미국
신대륙 발견에서. 뉴욕
워싱톤
국제 정치 관계들
이민
정치적 경제와 경제적 정치
산업과 스포츠에 대한 몇 가지 말들
자동차 산업
야생 양파의 도시
아리조나를 가로지르는 모험에서
샌프란체스코
극동에 대한 첫 관찰
하와이
호놀루루의 미소. 어떤 인종의 고통
화산 목장
남방 바다의 섬들
사모아를 찾아서
튀튈리아 섬에 있는, 파고파고에 도착
댄스, 문신, 그리고 감정적 생활
미신과 요리의 즐거움
나는 혼혈아를 연구하였다. 천사들의 반란
위스크의 매력
스티븐슨의 무덤과 환상들
피지 제도에서의 두 달
로투마, 매혹적인 섬
뉴질랜드에서
간헐혼천들의 국가
황금을 찾는 사람들-빙하의 초원
사회적 활동들
오스트레일리아와 필리핀 군도
일본

동양의 신비들
황인종의 위험은 존재하는가?
토쿄에서의 산책
몇가지 관습들-일본 연극
차노유-일본의 광경들
정원과 호텔의 매력
니코와 마수쉬마에서의 성지순례들
키모노
토와다 호수와 미야지마에서의 철수
한국
서울, 한국의 수도
공고 산을 가로질러
만주에서
위험한 지역
인도차이나에서 말레이지아를 통과하여 수마트라 까지

Chadourne, Marc. 『극동 : 육지 일주』 Librairie Plon, 1935, FRE 147 v.1

아시아를 찾아서
I. 만리장성
탕쿠
베이징
하늘 신전
베이징의 질서
베이징의 집
유라시아
새로운 생활
야만인들의 눈 아래
두개의 길
공자로의 귀환
메이랑팡
현자의 자취
라마교 인들에게서
대 암흑

II. 고지대 아시아
여권
성벽을 넘어서
몽골의 길
칼간
국경
... 중에서
대상들과 목장
경계
하탱숨에서
구슬과 해골들로 덮여있는 땅
라마교 승원
모래사장의 끝에서
위협받고 있는 몽골
예수-달러
징기스칸의 생일
III. 중앙의 꽃
중국의 하늘과 땅 사이에서
생불을 위한 파티
상하이의 밤
금지된 아편
분지에서
행정의 헐리우드, 난경에서
순야센의 장 성인
중국에서 파시즘?
장관들과 내각
홍콩 잠들어있다
광동은 동요하고 있다.
IV. 태평양
마카오
중국과 말레이군도 사이에서
마닐라
선착장의 유흥
베나베이

농촌
이고로
독립과 그 지도자들
일본의 위협아래
하늘의 징후들
V. 혹은 동양과 서양이 서로 만나다.
사자의 도시
정글과 늪지대에서의 싸움
라플 광장에서 아랍 거리까지
딜레마
범아시아
사이암은 유혹을 받고 있다.
갠지즈 강 흐름 속에서
숨막히는 방
보이지 않는 히말라야

Chadourne, Marc. **『극동 : 육지 일주』** Librairie Plon, 1935, FRE 147 v.2

I. 뉴딜-새로운 자료
맨하탄 기선.
바다에서의 세계
뉴욕
첫 접촉들
도시의 정경
도로에 대한 인상
청색 새
우리는 우리의 본분을 다한다.
신은 우리에게 눈을 보내주었다.
브로드웨이
택시안에서의 설교
월 스트리트의 교회법전 안에서
일련의 운명
모든 죽은자들을 위한 궁전
검은 밤

워싱톤의 이상한 환경 속에서
백악관
벌레
찰스톤
슬픈 숲을 가로질러서
뉴 오를레앙의 낡은 집
올드 맨 강
냇가를 따라서
농장들의 비극적 운명
그리고 흑인들은?
불빛없는 구역
대사막의 경계
아파치의 발자취
마지막 아파치
피닉스에서, 인디언 자치에 대한 회의
로스앤젤레스, 대단한 도시
헐리우드와 신
환상의 공장에서
헐리우드의 시인

II. 일본의 봄
상실된 대양
요코하마
고가이동차 밑에서
꽃이 피어있는 버찌나무
대조
병풍
일본 노동자
자살의 시절
세밀하게 그려진 시골에서
요시와라
아동을 위한 시장
게이샤
바, 카페, 춤

공산주의와 젊은 시절
국민-가족

Challaye, Felicien. 『**일본의 설화와 전설들**』 Librairie Fernand Nathan, 1931, FRE 310

신토 전설
세상의 창조
지옥으로 내려감
태양의 여신의 큰 분노
수산코와 8개의 머리를 가진 용
어부 우리시마 타로
여신 벤텐과 에노시마 용
유교적 전설
어떤 효성의 모델
불교 설화
분재
여섯 지조
중 유령
쿄토의 버드나무
중세의 설화와 전설
나카미추 제물
두 영주 다이묘와 그들의 종
히메지 곤충
쿠마게 회환
와타나베와 마녀
물고기에 대한 두 개의 우화
근대 시대의 설화와 전설
고양이-흡혈귀
47명의 기사들
기사 하라와 그의 어머니
47명의 기사들의 친구,상인 리헤이
여우 찾기
거울

한 술꾼의 탄생
청춘의 샘

Chalux. 『중일 대결 쯤에』 Office de Publicite, 1938, FRE 138

I. 초점과 몇가지 스케치
II. 일본 1937
III. 새로운 중국
IV. 외국인 혐오증과 반일본주의
V. 중국의 공산당원들
VI. 아시아에서의 소련의 진출—신의 착각
VII. 중일간의 대화—사격!
VIII. 국민적 신념—일본 군인들
IX. 중국 군대들
X. 북 중국에서의 작전—치앙과 청색 셔츠
XI. 통행권의 페이지
XII. 상하이
XIII. 상하이 다음에, 난경
XIV. 1938—그리고 전쟁은 계속되었다.
XV. 도로의 교차로에서

Chantre, Emile. 『한국인들 : 인류학적 스케치』 Rey, 1902, FRE 320

민족탄생학과 민족지학
형태학과 인류학

Chapelot, R. 『러시아 군대의 통합 합동 참모본부에서 작성된 역사적 1904-1905년 러일 전쟁』 1854, FRE 204 v.5.2

XI. 만주의 군대에서 2월 23일/ 3월 8일
XII. 만주 군대에서의 2월 24일/ 3월 9일
XIII. 밀로프 장군의 북부 파견 작전과 ... 날 동안의 2군의 후퇴
XIV. 2월 25일/ 3월 10일 후엔호 지점들에서의 3군과 1군의 후퇴
XV. 2월 27일/ 3월 11일과 12일 티에링에서의 만주 군대의 후퇴
XVI. 만주 군대의 ... 전투를 전개한 2월 28일과 3월 1일(3월 13일과 14일)
XVII. 세우핑카이 지점들에서 만주 군대의 후퇴
XVIII. 묵덴 전투 중에 후방 조직

5권 부록-2부.
5권 주 -묵덴 전투.

Charlevoix, Pierre-Francois-Xavier de. 『일본의 역사와 일본에 대한 일반적 기술』 Gandouin, 1736, FRE 188 v.2

일본 군주정의 성립 이후, 19세기 말까지의 영주들과 황제들의 연대기. 쿠보-사마스 황제들.
일본의 역사. 1권.

I. 일본은 두 장소를 통하여 동시에 발견되었다.
II. 세 명의 포르투갈인들이 일본을 발견하였다.
III. 폴 드 생트 포아는 그 가족을 개종하였다.
IV. 사도는 캉고시마에서 공개적으로 선교하였다.
V. 복음의 발전을 멈추는 방법들을 찾기 위하여 스님들이 모였다.
VI. 성 프랑스와는 캉고시마에서 출발하였다.
VII. 자비에르 신부는 피란도로 되돌아갔다, 거기에서 그는 아망구치로 갔다.
VIII. 신망을 다시 받기 위한, 스님들의 헛된 노력들.
IX. 성인은 성공적으로 푸체오에서 전도하였다.
X. 자비에르 신부는 유명한 스님으로부터 도전을 받았다.

2 권.

I. 자비에르 신부의 출발 이후 붕고 왕의 이상한 행위.
II. 붕고에서의 반란.
III. 약탈당하고 화재를 겪은 아망귀치.
IV. 일본 교회의 번성하는 상태.
V. 피랑도 왕은 붕고 왕에게 조공을 바치게 되었다.
VI. 오이츠 혹은 오미 호, 그리고 제상 산에 대한 기술.
VII. 스님들은 빌레라 신부에 대항하였다.
VIII. 루이 알메이다는 시모 교회들을 방문하였다.
IX. 오무라 공국에 대한 기술.
X. 포르투갈인들과 기독교인들을 위해 세워진 코카시우라 도시.

3 권.

I. 봉고에서 몽티 신부와 루이 알메이다, 혹은 왕은 종교를 계속해서 장려하였다.
II. 오무라 궁전이 불타다.
III. 오무라 공작의 새로운 승리.

IV. 수도의 기독교인들의 열정.
V. 이러한 개종의 결과.
VI. 프로에즈 신부와 루이 알메이다는 마카오로 출발하였다.
VII. 빌렐라 신부와 루이 알메이다에게 미오신도노가 한 경의.
VIII. 토쿄와 사바에서의 알메이다.
IX. 미오신도노 황제에게 음모를 꾸미다.
X. 신앙의 전파를 위한 붕고 왕의 열정.
XI. 고토 왕국에 대한 기술.
XII. 시마바라 기독교인들의 꿋꿋함.

Charlevoix, Pierre-Francois-Xavier de. 『일본의 역사와 일본에 대한 일반적 기술』 Gandouin, 1736, FRE 188 v.3

제목 페이지
목차
수정한 잘못들
4권
I. 황제 가문의 형제는 그의 형제의 죽음들로부터 구해졌고, 보타도노에 속한 숲 속에 피난하였다.
II. 노부난가는 스님들을 어떻게 취급하였는가?
III. 노부난가는 제국내에서 모든 권한을 유보하였다.
IV. 미노 왕국과 안주쿼마 도시의 기술
V. 보타도노의 불행
VI. 세퀴 영주, 변절자 그리고 박해자
VII. 고토 왕자는 세례를 요구하였다.
VIII. 노부나가의 잘못된 정책
IX. 황제는 노부나가와 다투었다.
X. 탐바 왕의 불행
5권
I. 카랄 왕은 붕고왕에게 소환되었다, 왜?
II. 붕고의 세바스티앙 왕자의 열정
III. 붕고 왕비와 그녀의 형제 처형 결과
IV. 일본에 많은 선교사들의 도착
V. 삭스마 왕은 피웅가에 사로잡혔다.
VI. 붕고의 옛 왕은 완전히 정부를 버렸다.
VII. 피웅가에서의 삭스만스의 새로운 침입
VIII. 아리마 왕이 기독교인들에 대하여 유발하였던 박해의 결과
IX. 붕고의 젊은 왕의 나쁜 행실

X. 노부낭의 새로운 승리들

6 권

I. 붕고의 옛 왕은 정부의 권한을 다시 잡았다.

II. 발레나니 신부는 붕고의 젊은 왕의 세례를 주는 것에 관하여 어떤 판단을 하지 않았다.

III. 발레나니 신부는 토사 왕을 방문하였다.

IV. 대사들의 출발

V. 그들의 로마 도착

VI. 공작들의 교황에게 보내는 편지들

VII. 교황 그레고리 13세의 죽음

VIII. 그들은 로마로부터 출발하였다.

IX. 그들은 제네로 가서, 거기에서 스페인으로 가는 배를 탔다.

X. 노부나가의 허영심

XI. 우코도노는 황제의 살해에 반대하였다.

7 권

I. 팍시마 통치의 시작기에 기독교의 발전하는 상황

II. 몇몇 승려의 개종

III. 어떤 조건하에서 우콘도와 탕강도노는 팍시바에게 그들의 요새를 주었다.

IV. 황제는 오자카를 다시 옹립시켰다.

V. 삭수마 왕의 음모들

VI. 붕고에서의 종교 상황

VII. 콩데는 붕고의 삭수마인들을 추적하였다.

VIII. 오무라 왕자와 붕고의 옛 왕의 죽음과 칭찬

IX. 선교사들의 불안과 그 불안들은 어디에 근거를 두고 있는가?

X. 우콘도노는 추방당하였다.

XI. 황제에 대한 불만와 전체적 외침

6권의 부록.

Charlevoix, Pierre-Francois-Xavier de. 『일본의 역사와 일본에 대한 일반적 기술』 Gandouin, 1736, FRE 188 v.4

4 권을 위한 요약 목록./ 8권.

8 권.

I. 붕고 왕 조페몽의 초상화에서

II. 붕고 왕은 기독교 인들을 계속 박해하였다.

III. 고토에서의 여러 명의 개종

IV. 페. 발르나니 마카오에 도착하였다.
V. 황제에 의한 방두에 점령
VI. 황제는 중국을 정복하려고 계획하였다.
VII. 붕고 왕은 교회에서 타협하였다.
VIII. 대사들이 대접을 하였다.
IX. 기독교인들의 무관심
X. 두 명의 스페인인들의 나쁜 행위와 그 것들의 나쁜 결과

일본의 역사 9권.

I. 중국 전쟁을 위한 준비들
II. 해군대장은 한국에서 방어를 하였다.
III. 황제로 하여금 필리핀 총독이 경의를 표하도록 요구하게 한 것.
IV. 황제는 한국에서 머물기를 원하는 것처럼 하였다.
V. 평화조약이 중국인들과 일본인들 사이에서 만들어졌다.
VI. 붕고의 기독교인들의 슬픔
VII. 교황의 교서를 발행하고 집행하기 위한, 스페인 왕의 열성
VIII. 황제는 그의 조카와 사이가 나빠졌다.
IX. 캄바쿤도노의 초상화
X. 캄바쿤도노는 고관들과 결탁하려고 하였으나, 그는 배반당하였다.

일본의 역사. 10 권.

I. 나가자키 총독의 개종과 많은 한국인들의 개종, 기독교의 번창하는 상황
II. 중국 황제는 타이요코 사마에 대사를 파견하였다.
III. 바다가 그 경계를 넘었다.
IV. 성 프란체스코 파 신부들의 억제 되지 않은 열정
V. 예수회원들은 그들의 필요때문에 스페인인들을 구제하였고, 이 주제에 대하여 중상하였다.
VI. 비난받고 있는 사람들에 대한 중상의 기원들
VII. 6명의 프란체스코 파 회원들과 3명의 예수회원들이 죄수들이 되었다; 그들의 역사;왜 체포된 더 이상의 예수회원이 없는가?
VIII. 황제는 그가 이익을 본 것들을 한 사람을 발표하였다.
IX. 이 모든 운동이 잠잠해졌다.
X. 사람들은 고백자들에게서 귀 끝을 자르고, 고백자들은 메카오, 오자카, 사카이와 같은 길들을 걸어다녔다.
XI. 죄인들은 그 회의 주교와 상급자들로부터 방문을 받았다.
XII. 선교사들의 새로운 추방

9 권의 보충판. 권 4로부터 인용한, 한국 왕국에 대한 기술. 북쪽에서

의 여행에 관한 권.

Charlevoix, Pierre-Francois-Xavier de. 『일본의 역사와 일본에 대한 일반적 기술』 Gandouin, 1736, FRE 188 v.5

24. I　황제는 병에 걸렸다.
38. II　일본 군대는 한국으로부터 돌아왔다.
49. III　피란도에서의 박해
62. IV　타코사마의 교구
72. V　섭정은 여러 특권을 강화하였다.
83. VI　붕고 왕은 폐위되었다.
96. VII　타코사마의 선교사들에 대한 행위
109. VIII　후견인이 쿠보 사마의 지위를 차지하였다.
122. IX　몇가지 조건으로 중단된 박해
135. X　보겐 왕은 검을 꺼냈다.
153. I　오무라이퐁 공의 역사
166. II　유교의 성격
180. III　종교에 대한 쿠보사마의 칙령
195. IV　핑고에서 다시 시작된 박해
211. V　일본에서의 네덜란드인들의 첫 시설
222. VI　쿠보사마의 우유부단함
238. VII　종교가 얼마간의 발전을 하였다.
251. VIII　피란도에 네덜란드 배의 도착
262. IX　잘못된 교황의 교서
277. X　아리마 왕이 다시 석방되었다.
297. I　쇼건 사마는 다시 시작하기를 원하였다.
312. II　나가자키 총독은 믿게 되었다.
330. III　아리마 왕은 그와 함께 인도되었다.
344. IV　사람들은 개종자들에게 알렸다.
356. V　페레소텔로의 협상
374. VI　쿠보사마의 현재의 기억
389. VII　오자카 추종자들의 확고함
399. VIII　수 많은 사람들
415. IX　두 귀족들의 확고부동함
426. X　아리마 왕은 오전에 만났다.
438. XI　추방된 사람들은 배를 탔다.
452. I　무시무시한 처형 기구.
476. II　수많은 순교자들의 비범함
500. III　몇 명의 종교인들의 경솔함
515. IV　기독교인들의 존경할 만한 열정

527. V　에도의 상황
542. VI　기독교인들은 헛되이 자만하였다.
559. VII　또 다른 순교자들
572. VIII　장 페이조의 포교
585. IX　이프시다 신부의 불만

Charlevoix, Pierre-Francois-Xavier de. 『일본의 역사와 일본에 대한 일반적 기술』 Gandouin, 1736, FRE 188 v.6

15권의 6집 요약 목록

일본의 역사 15권

I.　종교와 관련하여 마자모네 옥수 공작에 대한 기술
II.　레포에서 전파된 복음. 앙젤리스 신부는 거기로 이송되었다.
III.　앙젤리스 신부에 의한, 레포 지방에 대한 간단한 설명
IV.　캄세르의 의견, & 영국 통역관의 의견
V.　이 주제에 대한 네덜란드 인들의 기억 들간의 이견들
VI.　일본인들은 파르모스 섬에 한 시설물을 설치하였다.
VII.　일본에 간 두 명의 종교인들은 네덜란드인들에 의해 붙잡혔고, 피란도 왕에게 소환되었다.
VIII.　황제에 의해 나가자키 총독에게 내려진 명령들
IX.　모든 연령, 모든 성의 30명의 기독교인들이 사형당했다.
X.　스피놀라 신부가 의장과 하원에서 한 연설

일본의 역사 16권

I.　서로 다른 교단의 여러 종교인들의 순교
II.　콜란도 유럽을 통과 했다. & 무엇 때문에.
III.　이 문제에 대한 스페인 왕의 칙명
IV.　영국인들과 네덜란드 인들은 마카오에 정착하였고, 그 근거지를 세웠지만, 그들은 포르투갈인들에게 많은 잘못을 하였다.
V.　옥수와 데바 왕국에서의 박해
VI.　스페인 대사는 경멸을 받으면서 거절당하였다.
VII.　황제는 일본의 모든 소 군주들을 예속시켰다.
VIII.　기독교인들의 훌륭한 열정
IX.　죄수들은 지마바라에서에서 어떠한 방법으로 취급당하였는가.
X.　두 여성 기독교인들의 영웅적 의연함

일본의 역사 17권

15권의 첫 보충.

I. 황제에 의해 네덜란드 대사에게 보여준 경의의 표시
II. 성 도미니크회의 여러 종교인들은 살아서 불태워졌다.
III. 웅겐 산의 유황 물에 대한 기술
IV. 다양한 다른 순교자들. 일본인 예수회원, 츄기 신부와 그의 순교에 대한 역사.
V. 여러 명의 순교자들. 여러 종교인들이 일본에 들어가는 것을 방해하는 것
VI. 드바 왕국의 토노와 그의 모든 가족의 열정과 신앙심
VII. 나가자키 총독의 잔인성. 그가 기독교인들에게 한 위협들.
VIII. 붕곤도노는 기독교인들을 배려하였다고 고발당하였다.
IX. 피에르 뉘츠의 나쁜 행실; 일본 주재 네덜란드 인도 회사의 대표
X. 일본인들은 총독으로 하여금 그들과 타협하게 하였다.
15권의 두번째 보충.

Charlevoix, Pierre-Francois-Xavier de. **『일본의 역사와 일본에 대한 일반적 기술』** Gandouin, 1736, FRE 188 v.7

18 권.
일본

I. 황제의 죽음
II. 예수회원들의 순교
III. 불성실한 형제에 의해 배반당한 예수회원이 처형되었다.
IV. 비키라 신부의 역사
V. 일본 무역으로부터 그것들을 제거하려는 네덜란드 인들의 새로운 노력들
VI. 예수회원들에 대한 고찰
VII. 마프프릴리 신부 인도로 출발하다.
VIII. 마프트릴리 신부와 나가자키 총독 간에 발생한 것
IX. 일본에서의 포르투갈인들의 상황
X. 반란한 기독교인들은 모두 귀환하기 보다는 죽임을 당하였다.
XI. 마카오 시는 일본에 한 명의 대표를 보냈다.
19 권 일본 역사.

I. 네덜란드인들은 그들을 걱정시키는 통치를 예도로 부터 받았다.
II. 네덜란드인들은 피란도의 모든 건축물들을 파괴하였다.
III. 일본에서의 루비노 신부의 노력들
IV. 5명의 예수회원들이 아직도 일본에서 지내고 있다.

V. 그들의 곤경
VI. 황제는 네덜란드 인들에 대해 새로이 불안해하였다.
VII. 마카오 도시는 새로운 포르투갈 왕에게 일본주재 대사를 파견하라고 제안하였다.
VIII. 교황청 선교사의 개종과 순교
IX. 그 당시 일본에서의 네덜란드인들의 상업의 상황은 어떠했는가?
X. 개개인들에 대한 규칙과 어떻게 그들은 거대한 이익을 얻었는가?

20 권.

I. 황제에게 경의를 표하기 위한여 네덜란드 상업 의장의 출발.
II. 그의 에도 도착
III. 일본에서의 그들의 상업을 부활시키기 위한 영국인들의 시도
IV. 일본에서의 중국인들의 상업에 관하여
V. 17세기 말 경의 일본의 상황
VI. 네덜란드 인들의 비용으로 활동을 하고 있는 관리들
VII. 네덜란드 인들과 거래를 하는 상인들
VIII. 692년 일본에서의 기독교 상황
IX. 일본에 입국하기 위한 시도티 씨의 시도와 어떻게 그것이 성공하였는가?

두번째 부록

Charlevoix, Pierre-Francois-Xavier de. 『일본의 역사와 일본에 대한 일반적 기술』 Gandouin, 1736, FRE 188 v.8

1 장. 나가자키 도시에 대한 상세한 기술
2 장. 마카오 주변의 주요 사원들에 대한 기술
3 장. 마수리라고 불리우는 특별한 축제에 대하여
4 장. 일본에서 사람들이 어떤 범죄자들을 밝혀내기 위하여 사용하는 여러 미신적 시도들
5 장. 특이한 복통과 그 치료에 대하여
6 장. 목사라고 불리우는 불빛 선
7 장. 일본의 네발 달린 짐승들, 뱀들, 곤충들
8 장. 새들
9 장. 생선류와 조개류
10 장. 일본에서의 풍요로움, 권 8 식물들, 농업에 대하여

11장. 일본인들이 그들의 원기회복을 위해 만들고 있는 꿀의 종류들; 어떤 방법으로 그것들이 회복을 시키는가.
12장. 일본에서의 유액에 대하여; 나무에 대하여
13장. 차에 대하여
14장. 아스팔트 성분을 가진 이 물질에 대한 몇가지 관찰을 포함하여, 일본의 재색 용연향에 대하여.
15 장. 일본의 현재 상황에 대한 몇가지 고찰들
기술

Charlevoix, Pierre-Francois-Xavier de. 『일본의 역사와 일본에 대한 일반적 기술』 Gandouin, 1736, FRE 188 v.9

일본의 역사를 쓴, 저자들의 목록과 조사
일본에 대해 기술한 저자들의 알파베트 목록
새로운 세계의 역사 문집 계획
새로운 세계 발견의 연대기
제목들의 총괄 목차

Charton, Edouard. 『세계 일주 : 새로운 여행 일기』 Hachette, 1873, FRE 67 v.1873.1

리빙스톤의 아프리카 중앙의 탐험 여행, 뉴욕 헤럴드 통신원, 헨리 스텐리 씨에 의해서. 1871-1872.
제임스 베니트 씨와 스탠리 씨.
행진하면서.
쿠이쿠루.
6시간의 행진.
우리의 아르고.
스탠리는 무리를 지휘했다.
뉴 그르나드로의 여행, 사프레이 박사에 의해서. 1869.
V. 메드랭으로부터 안니티오퀴아까지.
VI. 리오 베르데에서 만니잘레스까지.
VII. 코카 계곡.
군주들의 인도. 중앙 인도 왕국들과 벵갈 식민지 행정구 여행, 루이

루스레 씨에 의해. 1864-1868.

XXXII(계속). 슈테르포르 왕국.

XXXIII. 파나 왕국(계속)

XXXVI. 고빈드구르(계속). 손 계곡.

중앙 아시아 여행, 바실 베레샤권 씨에 의해서.

I. 오람부르그.

IV(계속).

IX. 타츠켄트 시장.

XIII(계속).

XV(계속). 지자크.

인도차이나 탐험 여행.

XIII(계속). 탐험대 도착.

XIV(계속).

XVI. 양 타 젠.

XVI(계속).

XVIII(계속). 통 추우엔 도착.

XVIII(계속과 끝). 총 킨 후.

스페인 여행, 귀스타브 도르 씨와 샤를르 다빌리에 남작 씨에 의해.1862.

바스크 지방들.

바스크 지방들.

한국 탐험, 전 해군 장교, 아쉬. 쥐베르 씨에 의해서. 1866.

편집되지 않은 원고와 그림들.

한국에 관한 지리학적 잡지 ; 1873년의 에메스트르, 비비앙 드 생-마르탱 씨에 의해서.(편집되지 않은 원고)

Charton, Edouard. 『세계 일주 : 새로운 여행 일기』 Hachette, 1892, FRE 67 v.1892.1

우리의 인도인들에게서, 앙리 쿠드로 씨에 의해서

I. 카이엔 도착

II. 아파투 마을 출발

III. 인도의 마을

IV. 튀뤽 휘막의 웅덩이

V. 오야포크를 향해 출발

VI. 튀윅 휘막에서
VII. 마라카야에서 우이라까지
VIII. 카이엔에 도착
IX. 비리투 마을 도착
X. 야우에에서
XI. 출발
XII. 이니니에서
중앙 아라비아 여행, 샤를르. 그라 씨에 의해
토스카나를 가로질러, 외젠 뮌츠 씨에 의해
I. 시그나와 단테
II. 회고적 조망
III. 19세기의 시에나
IV. 오리엔테이션 산책
V. 세례당과 세례용 통
VI. 대성당
VII. 시에나 대성당의 조각
VIII. 대성당의 포장과 도메니코 베카푸미
IX. 두오모 오페라 박물관
X. 브란다 동합금과 수도국
XI. 라 비아 카부르 궁전들
XII. 피아짜 델 캄포
XIII. 공적 궁전
XIV. 피콜로미니 궁과 고문서
XV. 되는대로
러시아 령 아르메니아를 가로질러, 베. 샹트르 여사에 의해
XXVI. 에츠미아드진 수도원 방문
XXVII. 아랄리슈 국경소
XXVIII. 대 아라라 산악지대와 소 아라라 산악지대
XXIX. 쿠르드의 가난한 야영지 방문
XXX. 출발
XXXI. 대 아라라
XXXII. 타타르 내륙
XXXIII. 킵 골 여행
XXXIV. 케보르크에 대한 불쾌함
XXXV. 이그디르로 내려감
XXXVI. 카라칼라 고원, 폐허들, 묘지
XXXVII. 쿨프 : 그 상고시대
XXXVIII. 에리방으로의 귀환
XXXIX. 에리방에서의 짧은 멈춤
에민 파샤를 도우러

I. 원정대의 조직
II. 힌디 출발
III. 느가오
IV. 오다 보루 루바에서
V. 오다 보루 루바 출발
VI. 키쿠유
VII. 바링고에서 카비롱도까지
VIII. 우니오로로의 행진
IX. 우간다에서
X. 니앙자 호수 횡단

I. 세네갈 출발-리브르빌과 로앙고에서
II. 로앙고에서 브라자빌
III. 브라자빌에서 방귀
IV. 방귀에서
V. 부즈루스 인들에서의 탐험
VI. 살랑가 인들에게서의 탐험, 뮈시의 살인범들
VII. 방귀에서 방브 마을까지
VIII. 알려지지 않은 곳에서, 차드를 향해서.-랑구아시스인들에게서
IX. 나다크와스 인들에게서
X. 나가푸스인들에게서
XI. 몰살당한 선교단.-후퇴
XII. 새로운 출발
XIII. 엠포코 강 탐험
XIV. 폴 크람펠의 자취에서
XV. 크람펠 선교단 중의 한 세네갈 인
XVI. 복수를 당한 크람펠 선교단 학살

한국에서의 여행, 샤를르 바라 씨에 의해서

I. 개방된 한국
II. 민족지학적 개관
III. 행진하면서
IV. 중앙 산맥의 꼭대기 등정
V. 한국의 메뉴

말레이지아에서의 일년, 쥘르 클렌 씨에 의해서

I. 델리의 대농장들
II. 바타크스 고원-독립적 카로스
III. 므당의 브타니를 통한 귀환
IV. 피낭과 그 거주자들

로카마두르, 제. 뷜리에 씨에 의해서

Charton, Edouard. 『세계 일주 : 새로운 여행 일기』 Hachette, 1892, FRE 67 v.1892.2

크람펠 선교단, 알베르 느부 씨에 의해서.

서문

남 페르시아를 가로질러서, 세. 바뱅과 에프. 후세이 씨들에 의해서.

I. 수세 출발
II. 추스터 출발
III. 바카티야리스
IV. 디나루니아타베그스
V. 바카티야리스인들과의 어려움들
VI. 바카티야리 부족과의 분쟁
VII. 쿠르디스탄 계곡
VIII. 페르시아만 해안
IX. 샤푸르의 저부조와 폐허들
X. 페르세폴리스의 동굴에서의 거주

토스카니를 가로질러서, 으젠 뮌츠 씨에 의해서.

카상탱과 보르고 상 세폴크로

I. 아페닌 산맥 탐험
II. 포피의 대가
III. 카말돌리
IV. 카말돌리회 수도사들과 우리의 동포인 귀욤 드 마르실라트
V. 달의 효과
VI. 비비에나파에서 베르나까지
VII. 아레조에서 앙기아리까지
VIII. 보르고 산 세폴크로
IX. 플로렌스로의 귀환

러시아령 아르메니아를 가로질러, 카라바그

XL. 케가르트-아리방크 수도원에 대한 역사와 기술
XLI. 고크-채 높은 고원지대에서
XLII. 아크-다그와 흑요석 층
XLIII. 곡 채 호수
XLIV. 세방의 섬과 수도원
XLV. 티플리스
XLVI. 아바스-투만 : 그 지역, 그 물

알리칸트와 엘츠에서의 산책, 마르트 말리 양에 의해서

알리칸트

엘츠

아무아마우아에서의 흔들림, 엘. 미종 선박의 2등 항해사에 의해

I. 출발
II. 막크 인토쉬의 불성실한 태도들
III. 방문과 환영
IV. 술탄의 경계와 주저
V. 욜라에서 가루아

북 러시아 탐험, 샤를르 라보 씨에 의해서

I. 니즈니-노느고로드
II. 체체르미스
III. 추바쉬
IV. 카마
V. 체르딘에서 페트쵸라
VI. 페트쵸라
VII. 우스트 포제그에서 우스트 츠추고르
VIII. 츠추고르 항해
IX. 우랄 횡단
X. 리아핀에서의 체류
XI. 시가로부터의 내려감
XII. 트베리오소프

아르카숀 숲에서, 페. 코프만 씨에 의해서

미얀마에서의 15일, 으. 카바글리옹 씨에 의해서

일본의 지진, 가르리엘 드 로통 씨에 의해서

생 제르배 레 뱅의 재앙

Charton, Edouard. 『세계 일주 : 새로운 여행 일기』 Hachette, 1894, FRE 67 v.1894.1

시실리, 가스통 뷜리에 씨에 의해서

세쉘 제도 여행, 샤를르 알뤼오 씨에 의해서

뉴 젬블 여행, 콘스탕틴 노시로프 씨에 의해서

유럽의 산봉우리들에서, 폴 라브루슈와 드 생 소 백작에 의해서

I. 프로비덴시아의 광산들 : 헤르미다와 앙다라
II. 카레스와 데바 사이에서 : 크레타에서
III. 발데옹과 사잠브르 : 저주 받은 땅
IV. 코바동가 산악지대 : 에놀 호수
V. 리바나
VI. 거대한 산악지대

VII. 포외아 산타와 에스피귀에트

나일강에서의 일주일, 으. 코토 씨에 의해서

I. 마르세이유 출발
II. 나일강에서
III. 룩소르
IV. 룩소르에서 아수완까지
V. 우아디-할파
VI. 아수완에서 카이로로 귀환

베이징에서 파리까지 : 한국, 사랑과 시베리아, 샤를르 바페르포 씨에 의해서

I. 베이징에서 텐진
II. 텐진에서 상하이
III. 상하이에서 부산
IV. 부산
V. 부산에서 블라디보스톡
VI. 블라디보스톡
VII. 블라디보스톡에서 사할린
VIII. 사할린
IX. 사할린에서 니콜라이에프스크
X. 니콜라이에프스크
XI. 니콜라이에프스크에서 하바로프카
XII. 하바로프카
XIII. 하바로프카에서 블라고페츠첸스크
XIV. 블라고페츠첸스크
XV. 블라고페츠첸스크에서 파크로프스카
XVI. 파크로브스카에서 스트레틴스크

봄 레 메시외르, 에드몽 르노 씨에 의해서

토스카니를 가로질러, 외젠 뮌츠 씨에 의해서

XX. 리카르디 궁전과 초기 메디치 가문
XXI. 상 아폴로니아 수도원
XXII. 상 오노프리오 수도원
XXIII. 프로렌스에 있는 프랑스 예술가들의 승리의 아치
XXIV. 생 로랑 대성당
XXV. 미켈란 젤로와 메디치 가문의 무덤
XXVI. 군주들의 예배당
XXVII. 로랑티엔 도서관
XXVIII. 세인트 마리 누벨과 성 도미니크 교단
XXIX. 세인트 마리 누벨의 그림들
XXX. 녹색 수도원과 스페인들의 성당

XXXI. 생 폴 프리메이슨
XXXII. 루셀라이와 플라톤의 아카데미
XXXIII. 스트로찌 궁전
XXXIV. 생 미셸의 황금 기도실과 플로렌스 조합들
XXXV. 영주의 광장과 란지 프리메이슨
XXXVI. 영주의 궁전

마다가스카르로의 여행, 루이 카타 박사에 의해서

IX. 타나나리브로의 귀환
X. 디디에서
XI. 타마타브에서의 일주일
XII. 마나나라
XIII. 망가하라 강
XIV. 마하잠바 분지에서
XV. 라다마의 돌
XVI. 말라트시

카야파 인도인들에게서 3주일

Chauvelot Robert. 『극동에 대한 시각들 : 한국 · 중국 · 인도차이나 · 사이암 · 미얀마』 Berger-Levrault, 1928, FRE 78

서문
1장. ≪고요한 아침의 나라≫에서
2장. 묵덴, 만주의 수도
3장. 만리장성의 하단에서
4장. 베이징의 화려함
5장. 하궁과 명의 무덤들
6장. 양쯔강을 내려가면서
7장. 고도로 문명화된 상하이에서
8장. 홍콩과 마카오
9장. 캉통, 걱정스러운 불가사의한 인물
10장. 윤난으로의 여행
11장. 안남의 궁전에서
12장. 안남 제국의 능들
13장. 후에에서 하노이까지
14장. 알롱 만의 굴들
15장. 사이공과 종크스 평원

16장. 프놈펜의 아름다운 저녁
17장. 시소바트 왕에게서의 불교 축제
18장. 경이로운 앙코르
19장. 사이공에서 방콕
20장. 사이암, 행복한 사이암
21장. 방콕, 극동의 베니스
22장. 사이암의 왕 화장
23장. 랑구운과 그곳의 츠베 다공 탑
24장. 페구에서, 선교사들과 함께
25장. 오래된 미얀마
26장. 만달레이와 그 곳의 450 탑들
27장. 한 달

Chevalier, Henri. **『화성 공사의 완성을 위한 축하의식 (한국), 1800』** E. J. Brill, 1898, FRE 191

I. 축성
II. 다양한 건축물
III. 건축의 상세한 내용
IV. 기계와 도구들
도판에 대한 설명.

Collier, D. M. B. **『만주국 : 아시아의 보물, 한 국가의 탄생, 인구, 풍속, 관습, 종교, 자원』** Payot, 1938, FRE 81

서문
1장. 한 국가의 출현
2장. 첫 외국의 영향들
3장. 이상한 관습이 외국적 국가를 만든다.
4장. 부유하고 아름다운 국가
5장. 두개의 중대한 악들
6장. 노동계층의 생존 조건들
7장. 새로운 국가에서의 젊은이 교육
8장. 다른 여행자들이 보고 유의하였던 것
9장. 오랜 신앙들이 아직도 남아있다.

10장. 서양의 산업주의가 만주에서 일어났다.
11장. 새로운 국가 만주국에 옛 왕조의 복귀
12장. 미래에 대한 개관

Cordier, Henri. 『동아시아 연구 보고』 Paris Ernest Leroux, 1913, FRE 348

중국 황제의 정복들

Cordier, Henri. 『동양의 역사와 지리학에 대한 논문집』 4권, Maissonneuve, 1923, FRE 255

1장. 베이징에서의 프랑스 예수회 선교사 제르비롱 신부의 편집되지 않은 5통의 편지들과 시대들.
2장. 앙드레 미쇼라는 여행가의 편집되지 않은 편지.
3장. 콘스탄트노플의 피에르 뒤프레가 트레비 존드에게 보내는 편지 (1803)
4장. 한 독일 동양전문가 : 쥘르 클라프로트.
5장. 극동에서의 뒤보아 드 장시니 선교 (1841-1846)
6장. 외스브 드 살에 대한 짧은 글들.
7장. 에두아르 쇼본느.

Cordier, Henri. 『1860-1900년 중국과 서양 강대국들간의 관계사』 Felix Alcan, 1901, FRE 50 v.1

1장. 베이징 협약들.
2장. 중국과 영국 그리고 프랑스의 오랜 관계들.
3장. 베이징에서의 전권사절들.
4장. 카톨릭 선교들
5장. 카톨릭 선교들 (계속)
6장. 러시아인들과 미국인들.
7장. 중국 정부.
8장. 1860년 전쟁의 마지막 결과들.
9장. 히앙 풍의 죽음. - 통체의 즉위. - 케츠코브스키 백작.
10장. 외국과의 다양한 조약들.

11장. 오스보른 소함대. - 세관.
12장. 태평천국의 난.
13장. 태평천국의 난. (계속)
14장. 태평천국의 난. (계속)
15장. 태평천국의 난. (계속)
16장. 다양한 반란들.
17장. 군대의 재조직. - 루터포드 알콕. - 팽의 선교.
18장. 베르테미 씨. - 한국의 사건들. - 드 랄르망 백작.
19장. 프로테스탄트 선교들. - 양추 사건.
20장. 뷔르링가메 선교.
21장. 천진 조약의 개정.
22장. 양추의 새로운 탐험. - 오스트리아 조약. - 제. 에르. 브론.
23장. 천진의 학살.
24장. 천진의 학살. (계속)
25장. 천진의 학살. (계속)
26장. 천진의 학살. (끝)
27장. 한국에서의 미국인들. - 테. 에프. 바드. - 일본 조약.
28장. 충 헤우의 선교.
29장. 중국의 각서.
30장. 창 쿠오 판의 죽음. - 쿵 왕자의 기억.
31장. 드 조프로아 씨. - 황실의 결혼.
32장. 프랑스 조약의 개정. - 황제의 성년. - 황제의 접견.
33장. 창해.
34장. 중국 이민(1874)
35장. 페루 조약. - 총애를 잃은 왕자 쿵. - 드 조프로아 씨의 출발.
36장. 마르가리 사건. - 통체의 죽음.

Cordier, Henri. 『1860-1900년 중국과 서양 강대국들간의 관계사』 Felix Alcan, 1902, FRE 50 v.2

1장. 쿠앙 신의 즉위.
2장. 외국 외교단. - 전신. - 리우 쿠안 이. - 일본. - 베트남.
3장. 선교사들의 사건들.
4장. 마르가리 사건.

5장. 중국 새해, 1876. - 포르투갈. - 캉 호아 조약. - 웬 시앙.
6장. 중국의 새해, 1877. - 새로이 개항된 항구들. - 통 체의 사망.
7장. 창 영주. - 리우의 총애를 잃음. - 리 풍 파오. - 캉 수 교구 주교.
8장. 독일 조약. 미국과의 조약들.
9장. 쿨자 사건.
10장. 쿨자 사건. (계속)
11장. 쿨자 사건. (계속)
12장. 쿨자 사건. (끝)
13장. 통킹 사건 ; 창 대영주. - 통킹에서의 프랑스.
14장. 통킹 사건 (계속)
15장. 통킹 사건 (계속)
16장. 동방의 황후의 죽움(1881). - 브라질 조약. - 초의 총애를 잃음. - 페. 그리모.
17장. 통킹 사건 (계속)
18장. 통킹 사건(계속). - 부레 씨의 출발(1883)
19장. 통킹 사건 (계속). - 휘에 조약 (아르랑), 1883년 8월 25일.
20장. 통킹 사건 (계속). - 트리쿠 씨(1883)
21장. 통킹 사건 (계속). - 드 스말 씨(1883-1884)
22장. 통킹 사건(계속). - 푸르니에 협약, 1884년 5월 2일.
23장. 통킹 사건(계속). - 박 르 (1884년 6월 23일)
24장. 통킹 사건(계속). - 휘에에서의 파트노트르 씨.
25장. 통킹 사건(끝). - 중국에서의 파트노트르 씨.
26장. 코고르당 조약(1886). - 콩스탕 조약(1887)
27장. 페. 테라스. - 콜레라. - 스바토 사건. - 리우 키우(1883). - 르 통 탕.
28장. 베이징에서의 교황의 특사와 교황대사. 1885-1886.
29장. 페탕의 이송.
30장. 선교사들의 보호령.

Cordier, Henri. 『1860-1900년 중국과 서양 강대국들간의 관계사』 Felix Alcan, 1902, FRE 50 v.3

1장. 해리 파크 경 죽음.

2장. 미얀마 합병.
3장. 르메르 씨의 접견.
4장. 타그리아뷔 대주교의 죽음, 청의 대영주 죽음, 기타.
5장. 독일 선교사들의 보호령.
6장. 전신기들.
7장. 외교 단 (1892-1893).
8장. 중국 남부 국경지역의 사이암의 사건들.
9장. 중국 남부 국경의 경계.
10장. 황제의 접견.
11장. 중일 전쟁.
12장. 중일 전쟁(계속).
13장. 협상들.
14장. 협상들.
15장. 중국의 채권.
16장. 중일 상업조약.
17장. 세-추앙 선교(1895), 기타.
18장. 프랑스의 특혜들.
19장. 리 홍 장의 여행.
20장. 쟁탈전 : 키아오-체우.
21장. 철도들.
22장. 황제의 개혁계획.
23장. 외국인들에 대한 다양한 불하들.
24장. 의화단.
25장. 카톨릭 선교.
26장. 전조들.
27장. 후기.
오타와 추가.
알파베트 목록.

Cordonnier. 『만주에서의 일본인들』 Charles-Lavauzelle, 1906, FRE 296

서문
전쟁의 원인들

전쟁 계획
I. 정치
II. 구성된 군사력
III. 군사적 노력에 대한 계산
전쟁의 장
전쟁의 지속
군사력
IV. 전략적 목적의 추구
V. 전쟁에 필요한 재정
전쟁 계획의 연구 결론
속임 활동
I. 시간 벌기. 공간 절약
극동에서의 러시아 정치 상황.
군사력 (박격포, 기병, 보병, 교육, 고위 지휘부, 병력, 군사력 배치, 군사력 조직, 수의 우위)
공간 (거리에 의한 확실성,육군의 전략 결정에 대한 함대의 영향; 리아오 양, 군대 통합의 장소).
시간
II. 속임 활동의 사용
속임 활동, 그 조직(확실성,활동의 대량화, 속임 부대의 임무)
얄루에 있는 자수리치 장군
한국에 있는 일본군
III. 후퇴하면서 전투하는 순간
전쟁에서의 위험들
IV. 전투의 급격한 변화
후퇴하면서 활동하는 부수적 전투의 급격한 변화, 전투의 급격한 변화를 유리하게 만드는 밤, 전투의 급격한 변화를 위하여 취하는 전술적 조치들. 계획된 활동에 응하기 위하여 취해진 전술적 조치들
5월의 사건들.후퇴를 조절하는 사령관. 전투의 급격한 변화에 실제 장비의 영향
러시아 군대의 재통합 과정에서의 잘못된 시도들
I. 얄루 전투 이튿날 러시아인들의 후퇴

II. 펜시우인 산맥의 방어
III. 여순항을 향한 부대이동
일본인들에 의한 적정 정찰
I. 얄루에 있는 군대
II. 얄루 통과
III. 추격전 (하마탄)
IV. 리아 퉁에 있는 2군단
V. 와팡구 전투 전야의 2, 4, 그리고 1군단
와팡구 전투
I. 여순항을 향한 러시아 군대의 행진
II. 와팡구 전투의 예비준비들
III. 일본인들의 접근 행진
6월 14일 날의 이동 명령
IV. 전면과 측면 공격을 동시에 함
V. 공격 준비중에 와팡구에 있는 러시아인들
하나의 사령관,하나의 목표, 방법들
VI. 결정

Coubertijn Pierre de. 『극동에 대한 시각들 : 한국 · 중국 · 인도차이나 · 사이암 · 미얀마』 Berger-Levrault, 1928, FRE 77

1권
머리말
아시아 제국들
머리말 - 동방제국 : 중국, 티벳, 안남, 일본, 한국
남방제국 : 인도, 실론, 버마, 시암, 캄보디아, 말레이 군도, 아프가니스탄
서방제국 : 칼데아, 페르시아, 아르메니아, 그루지야
2권
지중해 참극
머리말 - 이집트, 히브리인들, 페니키아인들, 헬레니즘, 로마, 야만족 왕국, 비잔티움, 아랍인들, 십자군, 베네치아, 교황청, 르네상스, 오스만족, 지중해의 프랑스인들과 에스파니아인들
3권

켈트족, 게르마니아족 그리고 슬라브족
머리말 - 인종, 국가, 켈트족 수호신 - 로마 가정교사직 - 프랑크족의 공격과 실패 - 게르마니아의 형성 - 영국과 스칸디나비아 국가들 - 슬라브 국가의 창설 - 신성로마제국 - 갈리아-로마의 복수 : 카페 왕조 - 앵글로-프랑스 - 15세기 말 유럽
4권
근대 민주주의 형성과 발달
머리말 - 칼 5세, 프랑스와 1세 그리고 헨리 8세 - 개혁과 반(反) 개혁 - 프랑스의 앙리 4세 : 영국의 엘리자베스 - 30년 전쟁과 베스트팔리아의 평화 - 신세계 - 루이 14세와 그의 세기 - 폴란드 분할 - 프랑스 혁명과 제국 - 그리스의 부활 - 나폴레옹 3세 ; 신유럽 - 미국의 형성 - 남미 공화국들 - 대영제국 - 빌헬름 2세와 프랑스 공화국 - 스위스 연방 - 아프리카 - 세계통합과 인간진보

Courant, Maurice. **『한국과 일본 연구에 관한 단평』** 1899, Paris Impr. nationale, FRE 318pt

Crasset, J. **『일본 교회사』** Montalant, 1715, FRE 277e2 v.1

서문. 이 역사에 우리가 당연히 가져야 할 믿음에 대하여: 그리고 무엇 때문에 사람들은 그것에 관하여 어떠한 기적들도 이야기 하지 않는가?
주장들. 1권에 포함된 책들.
왕의 특권
일본에 대한 약술
일본 교회사. 1책
일본 교회사. 2책
일본 교회사. 3책
일본 교회사. 4책
일본 교회사. 5책
일본 교회사. 6책
일본 교회사. 7책
일본 교회사. 8책
일본 교회사. 9책

일본 교회사. 10책
1권에 포함된 제목들의 목록

Crasset, J. 『일본 교회사』 Montalant, 1715, FRE 277e2 v.2

일본 교회사 : 2권
11책. 일본 주교 나가사키에 도착하였고, 궁전에 갔다
12책. 타이코사마 한국과의 전쟁을 다시 시작하였다. 새로운 필리핀 대사
13책. 일본 교회와 왕국의 상태. 나가사키의 통치자인 타라바자의 새로운 처형들
14책. 사람들은 기독교인들에 대해 행해진, 그리고 황제가 기독교를 금한 것에 따라 행해진, 무서운 처형의 원인들에 대하여 보고한다
15책. 황제는 피데요리 제후와 전쟁을 해서 그를 오자카에서 포위하였다
16책. 21명의 종교인들과 30명의 평신도들이 종교 때문에 죽었다
17책. 일본 제국과 종교의 상태
18책. 사람들은 신봉자들에게 고통을 주기 위하여 새로운 고문을 발명하였다
19책. 뛰어난 여러 기독교인들이 종교 때문에 죽었다
20책. 쇼군 황제의 죽음. 기독교인들을 고문하기 위하여 만들어진 새로운 형벌

Croisés, Feux. 『조용한 아침의 나라 : 강 영일』 plon, 1937, FRE 167

1권
1장. 유토피아의 계곡
2장. 가을의 슬픈 노래
3장. 시, 포도주와 거짓말
4장. 방탕아 아들의 결혼
5장. 가정과 봄의 생활
6장. 정원들 혹은 백련 꽃
7장. 방황하는 영혼들을 위한 축제

8장. 생의 황혼에서
9장. 타락 그러나 후퇴
10장. 근대적 교육
11장 숙명의 날

2권

12장. 서양의 위세
13장. 천 송이 백합을 향한 여행
14장. 서울에서
15장. 동양의 학생들
16장. 자살?
17장. 불멸의 여왕
18장. 버려진 마을
19장. 순수한 입술
20장. 만세(오 ! 한국, 2천년 동안 영원하리라!)
21장. 도피?
22장. 보이지 않는 관계
23장. 오 아메리카여 !

Dallet, Charles. 『한국 교회사 : 한국의 역사, 제도, 언어, 풍속, 관습들에 대한 입문서』 Victor Palme, 1874, FRE 266 v.1

1 부. 일본의 최근 경제 발전

1장. 서론

2장. 현재의 경제적 상황

1. 금 수출 금지의 재제정 후 산업과 경제적 상황
2. 자본과 노동
3. 생산과 시장
4. 상품가격과 임금
5. 자본 시장
6. 외환 교환
7. 공공 재정

3장. 최근의 경제적 발전에 영향을 준 요인들

1. 디플레이션과 통화 재팽창
2. 제조 기술 발전

3. 노동조건의 강점
4. 사회적 그리고 교육적 상황
5. 기업의 조직과 통제
6. 산업과 경제정책
2 부. 무역과 산업발전의 배경
4장. 일본 산업의 기초와 특징
1. 노동과 인구
2. 일본 산업의 특질
3. 일본의 근대산업에 있어서 본질적 요소들
5장. 원자재의 원천
1. 일본의 자연자원의 특징
2. 국내 자원과 수입 자원간의 관계
3. 원자재의 원천으로서의 만주의 중요성
6장. 자본화
1. 자본의 원천
2. 자본의 축적
3. 자본투자의 최근 발전
4. 만주에서의 일본의 투자
7장. 생산비용에 영향을 주는 경제적 요인들
1. 재료비용
2. 노동조건
3. 연료와 동력
4. 자본과 세금
5. 화물운송
8장. 산업의 조직
1. 산업정책의 발전
2. 산업통제의 현상황
3. 개혁 계획들
9장. 산업의 합리화
10장. 산업의 이익
1. 일반 개관
2. 자본과 자산
3. 사업 결과
3부. 기본 산업들

11장. 농업
1. 일반 특징들
2. 농업생산과 무역
3. 농업 생산물의 수요와 공급
4. 현 농업상황
5. 농업정책
12장. 어업
1. 일반 개관
2. 어업 분류
3. 수상 생산물의 외국무역
13장. 광업
1. 일반 개관
2. 철과 강철
3. 석탄
4. 석유
14장. 전력산업
1. 일반 개관
2. 전력 생산
3. 발전소와 송전
4. 전력소비
5. 운영과 사업 결과
4부. 주요 제조산업들
15장. 직물 산업-일반
16장. 면직물 산업
1. 일반 개관
2. 양모의 공급지들
3. 양모 방적
4. 양모 직조
5. 양모 산업에서의 통제
6. 일본 양모산업의 미래 전망
17장. 비단 산업
1. 일반 개관
2. 비단 산업의 최근 발전
3. 누에고치 재배

4. 비단 잣기
5. 비단 원료 무역
6. 비단 직물
7. 통제 기계류
8. 비단 산업의 미래 전망
18장. 다른 직물 산업들
1. 인조 견사 산업
2. 모직 산업
3. 삼, 황마, 그리고 유사 생산물의 제조업
19장. 공학과 조선
1. 일반 개관
2. 조선 산업
3. 운송 산업
4. 전기 공학산업
5. 다는 기계 산업들
20장. 화학 산업
1. 일반 개관
2. 생산
3. 수출과 수입
4. 원료
21장. 세라믹 산업
1. 유리 산업
2. 시멘트 산업
3. 도자기 산업
22장. 식료품과 식량 제조산업
1. 설탕 산업
2. 밀가루 제분 산업
3. 양조 산업
4. 통조림 음식물
5. 차 산업
23장. 다른 산업들
1. 종이 산업
2. 고무 산업
3. 담배 산업

5부. 은행, 보험, 창고업과 운송
24장. 은행
1. 발전과 현 상황
2. 은행 통합의 발전
3. 일본 은행의 기능과 재정통제
4. 은행 기금의 운용
5. 다른 재정기관들의 기금 운용
6. 무역 융자
25장. 보험
1. 생명보험
2. 해상, 화재와 다른 비생명 보험
26장. 창고업
27장. 운송
1. 육지 운송
2. 해양 운송
6부. 외국 무역에 있어서의 최근 발전
28장. 외국 무역의 팽창과 그것의 국가 경제에 대한 관계
1. 일반 개관
2. 무역 균형과 국제 회계
3. 무역 발전과 산업 생산
29장. 구성물의 변화와 지역적 분배
1. 상품 군들에 따른 외국 무역
2. 외국 무역의 지역적 분배
30장. 상품들에 따른 수출과 수입
1. 수출 무역
2. 수입 무역
31장. 목적지와 원산지에 따른 수출과 수입; 중요 시장들에서 경쟁적 상황
1. 동아시아
2. 남아시아
3. 서아시아
4. 오세아니아
5. 유럽
6. 북 아메리카

7. 중부와 남부 아메리카
8. 아프리카
32장. 일본의 외국 무역 정책
1. 일반 개관
2. 관세 체계
3. 무역증진을 위한 편의들
4. 수출과 수입의 통제
5. 무역보호법
33장. 중국, 만주국, 일본간의 경제관계들
1. 일반 개관
2. 경제적 협력의 근본적 조건들
3. 상호무역에 있어서의 문제들
7부. 결론
34장. 결론
주요 통계자료의 목록
목록

Dallet, Charles. 『한국 교회사 : 한국의 역사, 제도, 언어, 풍속, 관습들에 대한 입문서』 Victor Palme, 1874, FRE 266 v.2

제목 페이지
1권. 한국의 첫 교구장 임명 이후 1839년의 박해까지
1장. 교황 외방 선교회에 한국에서의 선교를 위임하다 - 브뤼귀에르 신부, 캅스의 주교
2장. 브뤼귀에르 신부의 여행-그가 겪은 고통과 궁핍
3장. 브뤼귀에르 신부의 여행 결과-그는 한국인들과 접촉에 들어갔다.
4장. 브뤼귀에르 신부의 죽음-모방 씨 한국에 들어감
5장. 샤스탕 씨 입국-기독교도 상황
6장. 엥베르 신부, 캅스의 부주교
2권. 1839년의 박해.
1장. 박해의 시작-최초의 처형들
2장. 박해는 한층 더 폭력적이었다-선교사들의 체포-그들의 순교

3장. 수도와 지방에서의 수 많은 순교자들
4장. 박해의 결과-왕의 포고령-전라 지역의 순교자들
5장. 마지막 처형들-전도사 장 니-팽의 편지-박해의 종결

3권. 박해의 종결로부터 한국의 세번째 교구장, 페레올 신부의 죽음까지
1장. 페레올 신부의 한국 입국을 위한 첫 시도들-기독교도의 상황-1841년의 순교자들
2장. 아편 전쟁-김 앙드르의 한국 입국을 위한 이중의 시도-페레올 신부 교구장으로 임명됨
3장. 김 앙드르 세 번째 여행-페레올 신부와 다블뤼 씨 한국에 입국하였다.
4장. 페레올의 도착 시 선교 상황-메스트르 씨의 헛된 새로운 시도-김 앙드르 신부의 순교
5장. 1846년의 순교자들-신도회의 설립-선교사들의 활동
6장. 한국 해안에서의 '영광'과 '승리'호의 침몰-최 토마스 신부의 입국-그의 첫 활동-선교의 상태
7장. 메스트르와 장수 씨의 헛된 시도-메스트르 씨 결국 한국 잠입-페레올 신부의 죽음

4권. 페레올 신부의 죽음부터 철종 왕의 죽음까지
1장. 선교사들의 활동-장수 씨의 도착과 죽음-베르늬, 캅스의 주교와 한국 교구장
2장. 베르늬 신부 푸르티 씨와 프티니콜라 씨와 함께 한국 입국하다-그의 첫 교구 활동
3장. 다블뤼 신부가 보좌주교로 축성되었다-페롱 씨의 도착-1857년과 1858년도 중의 복음의 전파-메스트르 씨의 죽음
4장. 1860년의 박해-베이징의 점령 소식에 대한 한국인들의 공포-4명의 선교사들의 입국- 최 토마스 신부의 죽음
5장. 민중 봉기들-요안누 씨와 랑드르 씨의 죽음-오말트르 씨의 도착-선교사들의 활동과 성공-철종의 죽음

5권. 철종의 죽음으로부터 프랑스 탐험대의 귀환까지
1장. 왕의 승하 시 한국에서의 선교상황-브르드니에르, 도리에, 보리외, 그리고 후냉 씨들의 도착-사비에르 청와 장니의 순교

2장. 1866년의 박해-베르뇌 신부와 브르트니에르, 보리외, 도리에 씨들의 순교-푸르티에 씨와 프티니콜라 씨의 순교-다블뤼 신부와 오말트르 씨와 후냉씨의 순교-토착민 순교자들

3장. 지방의 순교자들-생존한 세 명의 선교사들-한국에 대한 프랑스의 원정-군주의 편지는 한국인들에게 종교적 의식을 집행하였다

Donnet, Gaston. 『러일 전쟁사』 Librairie Ch. Delagrave, 1904, FRE 352

N° 1 첫 번째 시리즈 1904년 3월 5일 토요일
N° 2 첫 번째 시리즈 1904년 3월 12일
N° 3 첫 번째 시리즈 1904년 3월 19일
N° 4 첫 번째 시리즈 1904년 3월 26일
N° 5 첫 번째 시리즈 1904년 4월 2일
N° 6 첫 번째 시리즈 1904년 4월 9일
N° 7 첫 번째 시리즈 1904년 4월 16일
N° 8 첫 번째 시리즈 1904년 4월 23일
N° 9 첫 번째 시리즈 1904년 4월 30일
N° 10 첫 번째 시리즈 1904년 5월 7일
N° 11 두 번째 시리즈 1904년 5월 14일
N° 12 두 번째 시리즈 1904년 5월 21일
N° 13 두 번째 시리즈 1904년 5월 28일
N° 14 두 번째 시리즈 1904년 6월 4일
N° 15 두 번째 시리즈 1904년 6월 11일
N° 16 두 번째 시리즈 1904년 6월 18일
N° 17 두 번째 시리즈 1904년 6월 25일
N° 18 두 번째 시리즈 1904년 7월 2일
N° 19 두 번째 시리즈 1904년 7월 9일
N° 20 두 번째 시리즈 1904년 7월 16일
N° 21 세 번째 시리즈 1904년 7월 23일
N° 22 세 번째 시리즈 1904년 7월 30일
N° 23 세 번째 시리즈 1904년 8월 6일
N° 24 세 번째 시리즈 1904년 8월 13일

N° 25 세 번째 시리즈 1904년 8월 20일
N° 26 세 번째 시리즈 1904년 8월 27일
N° 27 세 번째 시리즈 1904년 9월 3일
N° 28 세 번째 시리즈 1904년 9월 10일
N° 29 세 번째 시리즈 1904년 9월 17일
N° 30 세 번째 시리즈 1904년 9월 24일
N° 31 네 번째 시리즈 1904년 10월 1일
N° 32 네 번째 시리즈 1904년 10월 8일
N° 33 네 번째 시리즈 1904년 10월 15일
N° 34 네 번째 시리즈 1904년 10월 22일
N° 35 네 번째 시리즈 1904년 10월 29일
N° 36 네 번째 시리즈 1904년 11월 5일
N° 37 네 번째 시리즈 1904년 11월 12일
N° 38 네 번째 시리즈 1904년 11월 19일
N° 39 네 번째 시리즈 1904년 11월 26일
N° 40 네 번째 시리즈 1904년 12월 3일

Duboscq, André. 『강대국의 위협에 직면하고 있는 중국』 Delagrave, 1926, FRE 237

중국 지도
서문, 작크 앙셀에 의해서
1장. 중국 문제
　　심리학적 자료
　　정치적 자료
2장. 과거
　　중국 문명의 지리학적 배경
　　외국과의 관계들
　　만주 왕조에 대한 반란
3장. 젊은 중국인들
　　반 외국 감정의 원인들
　　볼셰비키의 선전
　　중국의 새로운 것
4장.

간접적인 시위 운동들
새로운 도덕 속에서 국가에 대한 생각
직접적 시위 운동들
공식적 청원서들

5장.

평화회의
워싱톤 회의
개항의 원리

6장.

신 중국 문명
외국과의 관계의 재조정

부록. 중국에서 프랑스의 지적 위치

인용된 지리학적 이름들의 중요성

Duboscq, André. 『아시아에 대한 영감』 Fernand Sorlot, 1943, FRE 244

I. 아시아에서의 새로운 인식
II. 불교의 부활
III. 선구자 : 오카쿠라(카쿠소)
IV. 어떤 유일한 책: <>
V. 아시아의 진정한 모습
VI. 결론

Duboscq, André. 『아시아의 통일성』 Editions Du Fleuve, 1940, FRE 125

I. 그 정의와 본질
II. 평화의 시대의 그 결과들
III. 전쟁의 시대의 그 결과들
IV. 국제 정치에 있어서 그 영향

Duboscq, André. 『일본인들』 Société d'Editions Francaises et Internationales, 1947, FRE 154

일러두기

I. 아시아의 영향력과 모습
II. 일본의 새로운 변화를 향해서

III. 일본인들의 문화적 발전에 대한 개관
IV. 일본인의 도덕적 생활에서 있어서 주요한 감정들
V. ((대 동아시아))
VI. 패배의 영향
VII. 일본과 아시아의 국민들

부록 I. 일본에 대한 포스담의 마지막 통첩
부록 II. 일본의 항복 문서
부록 III. 오카쿠라(카쿠조)에 의한, 아시아의 각성 발췌문
일본의 정치사의 주요 날짜들

Dufay, M. Jules. 『아시아, 1: 여행의 역사 : 세계의 이 지역에 존재하는, 전쟁, 풍속, 생산품들, 일화들』 De Courval et Cie, 1826, FRE 187 v.1

I. 프랑스와 피라르 여행
II. 몰디브 제도
III. 실론 섬
IV. 수마트라 섬
V. 자바 섬
VI. 바타비아
VII. 보르네오
VIII. 몰뤼크 제도
IX. 티모르. 셀레베 제도
X. 필리핀 제도. 마리안느 제도
XI. 말라바르 해안
XII. 쉬라트
XIII. 고아
XIV. 골콩드
XV. 코로망델 해안의 프랑스 시설들
XVI. 귀자라트, 캄베이 그리고 비자푸르
XVII. 힌두스탄에서의 카바레 주인의 여행
XVIII. 힌두스탄
XIX. 카쉬미르에서 베르니에의 여행
XX. 아라칸. 페구. 부탄. 아삼. 코친차이나
XXI. 통킹
XXII. 타차르 신부의 사이암 여행

Dufay, M. Jules. 『아시아, 1: 여행의 역사 : 세계의 이 지역에 존재하는, 전쟁, 풍속, 생산품들, 일화들』 De Courval et Cie, 1826, FRE 187 v.2

1 장. 사이암.
2 장. 동 인도의 자연사.
3 장. 13세기 이후부터 오늘날 까지의 중국에서의 서로 다른 여행들의 개요.
4 장. 중국에서의 네덜란드 인들의 여행, 협상, 그리고 기업들.
5 장. 나바레트 여행, 예수회원들의 선교.
6 장. 러시아 대사관. 게멜리, 카레리, 그리고 다른 여행자들로부터 얻어낸 관찰들.
7 장. 중국의 15개 지방들에 대한 기술.
8 장. 중국인들의 풍속.
9 장. 중국민의 서로 다른 계층으로의 구분.
10 장. 중국인들의 과학, 천문학, 의학, 음악, 시, 역사, 도덕, 시, 역사, 도덕, 언어.
11 장. 종교. 콩푸체 혹은 공자.
12 장. 중국 정부.
13 장. 중국의 자연사.

Dufay, M. Jules. **『아시아, 1: 여행의 역사 : 세계의 이 지역에 존재하는, 전쟁, 풍속, 생산품들, 일화들』** De Courval et Cie, 1826, FRE 187 v.3

I. 한국에 대하여
II. 리우 제도. - 키우
III. 만주. - 몽골
IV. 칼무키 혹은 엘뢰트 지방
V. 티베트
VI. 부카리아의 오지
VII. 독립 타타르
VIII. 시베리아에 대하여
이전 장에 대한 보충.
사모미오에드인들과 오스티아크인들.
IX. 러시아인들에 의한 캄차카 발견과 점령
X. 캄차카 거주자들
XI. 시베리아에서의 샤페 신부의 여행
XII. 캄차카 이웃 나라와 국민들
XIII. 일본
XIV. 일본인들의 정부, 풍속, 그리고 종교
XV. 일본의 자연사

Dupont. 『한국의 장식 : 48 삽화』 Maurice Librairie des Arts Décoratifs , 1920, FRE 42

Escarra, Jean. 『중일전쟁과 국제연맹』 Publications de la Conciliation Internationale, 1933, FRE 114

서문
중일전쟁과 국제연맹, 쟝 에까라
머리말
I. 만주, 중국과의 관계
II. 1895년 이후 만주의 국제적인 여건
III. 만주에서의 일본의 지위와 권리
IV. 1931년 9월 18일 이후 일본의 행동과 법적논쟁
V. 국제법에 비추어 본 일본의 행동
만주에 있어 일본의 지위와 행한 일 그리고 정책, 쟝 레이
I. 국제연맹과 만주사건
II. 중국통치권 문제
III. 일본의 권리
IV. 투쟁
V. 만주의 새로운 국가
VI. 만주문제와 정치

Eyries, J. B. 『아시아와 아프리카의 정취있는 여행 : 고대와 근대의 여행들에 대한 일반적 요약』 Chez Furne et Cie, 1839, FRE 181

제목 페이지
아시아에서의 정취있는 여행
1 장. 시베리아
2 장. 시베리아
3 장. 시베리아
4 장. 시베리아
5 장. 시베리아
6 장. 시베리아
7 장. 시베리아
8 장. 시베리아

9 장. 시베리아
10 장. 시베리아
11 장. 시베리아
12 장. 시베리아
13 장. 시베리아
14 장. 시베리아
15 장. 시베리아
16 장. 시베리아
17 장. 시베리아
18 장. 시베리아
19 장. 쿠릴 열도
20 장. 이에소
21 장. 이에소
22 장. 이에소
23 장. 일본
24 장. 일본인들에 대한 일반적 관찰
25 장. 리에오 키에우 제도
26 장. 중국 제국
27 장. 중국 제국
28 장. 중국 제국
29 장. 중국 제국
30 장. 중국 제국
31 장. 중국 제국
32 장. 중국 제국
33 장. 안남 제국 혹은 통킹
34 장. 사이암 왕국
35 장. 말라르 반도
36 장. 메르귀 군도
37 장. 버마 제국
38 장. 니코바르와 안다만 군도들
39 장. 아라칸
40 장. 히말라야 산맥
41 장. 네팔
42 장. 힌두스탄

43 장. 힌두스탄
44 장. 힌두스탄
45 장. 힌두스탄
46 장. 힌두스탄
47 장. 힌두스탄
48 장. 힌두스탄
49 장. 힌두스탄
50 장. 실론
51 장. 몰디브와 라케디 베스
52 장. 힌두스탄
53 장. 힌두스탄
54 장. 힌두스탄
55 장. 힌두스탄
56 장. 라호르 왕국
57 장. 물탄
58 장. 신디
59 장. 벨루치스탄
60 장. 아프카니스탄
61 장. 튀르크스탄
62 장. 페르시아
63 장. 러시아 제국
64 장. 러시아 제국
65 장. 러시아 제국
66 장. 오스만 제국
67 장. 오스만 제국
68 장. 오스만 제국
69 장. 아라비아
장들의 목차
알파베트 목차와 분석적 목차
아프리카의 정취있는 여행
1 장. 이집트
2 장. 뉘비
3 장. 아비시니아
4 장. 아장과 장귀바 해안들

5 장. 모잠비크
6 장. 코모르 제도와 세첼 제도
7 장. 마다가스카르
8 장. 부르봉 섬
9 장. 모리스 섬
10 장. 카프레리
11 장. 희망봉 식민지
12 장. 콩고
13 장. 세인트 헬레나 섬-아상시옹 섬
14 장. 기니아
15 장. 세네감비
16 장. 베르 곶 제도.-아조레스.-마디라.-카나리아
17 장. 사하라
18 장. 수단
19 장. 오아시스
20 장. 바르카와 트리폴리
21 장. 튀니지
22 장. 알제리
23 장. 모로코 제국
장들의 목차
알파베트와 분석적 목차

Farrere, Claude. 『나의 여행들 : 극동의 산책』 Ernest Flammarion, 1924, FRE 6

1. 마르세유에서 사이공까지
2. 인도 차이나
3. 중국에서
4. 중국인들의 자화상
5. 고대 일본
6. 현대 일본

Farrere, Claude. 『동양의 영적 세력들 : 인도- 중국-일본-터키』 Flammarion, 1937, FRE 157

I. 루디야드 키플링,인도에 유럽인들의 소개와 안내자
II. 킴과 인도의 남성들
III. 인도의 정글
IV. 중국의 영적 세력들
V. 일본의 영적 세력들
VI. 터키의 영적 세력들

Farrere, Claude. 『라 페루즈의 여행 1785-1788』 La Renaissance du Livre, 1930, FRE 148

머리말.
밀레-뮈로의 서언 발췌문.
여행의 첫 해.
1785년 8월. 여행의 동기.
1785년 9월. 1785년 10월.
1785년 11월과 12월.
1786년 1월과 2월.
1786년 3월과 4월.
1786년 5월.
1786년 6월.
1786년 7월.
나침판.
천문 관측의.
여행의 두번째 해.
1786년 8월과 9월.
1786년 10월과 11월.
1786년 12월.
1787년 1월.
1787년 2월.
1787년 3월.
1787년 4월-5월.
1787년 5월.
1787년 6월.
1787년 7월.

여행의 세번째 해.

1787년 8월.

1787년 9월.

1787년 10월과 11월.

1787년 12월.

1788년 1월.

부록.

간략 서지.

Farrere, Claude. 『아시아의 대비극』 Flammarion, 1938, FRE 144

1 부. 토쿄와 그 교외

I. 귀환
II. 일본은 변화하였는가?
III. 일본의 정신
IV. 토쿄의 교외
V. 매우 늙은 아시아

2 부. 중국과 일본 1938

I. 서막이 시작되기 위하여
II. 일본이 원하는 것
III. 자유민들의 의견
IV. 상하이 공격
V. 반일본 선동들
VI. 권리의 문제
VII. 운명
VIII. 일본의 실수들
IX. 완전히 똑같이
X. 프일 우의

Farrere, Claude. 『아시아의 문들에 대한 경계』 Gutenberg, 1946, FRE 142

머리말 1945

머리말 1922

후기

Fleming, Peter. 『타타르의 중심에서』 Gallimard, 1938, FRE 116

머리말
1부. 어려움에 직면하여
I. 행동개시 예정 시간
II. 중심인물
III. 둘이서
IV. 금지적 지방
V. 추방과 무장
VI. 일련의 악몽
VII. 종착역
VIII. 급정지
IX. 화물 자동차와 리우 판 산
X. 죄수들은 보았다.
2부. 최대한의 복구
I. 산길
II. 실패?
III. 명령들
IV. 거대한 라마교 승원
V. 관리들로부터 멀리 떨어져
VI. 훌륭한 사마리아 사람들
3부. 창공을 향하여
I. 초과 수하물 없이
II. 준 왕자
III. 악마의 호수
IV. 행진하는 대상
V. 바람과 야생 당나귀에 대하여
VI. 세상의 끝을 향한 야간 행진
4부. 사람이 살지 않는 땅
I. 사라진 도시
II. 참을성
III. 실속없는 날들
IV. 훌륭한 팀
V. 아무렇게나
VI. 활동하고 있는 보로디쉰
5부. 어떤 농촌지역의 아무것도 없음
I. 보론 콜의 목구멍
II. 미친 사람

III. 터번을 둘러쓴 사람들
IV. 기념일
V. 재난
VI. 슬라롬에 대한 작별
VII. 풀, 인간, 소식들에 대하여
VIII. 탈라사, 탈라사
IX. 세계에서 가장 좋은 것
X. 영국의 규칙

6부. 사막의 길

I. 불길한 일
II. 붉은 군대는 협력하였다.
III. 러시아의 방식
IV. 새로운 제국주의자들
V. 찾다.
VI. 목마름
VII. 모래
VIII. 케리야의 뻐꾸기
IX. 법 이외의 중요한 것이구나!
X. 코탄
XI. 사라진 우두머리
XII. 통간 영토의 끝
XIII. 말탄 부랑자들

7부. 세계의 지붕

I. 카스가르 레 뱅
II. 튀르크스탄 위의 측면들
III. 파미르의 중심에서
IV. 중국에서의 마지막 도시
V. 러시아 중개인
VI. 천 마리의 야생 염소의 목
VII. 우리의 집들로부터의 소식들에 대하여
VIII. 대환영
IX. 사이브인들
X. 결국 끝내다.
XI 마지막 역주
XII. 화려한 입성

Frankenstein Marc. 『한국 동란 앞의 유엔기구 L'Organisation des Nations Unies』 Édition A. Pedone, 1952, FRE 76

1장. 유엔의 권한
2장. 6월 27일의 결의안
3장. 한국 유엔 위원회
4장. 대만
5장. 중국 대표
6장. 8개국 결의안
7장. 7 강대국 결의안
8장. 의회 권한의 강화
9장. 6개 제안
10장. 석세스 호수의 북경 대표부
11장. 트루만-아들리 회담
12장. 아시아 13국 결의안
13장. 삼국회의
14장. 연방안
15장. 중국의 비난
16장. 휴전

Galli, Henri. 『극동에서의 전쟁 : 러시아인들과 일본인들』 Garnier Freres, 1905, FRE 186

Gérard, A. 『극동 동맹국들』 Payot, 1918, FRE 12

머리말
일본의 문화

I. 급격한 변화
II. 유럽과 황인종들
III. 중일 전쟁
IV. 1900년의 전투. 복서의 난
V. 베이징에서
VI. 전쟁의 기원과 원인
VII. 첫 공격
VIII. 러시아 군대
IX. 일본 군대
X. 보건 서비스
XI. 한국에서

XII. 재개시 된 여순항에 대한 공격들
XIII. 블라디보스톡 폭격
XIV. 시베리아 횡단철도. 모스코바로 부터 극동에.
XV. 토쿄
XVI. 유조선 공격당하고 침몰되다. 마하로프의 죽음
XVII. 압록강에서의 전진
XVIII. 압록강 통과
XIX. 여순 항 투자
XX. 킨체우 전투
XXI. 전위 전투
XXII. 전투 계획
XXIII. 태평양 함대. 대담한 기습
XXIV. 우아판구 전투
XXV. 러시아의 후퇴
XXVI. 전쟁의 결과
XXVII. 캐팽 철수
XXVIII. 여순 항 포위
XXIX. 스키리드로프 함대 기습
XXX. 기병대의 무훈
XXXI. 해창
XXXII. 랴오양에 집중
XXXIII. 랴오양

전쟁기간 중 일본의 노력

러일조약

미국과 극동

일본 오페라

Gers Paul. 『1900년』 Ed. Crété, Imprimeur, FRE 43

Girard, M. O. 『프랑스와 중국 : 고대와 근대의 중국인들의 공적이고 사적 생활 : 프랑스의 과거와 미래』 (1권), Hachette, 1869, FRE 51

1권

머리말

서론 장. 중국에 대한 일반적 고찰

I. 중국 제국의 장대함과 고대성 ; 그 첫 기원들의 난해함
II. 고대인들의 안 알려진 중국 ; 그 첫 아랍 탐험

여행가들; 마르코 폴로
III. 유럽으로부터 결정적으로 알려진 중국의 존재
IV. 중국에서의 프랑스 군사 원정; 그 목적의 정당성
1장. 중국과 그 수도
I. 그 제국의 이웃 국민들에 의해 중국에 주어진 다양한 이름들
II. 중국 제국의 수도, 베이징에 대한 기술
III. 앞에서 계속. 제국의 궁전 혹은 "금지된 도시"
2장. 중국인들의 모습
I. 남성들의 모습. 중국인들과 타타르 인들에 공통적인 몽골 종족의 특징적 용모들
II. 여성들의 모습. 중국 여인의 인물
III. 중국인들의 도덕적 특징. 장점과 단점들
3장. 중국인들의 공적 제도들-정부와 행정
I. 중국인들의 공적 제도에 대한 일반적 개관
II. 중국 정부에 대하여. 그 군주제적 형태와 그 가부장적 기원
III. 중국 황제들의 권력의 범위와 의무들
IV. 황제 가족. 그 조직. 충진푸 법정
V. 황후 ; 그 신분의 상승 ; 그 절대적 권력의 특징적 표시들
4장. 시민들의 다양한 계급들
I. 특권 인들의 2신분
II. 시민들의 7 신분
III. 군대의 고관들
IV. 전투원들
5장. 정부와 행정
I. 중국 제국의 중요 행정기관 들에 대한 일반적 고찰
II. 네이 코 혹은 " 황제 위원회 "
III. 키웅 킨 추 혹은 " 사적 위원회" ; 그 구성
6장. 중국인들의 공적 제도들
I. 이러한 대 회의들의 구성; 그 권한들
II. 행정부의 시민 고관들
III. 제1 최종 회의의 하위 회의들 혹은 분과들 ; " 인원 이동 감독처"
7장. 제2 최종 회의 혹은 재정 대회의
I. 이 대법회의 일반적 권한들, 그들의 수와 ...
II. 인구조사와 토지 조사

III. 세금의 분배
IV. 지출예산
V. 중국의 화폐들. 구리 돈
VI. 돈에 대한 관심에 대하여
VII. 수안 판 혹은 중국인들의 산술기
VIII. 중국인들의 무게와 측정
I. 길이의 측정과 지리학적 거리 측정
1. 중국인들, 그 구성과 그 세분
2. 걸음과 중국인들
3. 중국의 허파 혹은 아르팡(약 1에이커)
II. 중국의 무게
IX. 중국의 세관
8장. 제3 최종 회의 혹은 관습에 관한 대법원
I. 중국에서의 관습의 중요성
II. 제3 최종 회의의 하위 법원들
III. 외국 방문객들과 대사들과 관련된 행사
I. 궁전에 제출된 조공들에 관한 행사
II. 국가의 신임장, 조공, 생산물들의 제출
III. 황제의 장엄한 접견
IV. 황제에 의한 선물 전달
V. 대사의 배웅
9장. 제4 최종 회의 혹은 군대의 대회의
I. 국민들에게서의 일반적 대의와 중국에서의 군사 조직의 특별한 필요성
II. 군대의 대회의의 일반적 권한들
III. 군사적 지위회의
IV. 마차와 말들의 회의
V. 식량과 군사적 물자들의 회의
VI. 중국인들의 고대와 근대 포병
VII. 군사적 검열과 감찰
VIII. 중국 해군. 중국 해군의 열등함 ; 그 원인들
10장. 제5 최종회의 혹은 사법 대회의
I. 중국 법정에서의 적용 다양성
II. 민사와 형사 절차
III. 중국 법전
IV. 범죄들과 하위의 경범죄들에 과해진 형벌들의 본성과 지시
V. 중국에서 엄밀하게 말하여 사법관들의 부재

VI. 중국에서의 형벌의 원리

11장. 제6 최종회의 혹은 공공사업 대회의
- I. 이 회의의 중요성 ; 그 일반적 권한들, 그 4개의 하위 회의들 혹은 주요 부처들
- II. 제6 최종회의의 3번째 부처 혹은 다리와 도로의 하위회의
- III. 중국의 운하와 호수
- IV. 다리
- V. 중국의 길, 그것들의 옛 아름다움
- VI. 중국의 길들에서의 통행의 중요성
- VII. 공공사업 회의의 4번째 부처
- VIII. 중국 여행

12장. 제국의 고위 행정부의 보충 제도들
- I. 식민지 청
- II. 검열 회의 ; 그것의 제국의 모든 행정 기관들에 대한 도덕적 작용 ; 그것의 놀라운 영향
- III. 한린의 제국학회; 이 유명한 학회의 설립 기원 ; 그 특권들과 그 의무들

13장. 중국 국민의 면죄권과 자유
- I. 고관들을 위한 혹은 불리한 표현들의 자유

2권

14장. 중국인들의 내부. 식사, 음식물, 음료
- I. 중국인들의 가정 내부와 관습 : 중국인들의 집들
- II. 중국인들의 식사
- III. 중국인들의 음식물과 음료
- IV. 중국인들의 음료

15장. 결혼, 교육과 훈련, 장례식 그리고 묘지들
- I. 중국인들의 결혼
- II. 자녀들의 교육
- III. 중국인들의 장례와 묘지들

16장. 축제와 공적 행사들. 중국인들의 특별한 대중적 오락
- I. 축제와 공적 행사들
- II. 중국인들의 대중적 오락들과 특수한 놀이들

17장. 중국인들의 공적이고 사적인 정중함
- I. 중국인들의 사적이고 공적인 관계에 있어서 관습법의 영향
- II. 중국인들과 교제하는 방법

18장. 중국인들의 육체적이고 도덕적 비참함
I. 중국인들의 육체적 비참함
II. 중국인들의 도덕적 비참함
III. 중국인들의 도덕적 비참함
IV. 중국인들의 도덕적 비참함
19장. 중국인들의 공적이고 사적 자선 기관들
I. 공적 곡식 저장소
II. 중국의 고아원들
20장. 중국인들의 종교와 철학
I. 중국인들의 성격과 실제 종교적 상태에 대한 여론의 불일치
II. 중국의 오랜 종교적 전통에 대한 설명
III. 고대 중국인들의 인사의 본질과 진수에 대한 관념
IV. 중국인들의 고대 희생
V. 중국에서의 우상숭배의 신앙
VI. 공자의 원리
VII. 중국에서의 불교
VIII. 중국인들의 특별한 미신들
21장. 중국의 문학
I. 중국어
II. 신성한 경서 혹은 책들, 그리고 고전 책들
III. 역사적 책들
IV. 중국인들의 시
V. 극의 각본들
VI. 중국의 소설들
VII. 중국의 웅변술
22장. 중국에서의 과학과 예술의 상태
I. 중국인들의 과학적 인식들
II. 천문학
III. 의학. 중국인들에 금지된 해부학
IV. 중국인들의 예술적 인식
V. 회화와 조각
23장. 중국인들의 산업
I. 중국인들의 산업적 재질
II. 도자기 예술
III. 자기의 회화
IV. 중국의 직물업
V. 중국의 염색업

VI. 중국의 활판인쇄술
24장. 자연 생산물, 중국의 특별한 문화와 상업
I. 중국의 자연 생산물
II. 중국인들의 특별한 문화와 산업
III. 중국인들의 특별한 문화와 산업
IV. 중국인들의 특별한 문화와 산업
V. 중국인들의 특별한 문화와 산업
VI. 중국인들의 상업
25장. 결론

Gonnel, Suzanne. **『우리는 극동을 향해 출발하였다』** Chanth, 1944, FRE 233

1부. 바다에서
2부. 육지에서
3부. 천자에게서 그리고 일본에 대하여

Gowen, Herbert H. **『일본사 : 기원부터 오늘 날까지』** Payot, 1933, FRE 83

머리말
서론. 왜 일본사를 배워야만 하는가?
1장. 서문
2장. 기원, 종족, 언어
3장. 신화시대의 일본
4장. 전설시대의 일본
5장. 원시시대의 일본
6장. 원사시대
7장. 불교의 도래
8장. 대 개혁
9장. 대발견
10장. 나라 시대
11장. 쿄토로의 수도 이전
12장. 미나모토에 대항하는 타이라
13장I. 호조 가문의 섭정(1199-1333)

14장. 호조 문명
15장. 아쉬카가 막부
16장. 첫 외국인들과의 접촉
17장. 군사독재
18장. 히데요시 섭정
19장. 첫 토쿠가와 막부
20장. 이예야수(1605-1651)의 첫 계승자들
21장. 이에수마 막부에서 이예수구 막부까지 (1651-1716)
22장. 요쉬무네 막부에서 이에하루 막부까지 (1716-1786)
23장. 이예나리아 막부에서 페리 도착까지 (1787-1853)
24장. 일본 재개항(1853-1854)
25장. 메이지 시대의 시작
26장. 팽창이 시대
27장. 메이지 시대의 마지막 해들
28장. 타이쇼의 새로운 시대
29장. 대전의 결과들
30장. 대지진과 그 결과들
31장. 쇼와 시대의 출발
부록I. 일본제국의 헌법. 토쿄, 1889년 2월 11일
부록2. 일본과 미국사이의 첫 조약, 1854년. 평화, 우호와 상업 조약
부록3. 1902년 1월 30일 영일조약
부록4. 일본과 영국사이에 맺어진 협약, 1905년 8월 12일에 서명된
부록5. 신사협정
부록6. 일본과 사회주의 공화국 소련 연방 사이의 관계를 주도할 기본 규칙에 관한 협정, 1925년 1월 20일 베이징에서 서명된
시대와 통치기간들

Grande, Julian. 『세계 속의 일본의 위치』 Parisis-Editions, 1934, FRE 123

번역자의 머리말
서론
I. 예측
II. 추세
III. 정책
IV. 우리의 옛 동맹국

V. 노동자들과 지식인들에게서
VI. 중요한 계층들
VII. 부주의한 몇가지 오해들
VIII. 일본과 국제연맹
IX. 제네바와 만주국
X. 일본과 국제 노동 위원회
XI. 일본의 관점에 대한 짤막한 설명
XII. 일본과 영국 문명
XIII. 중국
XIV. 여성들의 도박장
XV. 베이징의 약탈
XVI. 일본 군대
XVII. 제출
XVIII. 만주국은 인정받을 것인가?
XIX. 동양의 문
색인

Grangier, L. 『부르주아를 위한 새해 선물들 : 도시와 시골의 달력 : 29번째 해』 Fragnière, 1895, FRE 231

1부.
봉건적 관청
입법 관청
집행과 행정 관청., 국가회의
I. 공교육부
II. 사법과 신앙부
III. 재무부
IV. 내무부
V. 공공 공사부
VI. 경찰부
VII. 전쟁부
도지사 대표들
대표들
사법권, 재판, 순회재판소
공공 은행기관들
호적 관리들
우체국과 전신국들
2부.

프랑스와 이냐스 카스텔라에 의해서 이 국가에서 발생한 사건들의 주석들 발췌문들(계속) (제. 그레모 씨)
호상 거주자 시대의 새로운 물품(엠. 뮈시 씨)
송어 (앙드레 트외리에 씨)
점성술과 16세기 프리부르그에서의 달력들 (단토왕 파브르 씨)
한국, 프리부르그의 선교사 편지들(피에르 파퀴에 신부)
점성술용 일 푼을 위하여
코르다스트의 석총들(막스 드 디에스바흐 씨)
쥘리아 알피뷜라 (에티엔 프랑니에르 씨)
호적, 가족 명부, 그리고 추억거리의 비망록에 관하여 (아. 부르퀴 씨)
민중적이고 미신 신앙들(에. 프랑니에르 씨)
동양에서의 여행 중 돌발사건(수도 참사회원 장 콰르트누 씨)
오고즈에 있는 기점(에프. 라이흐렌 씨)
뷔스테르넨 앙 오고즈에 있는 고대 무덤 발견 (에프. 라이흐렌 씨)
카나리아 제도에서(오그. 라에미 씨)
추도문들 : 에프. 으. 후그 씨

프랑스와, 자비에 필리에 신부 (에프. 파후드 씨)
오귀스 레미 씨
클로드 빙클러 씨
에두아르드 드 디에스바흐 씨(아쉬. 샬러)
샤를르 오귀스트 폰 데어 바이드 씨
수도 참사회원 괘트쉬만 씨
장 알렉스 씨. 다귀에 (제이. 슈뇌브리 씨)
오귀스트 마르미에 씨
뤼시앙 모라르 씨
프랑스와 보네 씨(에르. 페. 베르티에)
조세프 디디므 레이 씨(오. 포샤르 씨)

뉘톤니안 일화들
프리부르주아의 음악과 합창
도시와 시골의 별명들

대중 합창곡과 노래들
소악장들과 초보적 원무곡들
고고학적 수수께끼, 수수께끼, 불가사의, 기타 등등

Grousset, René. 『극동의 역사』 Librairie Orientaliste Paul Geuthner, 1929, FRE 14 v.1-2

III 장. 몽골 제국
1. 징기스칸
12세기의 터키-몽골 세계
징기스칸에 의한 몽골의 통일
북중국에서 징기스칸의 전투
카라히테 제국의 몰락. 몽골인들에 의한 카츠가리 정복
징기스칸에 의한 화리즈미안 제국의 파괴
징기스칸의 활동
2. 징기스칸 왕국의 초기 세명의 왕들
오고대 통치. 킨 왕국의 병합
몽골인들에 의한 페르시아와 아나톨리 점령
유럽 전투. 러시아 점령. 폴란드와 헝가리 침입
투라키나 섭정과 쿠유크 통치
몽카 통치
페르시아에서의 훌라구 원정과 중국에서의 쿠빌라이 원정
3. 중국의 몽골 제국
쿠빌라이 즉위
쿠빌라이에 의한 남중국 점령
몽골인들의 일본, 인도차이나, 그리고 자바 원정
쿠빌라이와 카이두
쿠빌라이 정부. 몽골 정책과 중국 정책
쿠빌라이의 종교 정책, 불교 그리고 네스토리우스 교
마르코 폴로 여행
마르코 폴로 시대의 극동 무역
몽골 왕조하의 중국에서 카톨릭교

중국의 몽골 제국과 다른 징기스칸 제국의 한국들.
카가테 한국에 대한 개관
연 왕국하의 중국에서의 문학과 예술
IV 장. 명과 만주의 중국
1. 명
중국 독립의 회복
용로 통치
용로 이후 명 왕조
명 왕조하의 문학과 예술. 회화와 조각
명 왕조하의 도자기
명 시대의 티베트. 라마교의 개혁
2. 만주 왕조
만주인들에 의한 중국 점령
코싱카와 타이완 왕국
캉히 통치. 남부연합의 자치 억압
캉히와 엘뢰트 인들
양쳉, 키앙롱의 통치. 엘뢰트 파괴
티베트, 네팔, 버마에서의 키앙롱 정책
청 왕국의 예술. 도자기
V 장. 인도차이나
1. 인도의 영향. 캄족과 크메르족
인도차이나의 종족들
11세기까지의 캄파
11세기까지의 크메르 제국의 역사
캄보지아와 캄파의 투쟁
캄의 예술
크메르 예술, 건축
크메르 예술. 조각과 저부조
크메르 예술과 필립 스턴 씨의 새로운 연대기
사이암의 역사
14세기까지의 페구와 버마L
뷔렌 나운에서 알라운프라까지. 사이암과 버마의 투쟁들
2. 중국의 영향. 안남인들

고대 안남. 중국의 지배
통킹과 탄호아의 중국 골동품들
안남의 독립과 캄파에 대한 대결
15세기의 중국 점령, 독립전쟁과 왕조
17세기 안남의 두 영지들. 트린과 느귀엔,
태손 반란. 기아롱과 느귀엔의 복원
안남 예술의 기원들
참고문헌들의 요소들
인도에 대한 참고문헌
개관
인도-유럽 기원들
힌두교
불교
자이나 교
특수 연구들
인도 문학
인도 예술
중국에 관한 참고문헌
개관
특수 연구들
유교와 도교
중국과 일본의 불교
극동에서의 마니교와 네스토리우스교
동투르크스탄의 고고학
중국 예술
문학
티베트
불교에 대한 티베트 역사가들
몽골 참고문헌
몽골 역사
몽골 제국을 가로지른 여행
인도차이나와 말레이군도에 대한 참고문헌
사이암
안남

말레이군도
색인.

Grousset, René. 『동양의 문명들』 G. Cres & Cie, 1929, FRE 54 v.1

옮겨 쓰기
서론
1장. 초기 동양 문명들 : 신석기 시대
동양에서의 신석기 시대
극동에서의 신석기 시대
2장. 이집트 문명
멤피스 문명
테베 문명
3장. 칼데아-아시리아 문명
수메르-아카디아 문명
바빌로니아 문명
히타이트 문명
아시리아 문명
아시리아 예술
4장. 페르시아 문명
아카이카 문명
아카이카 예술
사산조 문명
사산조 예술
5장. 아랍 문명
반이슬람 아라비아와 이슬람
위마이야드 문명
아바시드 문명
아바시드 예술
함단이드 환경
유즐만 이집트 : 파티미드 환경
애윱비드인들과 맘룩인들을 제외한 시리아와 이집트 문명
6장. 페르시아 문명
사만드 인들로부터 셀주크인들 까지, 아라비아-페르시아 문명

10 세기에서 13세기 까지의 페르시아 문학
페르시아 회화의 기원
몽골 페르시아. 일칸과 티뮈리드 인들
사파비드 페르시아

Grousset, René. **『동양의 문명들』** G. Cres & Cie, 1929, FRE 54 v.2

1장. 불교와 바라문 교의 인도.
기원 : 인도-칼데아 관계의 문제.
아리안 족의 인도 : 베다의 시.
부처의 삶과 전설.
초기 불교 예술.
그리스의 부처.
굽타 예술 : 인도 미학의 구성.
힌두교의 혁명 ; 힌두교의 위인.
힌두교의 예술.
2장. 인도 밖.
자바의 예술 : 인도의 영향과 말레이지아의 재점령.
인도차이나의 인도 제국 : 크레르 예술, 캄보디아 예술, 샴 예술.
3장. 뮤즐만의 인도.
튀르크 아프칸의 첫 왕조하의 인도 뮤즐만 문명.
모골 제국의 인도.
라지푸트 회화.

Grousset, René. **『동양의 문명들』** G. Cres & Cie, 1929, FRE 54 v.3

서문.
1장. 중국 미학의 형성.
극동 예술의 기원들 : 선사시대의 중국.
연과 제 시대
연 시대의 글씨가 새겨진 뼈들.
고대 청동기들 : 형태들.
고대 청동기들 : 주제들.

고대의 미술품들.
진 시대.
한 시대 : 청동기, 거울과 미술품.
한의 도자기.
한의 저부조.
한 도자기 조각.
진 시대와 6왕조.
유목 예술. 노인 올라.
2장. 불교의 공헌.
중앙 아시아에서의 불교 : 그리스-로마의 영향.
중앙 아시아에서의 불교 : 굽타의 영향.
중앙 아시아에서의 불교 : 이란의 영향.
중국에서의 불교 : 웨이 조각.
수에이 시대의 불교.
당 불교 조각.
당의 (세속적) 조각.
당의 장식 예술.
당 시대의 회화와 5왕조.
3장. 중국 미학의 확립.
송 시대. 중국 미학의 관념화.
송의 회화.
원의 미학.
4장. 도락과 형식주의.
명 시대의 성격.
청 시대.

Grousset, René. 『동양의 문명들』 G. Cres & Cie, 1929, FRE 54 v.4

1장. 일본.
일본에 대한 정의. 민족적 독창성과 외국영향에 대한 적응.
일반의 선사역사.
불교의 도입.
나라 시대.
헤이안 시대.

후지와라 시대.
카마쿠라 시대.
아쉬카가. 무라마키 시대.
모모야마 시대. 노부나가, 히데요시 그리고 레이아수.
토쿠가와 군사독재 시대.
2장. 벵갈, 네팔, 티베트.
티베트 문화의 중요성 : 벵갈 전통 학교.
티베트 예술.
4개의 권들의 오타들.
4 권들의 일반 색인.

Grousset, René. 『아시아 역사』 G. Cres & Cie, 1922, FRE 8 v.1

1장. 고대 동양
1. 동양의 초기 문명들
2. 헬레니스틱 시대의 동양
3. 사산조 시대의 이란
2장. 이슬람
1. 아랍의 시대
2. 페르시아의 시대
3. 튀르크의 시대
3장. 십자군
1. 비잔틴 십자군
2. 프랑스의 십자군
3. 오토만 점령

Grousset, René. 『아시아 역사』 G. Cres & Cie, 1922, FRE 8 v.2

1장. 인도
1. 브라만교와 불교
2. 그리스 양식이 가미된 불교미술의 시대
3. 고 중세의 아리아 인의 인도 제국.
4. 드라비다 족의 세계
2장. 중국

1. 고대 중국
2. 중세의 중국 서사시. 당 왕조.
3. 토바스와 당 시대의 중국 문명.
4. 송 시대의 중국

3장. 인도 차이나

1. 인도 차이나에서의 인도의 영향력 : 크메르인들과 참인들.
2. 인도 차이나에서의 중국의 영향력. 안남인들

Grousset, René. 『아시아 역사』 G. Cres & Cie, 1922, FRE 8 v.3

1장. 칭키스칸에서 티무르 렌크까지의 몽골 제국

I. 칭키스칸, 세계의 정복자
II. 칭키스칸의 세 명의 첫 계승자들
III. 투르키스탄의 몽골 칸국
IV. 페르시아의 몽골 왕조
V. 티무르 렌크
VI. 몽골 제국과 고대 문명의 접근

1장의 참고문헌 목록의 문헌들

2장. 근대 시대의 페르시아

I. 세페비드 왕조의 시대
II. 나디르-차

2장 참고문헌 목록의 문헌들

3장. 뮤즐만의 인도 : 몽골의 위인들

I. 인도의 정복자들
II. 인도의 몽골제국
III. 인도의 반발

3장의 참고문헌 목록의 문헌들

4장. 근대 시대의 중국

I. 명의 시대
II. 마지막 타타르 인들
III. 만주 왕국하의 중국

4장의 참고문헌 목록의 문헌들

5장. 일본.

I. 신의 땅

II. 중세 일본 서사시들
III. 르네상스 시대의 일본
IV. 메이지 혁명
5장의 참고문헌 목록의 문헌들
결론.
목차.
오타와 추가.

Guebriant, Mgr. de. 『어떤 방문 : 파리의 외방전도회의 주교들과 사제들에게』 Missions Etrangères, 1938, FRE 221

출발
관통
실론
인도에서
쿰바코남
퐁디체리
살렘
코임바토르
미소르
멜리아포르
버어마에서
랑군
만달레이
말레이지아에서
싱가포르
피낭
사이암에서
크시앙매
주티아
방콕
캄보지아에서
프놈펜
쿠라오지앙

코친차이나에서
사이공
안남에서
퀸홍
콩툼
후
빈
라오스에서
탄호아
통킹에서
파트디앙
푸크학
중국에서
파크호이
홍콩
스바토브
다시 통킹에서
하노이
훙호아
중국에서 새로이
윤난후
키앙창으로 가는 길에서
중국의 오합지졸
닝유앙후
키앙창에서 창투까지
창투
수이후
충킹
반히시앙
청강에서
베이징
상하이
일본에서
나가사키

후쿠오카
오사카
토쿄
한국에서
타이쿠
서울
만주
묵덴
키린
하르빈
시베리아 횡단

Guerville, A. B. de. 『일본에서』 Alphonse Lemerre, 1904, FRE 19e4

머리말
일본에서
여자 대사
테이코쿠
토쿄에서 다섯 시
요시와라
사교계의
토쿄
몇가지 모습들
그들의 부인들
그들의 자녀들
황제의 궁에서
진정한 국화 부인
오 총독 각하의 집에서
선교사
토쿄에서 천진까지
야마야
야마가타
적십자
간첩

달걀
치우지
여순항

Guimet. 『일본 산책』 Emile G. Charpentier, 1878, FRE 1

I. 첫 인상
II. 산책
III. 중개인들
IV. 일본 남자들과 일본 여인들
V. 길들
VI. 독자에게 충고를 하는 방법으로 짧은 대화
VII. 언덕
VIII. 신성한 곳
IX. 창문을 통하여
X. 노정에서! - 디리키스
XI. 시골
XII. 바다를 바라봄
XIII. 진리키스인들이 먹는 것
XIV. 카나사와에서의 멈춤
XV. 혹은 사람들이 스님을 알게 되다.
XVI. 아사이나의 구덩이
XVII. 요리토모의 사랑
XVIII. 카마쿠라
XIX. 어떻게 사람들은 위대한 사람들과 대화하는가?
XX. 예언들과 기적들
XXI. 데부츠
XXII. 신이 뱃속에 갖고 있는 것
XXIII. 물결 속에서
XXIV. 일본의 밤
XXV. 바다에서
XXVI. 카타스 사원
XXVII. 신성한 섬
XXVIII. 용에 대한 진실한 역사
XXIX. 투카이도
XXX. 극장에서
XXXI. 무대 뒤
XXXII. 아름다운 시구에노이의 모험들

Gusman, Pierre 『프랑스 책의 일루스트레이션』 어제-오늘 1478-1934, 역

사, 기술 및 비평연구, Bulletin Officiel, 1934, FRE 69

서문
최초의 역사적인 활판 인쇄술 서적
15세기 목판 인쇄술 서적
15-16세기 삽화시대 책
16-18세기 목판화 책
16세기 연판각판화 책
17세기 연판각판화 책
18세기 끌과 에칭에 의한 판화 책
19-20세기 목판화 책
19세기 강철판화 책
19세기-20세기 에칭과 끌에 의한 판화 책
석판인쇄술
19-20세기 석판인쇄술 책
진서(眞書) 수집가 협회 편찬 판각 인쇄업자
19-20세기 그래픽을 활용한 화보
금속을 절약한 사진 아연 철판술 판각. 형판을 사용한 원형 착색판
망판 제판술과 새로운 망판 제판술에 의한 삼색 사진법
사진 요판술 : 검은 색과 삼색 사진법
콜로타이프 인쇄술 : 검은 색과 컬러 유리판술
윤전 사진 요판 혹은 크롬 윤전 오프세트 인쇄
결론

Halkin, Joseph. **『극동에서, 1900-1901 : 여행이야기와 노트, 실론, 자바, 사이암, 인도차이나, 하이남 섬 여행, 중국, 일본, 한국, 시베리아』** O. Schepens, Cie, Paris : Charles, Amat, 1903, FRE 46

극동
극동 아시아는 세계의 극동인가?
극동은 하나의 통일체를 이루고 있다
중국의 종교와 중국 정부의 비관용
중국 문명
황색 위험

벨기에와 중국

실론

콜롬보

케갈

캔디

누와라-엘리아

디아탈아와

역사, 지리, 상업에 대한 논평들

민족지학적 논평들

자바

바타비아

조시오카라타

소에라카르타

인도-자바의 사원들

뷔텐조르그의 식물원

바타비아의 예술과 과학협회

지리학과 민족지학적 논평들

사이암

파크남

방콕

아유티아

지리학과 민족지학적 논평들

인도차이나

사이공

촐롱

극동의 프랑스 학교

민족지학적 논평들

남방 중국

홍콩

광동

시키앙에서

우초우 푸

마카오

지리학과 민족지학적 논평들

콴초완. 하이난 섬
콴초완
호이 호우
키웅 초우
타키앙에서
팅안
콴초완에 대한 논평들
하이난 섬의 역사, 지리, 상업 그리고 민족지학에 대한 논평들
하이난에 대한 참고문헌
북방 중국
칭 타우
통 쿠
베이징
창신티앙
루 쿠 초우
천친
지리학과 민족지학적 논평들
중부 중국
상하이
양츠키앙에서
한코우
지리학과 민족지학적 논평들
중국을 위한 벨기에 통역자 학교
일본, 한국
나가사키
코와키다니
토쿄
니코
요코하마
쿄토
오사카
부산과 군산
시베리아

블라디보스토크
하바로스크
아무르에서. 블라고베쉔스크
아무리와 쉴카에서
스트레텐스크
사하라 횡단지역
이루쿠트스크
블라디보스토크의 동양연구소

Haushofer, K. 『**일본과 일본인들 : 일본의 지정학**』 Payot, 1937, FRE 209

머리말
서론 : 일본의 지정학의 일반적 특징들
I. 일본 제국의 육지와 바다의 범위
일반적 상황
태초와 제국의 토지 형태와 윤곽
강과 육지의 형태들
지질학, 화산들, 지진들, 토양의 형성
기후, 계절풍의 리듬, 해풍들
식물과 동물의 생물 지리학에 대하여
일본에서의 어업
일본 정경의 표상과 서술
II. 섬나라 인종들과 제국의 인구. 일본 영토에 사는 인간
기원
섬나라 인종의 기질과 특성
특수성, 풍속, 관습들
언어
종교에서의 문화생활과 세계에 대한 개념
과학, 실제적 절충주의. 정치
문학 ; 출판과 공적 생활
형상 예술과 음악. 산업에 응용된 예술. 일상적 문화생활과 기호의 형성
III. 법률적 측면과 국가에서의 개인과 가족. 군사방위를 만들어내는 사람들

일반적 특성
개인과 가족의 권리. 부권의 힘
지역 분할과 운영. 사법권의 시행
헌법, 제국의 힘과 정당의 작용 ; 의회주의. 국민적 의식
국가 방위, 군사교육과 전쟁학

IV. 국가로서의 일본 제국 생명과 그 발전의 주요한 상황들
그것에 부여된 범위 내에서 국가의 생명
내적 발전의 주요 특징들
외적 그리고 내적 발전의 틀을 만드는 활동적 요소들과 억제 요소들에 대한 전체적 조망
국민성의 실제적 개화, 민족적 정신과 정치적 구조에 대하여
전후의 사건들의 전개, 쾅토의 지진으로부터 만주 간섭과 1932년 상하이 점령까지

V. 식민화, 일본 영토에서의 교통과 경제
일반성. 인구 통계. 특징적 인구집중
사회 계층들
경제 지리학적 기초들 : 농촌과 산촌의 경제
직업들과 산업들
상업과 운송. 항해와 철도
이주와 팽창에 대한 생각
일본에 대한 결론-내부으로부터의 전망
제반 기초들, 우리가 일본의 인구학적 역동성에 대하여
예측할 수 있는 가능성과 한계들. 일본국의 문화와 구조에 대한 민족심리학적 미래

부록들
일본과 관련된 외국문학과 일본문학에 대하여
그 국가의 면적, 해안의 발전, 인구, 교통과 기후에 관련된 표들

Hovelaque, Emile. 『일본 : 극동의 민족들』 Flammarion, 1921, FRE 236

서문
책 1 전체적 모습
I. 일본 문명

1. 일본의 특성들: 그 독창성, 그곳의 고립. 자연에 대한 감정과 애국주의.
2. 일본의 종교들
3. 봉건적 정체
II. 근대 일본
1. 그 변형.
2. 그곳의 현 상황
책 2 역사
1장. 기원. 신화. 전설들
1. 기원들
2. 신화들; 그들의 의미들
3. 전설들
2장. 역사의 시작들; 첫 외국의 영향들: 그것들이 가지고 있는 성격들
1. 첫 외국의 영향들.
2. 외국의 영향들이 갖고 있는 성격들: 일본의 반응.
3장. 첫 제도들. 나라 시대.
1. 쉽프트푸쿠 타이쉬와 그 업적.
2. 세속적 개혁들.
3. 나라 시대.
4장. 헤이안 시대 (794-1192). 불교의 변형. 교토의 궁전: 천황권의 쇠퇴: 푸지와라 가문. 일본의 봉건적 발전: 전사 계층: 사우라이의 형성. 헤이안 시대의 특징.
1. 불교의 변형.
2. 교토의 궁전. 황제권의 쇠퇴: 후지와라 가문. 일본의 봉건적 발전.
3. 사무라이 계층의 출현: 부시도의 발전.
5장. 타이라와 미나모토 가문. 후지와라 정체와 헤이안 시대의 종말.
1. 타이라와 미나모토 가문.
2. 헤이안 시대의 종말.
3. 헤이안 시대의 특징.
6장. 일본의 첫 중세시대. 겐 페이. 카마쿠라 시대.
1. 일본의 첫 중세 시대. 겐 페이.

2. 요리토모. 요쉬트순: 시대의 특징들.

7장. 카마쿠라 시대의 종말 : 야쉬 카가

1. 호조.

2. 카마쿠라 시대의 종말.

3. 야쉬카가.

8장. 야시카가의 종말. 16세기: 노부나가, 히데요쉬, 이에야스

1. 노부나가.

2. 히데요시.

3. 이에야스.

9장. 서양과의 첫 접촉들: 일본의 폐쇄.

10장. 토쿠가와: 일본의 고립: 막부 정체: 그것의 쇠퇴: 이 정체에 대한 반발들.

1. 막부 정체.

2. 막부 정체의 쇠퇴.

3. 막부 정체에 대한 반발들.

11장. 토쿠가와의 종말: 혁명.

권 3 예술

I. 일반적 고찰

II. 원시

1. 기원: 조각.

2. 원시 그림.시대

III. 중국의 르네상스

IV. 카노 학파. 일본의 르네상스:코예트수와 그 학파: 오키오: 판화 예술

V. 미성년의 예술

VI. 결론

권 4 근대 일본

1장. 정치적이고 행정적 발전.

1. 재건의 첫 시기.

2. 이토 헌법,

3. 관료제.

4. 자유주의 세력들.

5. 정당들.

2장. 일본의 팽창.

I. 국내 발전.

1. 전체적 모습: 일반적 발전.

2. 이러한 발전의 사회적 결과들.
3. 일본 군사력의 발전.
II. 군사적 팽창
1. 포르모스: 사카할린.
2. 한국과 한국 문제.
3. 중국.
4. 시베리아.
III. 태평양의 팽창
결론

Hovelaque, Emile. 『중국 : 극동의 국민들』 Flammarion, 1920, FRE 156

머리말
I 권. 중국과 유럽.—외부에서 본 중국
I 장. 중국과 유럽
II 장. 외부에서 본 중국
§1.첫 접촉들
§2.광동.—길.—인분.—신앙, 관례.—시험장—꽃들로 치장된 배들.—아편 흡연장들.
§3.상하이.—두 문명의 대조.—상인들.—선교사들.
§4.양츠 계곡.—난경.—중국 농민; 종족의 특성들 —한케우; 양츠강과 황화강 범람
§5.베이징.—성벽.—도시.—대상들.—수도의 상황.—만리장성.—기념물들.—정원 예술.—하궁.—받은 인상
II 권. 고대 중국: 역사.—종교와 구성.: 예술.
I 장. 기원
II 장. 중국 역사와 문명의 일반적 특징들.—고유한 특징들
§1.중국 역사와 문명의 일반적 특징들
§2.고유한 특징들
III 장. 종교.—구성
§1.국내 종교
§2.체우리
§3.유교

§4.라오초: 도교
§5.불교.–자연숭배.–비밀단체들
IV 장.–예술
§1.중국 예술의 중요성.–연구의 새로운 요소들.–기본 원리들
§2.불교와 원시 중국 예술에 있어서 종교적 감정.–중국에서의 그 변화
§3.조각
§4.초기 회화
§5.송의 예술
§6.부차적 예술
III 장. 중국의 외국과의 관계
§1.아편 전쟁까지
§2.아편전쟁으로부터 중일전쟁까지
§3.중일조약 이후로부터 첫 개혁의 시기까지
§4.첫 개혁 시도들
§5.복서의 난으로부터 포츠머스 조약까지
§6.포츠머스 조약으로부터 왕조의 몰락까지
IV 권. 새 중국
§1.공화국 : 1917년 까지
§2.1917년 이후: 북부와 남부
결론
§1.중국의 일반적 특징들
§2.혁명의 일반적 특징들
§3.변화의 가능성
§4.두 문명의 대조: 중국에서 본 서양 문명.

Huc, M. 『중국 제국 : 타타르와 티베트 여행의 추억』 L"Imprimerie Imperiale, 1854, FRE 203 v.1

1장. 출발 조직
3장. 테행투푸, 스추엔 지방의 수도
4장. 챙통푸 출발
5장. 키앙체우 고관들과의 논쟁

6장. 나쁘고 위험한 길
7장. 문학 작문을 위한 사당
8장. 파퉁에 도착
9장. 중국인들이 유럽 왕국들에 준 이름들
10장. 포위된 상태에 있는 중국 도시

Huc, M. **『중국 제국 : 타타르와 티베트 여행의 추억』** L"Imprimerie Imperiale, 1854, FRE 203 v.2

1장. 위험한 병
2장. 티앙멘의 고관들의 방문
3장. 한추앙 도착
4장. 조그마한 탑에 있는 불량한 거주지
5장. 지방의 총독을 보기 위한 시도들
6장. 중국 정부에 의한 처벌되는 모든 종교들
7장. 후페 수도 출발
8장. 쿠앙시헨 출발
9장. 푸양 호 항해
10장. 키앙시 지방의 황폐한 토지들
11장. 난창후 출발

Hugon, Joseph. **『나의 중국 농민들』** Editions Dillen & C., 1930, FRE 97

아. 하우이세 주교의 머리말
저자의 서문
　　세인트 테레즈 드 리지외와 해 체우의 나의 농민들에게
1부. 해 체우 점령
　　1. 우리의 미개간지
　　2. 약간의 역사와 지리
　　3. 해 체우 개항
　　4. 페 파오 찬 장군
　　5. 시민전쟁이 개입하다
　　6. 재생
2부. 해 체우에서의 생활

I. 긴 여행들
1. 미개척지에서의 나의 첫 걸음
산적들이 있는 미개척지에서
프티 아주르의 세례
모래 바람
프티트 플뢰르의 세례
산적들의 옆 모습
양치기들이 왔다
2. 기마행렬 들
3. 자전거로
4. 만조에
II. 산적들의 진정한 역사들
1. 마을간의 전쟁
2. 경계
3. 카오 리에우 전투
4. 산적들의 포로
5. 츠 후의 학교
III. 용감한 사람들
1. 미개척지에서의 부활절
2. 자체
3. 훌륭한 소년 산적
4. 태 탕의 아름다운 여인
IV. 소학년과 고학년 학생들
1. 입학
2. 영세 준비과정
3. 영세 준비과정생들
V. 조용한 삶
1. 궁전의 다른 곳에 대하여
2. 앞으로 행진. 사람들은 도움을 외쳤다!
조세프 후곤 신부
가족의 추억들에 의해 보충된 헤르망 신부에 대한 간략한 서술
부록
일년 후!

헤르망 신부의 편지

Hulst. M. D.『쥐스트 드 브르트니에르의 삶 : 1866년 한국에서 순교한 교황청 선교사』 Librairie Poussielque Frères, 1888, FRE 9

서문

I.	쥐스트의 어린시절 (1838-1859)
II.	이시의 신학교
III.	외방전교회의 신학교(1861-1864)
III.	출발-여행-만주 체류.-한국 도착(1864-1865)
IV.	쥐스트와 그의 동료들의 도착까지, 한국 선교의 요약된 역사(1784-1865)
V.	한국에서의 체류-순교(1865-1866)
VI.	1866년 처형의 결과.-프랑스의 개입-한국에서의 기독교의 새로운 시련들(1866-1878)
VII.	드 브르트니에르 가족이 쥐스트 순교를 알았다.-1867년 3월 8일
VIII.	디종에서의 성대한 의식.-마지막 추억들 (1866-1867)

부록. 순교 행위

쥐스트의 작문

쥐스트의 찬송가

디종에서의 메르밀로드 주교의 연설

Imbault-Huart, M. Camille. 『프랑스인들에게 사용되는 한국어 개론』 Imprimerie Nationale, 1889, FRE 202

문법적 서론.-결과들

I.문장 부분

A. 명사에 대하여

B. 형용사에 대하여

C. 수 형용사

D. 대명사에 대하여

F. 부사에 대하여

G. 후치사에 대하여

H. 접속사에 대하여

II.구문

A. 명사에 대하여
B. 형용사에 대하여
C. 수 명사에 대하여
D. 대명사에 대하여
E. 동사에 대하여
F. 한정 조동사
G. 부사에 대하여
H. 후치사, 접속사 그리고 감탄사
I. 한국어의 구성
J. 몇가지 구문의 특징들
인사 언어
1부.쉬운 문장들과 대화들
2부. 대화중에 가장 많이 사용되는 단어집
I. 신과 카톨릭 종교에 대하여
II. 신성, 고백, 그리고 직업들
III. 집과 가정에 관련된 것들
IV. 맥주와 먹는 것에 대하여
V. 의복들과 화장실
VI. 학업과 글쓰기
VII. 지방과 사람들
VIII. 인간과 육체
IX. 친척
X. 동물
X. 나무들과 식물들
XII. 시기
XIII. 일년의 시기와 특별한 때
XIV. 원소들, 재료, 광물들
XV. (순수 한국의) 기본 숫자들
XVI. (중-한의)
XVII. 일반 숫자들
XVIII. 후치사들
XIX. 접속사들
XX. 양적 부사들
XXI. 방법의
XXII. 시간의
XXIII. 긍정과 부정의
XXIV. 장소의
XXV. 대동사
화폐, 무게, 측정

Jacolliot, Louis. 『진주의 지방에 대한 여행 : 극동의 풍속과 여성들』 E. Dentu, 1879, FRE 22e5

1부

실론 섬. 자프나파트남

2부

실론 섬

탁발승들, 사니아시(힌두이즘), 그리고 매혹하는 사람들. 카다스바니의 탑에서 하루 밤

데로다시(힌두교 희곡)

3부

자프나 출발. 카다베 정착. 판낭감 정글에서의 하루 밤. 왕 뱀과 두 마리의 코끼리의 싸움. 망탈

4부

만사르 섬. 아담 다리. 라미스람. 카르티보에 섬을 향해 출발. 칼펜틴 만. 카이만 악어들. 진주 조개들. 낚시. 아무두와 상어. 아르포 출발

Jouon Des Longrais. 『극동아시아 : 요코하마에서 싱가포르까지』 F Pierre Roger, 1927, FRE 129

I. 일본에서의 첫날
II. 섬
III. 일본의 매력
IV. 일본의 식민화
V. 중국인들의 찬양으로
VI. 중국인은 내려갔다.
VII. 인도차이나 여행
VIII. 우리의 아름다운 인도차이나
IX. 색과 향기의 매혹(사이암)
X. 길이와 폭에 있어서 수마트라
XI. 네덜란드 령 인도 (자바)
XII. 말레이지아

Kaempfer, Engelbert. 『일본 제국의 자연사, 시민사, 교회사』 Gosse

& Neaulem, 1732, FRE 312 v.1

저자 서문.--I
영국 번역자에 의한, 저자의 삶.----------------------------VII
영국 번역자의 서두 연설.---------------------------------XX
일본 역사 도판들에 대한 설명. --------------------------LXVII
권 1. 일본에 대한 일반적 기술.
1장. 바타비아에서 사이암까지의 우리 여행의 일기 ; 우리의 체류 중에, 이 왕국에서 일어났던 것에 대한 이야기와 함께.---------1
2장. 사이암 궁정의 현 상태, 주디아, 수도 & 왕의 거주지에 대한 기술과 함께.---------------------------------------29
3장. 저자는 주디아로부터 출발하여, 메남 강, & 그 곳의 다른 섬들을 따라 내려갔다.-------------------------------------93
5장. 일본 제국의 서로 다른 왕국으로 분할 & 재분할. 그 수입, & 그 정부에 대하여.-----------------------------------111
6장. 일본인들의 진정한 기원에 대한 저자의 감정.------------129
7장. 그들의 고유한 전설적 공론에 따른, 일본인들의 기원에 대하여. ---153
8장. 일본의 기후에 대하여,& 특별히 그 곳의 광물에 대하여.----161
9장. 식물, 나무, 꽃, 그 밖의 것들과 비하여, ..의 풍부함-------180
10장. 일본의 네발 달린 짐승, 새들, 뱀들, & 곤충들에 대하여.--196
11장. 물고기 & 조개류에 대하여.-------------------------211
권 2. 일본의 정치적 상황에 대하여.
1장. 일본의 역사가 이 제국의 첫 군주 & 통치자들이라고 이야기하는 신, 반신, & 황제들의 이름.---------------------------226
2장. 일반적으로 일본의 세습 교회 황제들에 대하여. 그들 간의 계승권. 그들의 거주지, & 그들의 궁전. 일본인들의 연대기에 대하여.
3장. 특별히 세습 교회 황제들에 대하여, & 우선 일본 군주정의 시작 이후 예수-크리스트의 출생까지, 통치하였던 황제들에 대하여.---248
4장. 세속인 요리토모 1세 까지 일리미 정부와 함께 통치하였던 세습 교회 황제들에 대하여.--------------------------------257
5장. 요리토모 이후 현재까지 살아왔던 세습 교회 황제들에 대하여.---285

6장. 요리토모 이후 현재의 치나요스까지 통치한, 왕위에 오른 장군들 & 세속 군주들.-------------------------------------309

Kaempfer, Engelbert. **『일본 제국의 자연사, 시민사, 교회사』** Gosse & Neaulem, 1732, FRE 312 v.2

Kaempfer, Engelbert. **『일본 제국의 자연사, 시민사, 교회사』** Gosse & Neaulem, 1732, FRE 312 v.3

5권 (계속)

9장. 오사카에서 세습적인 종교 제왕들의 거주지인, 미아코까지의 우리의 여행에 대하여 ; 이 두 도시에 대한 기술과 함께

10장. 미아코에서 제도까지의 여정의 중간에 있는, 파마마츠까지의 우리의 여행에 대하여

11장. 파마마츠에서 제국의 수도, 제도까지의 우리의 여행, &

12장. 제도 도시, 그 성 & 그 궁전에 대한 기술 ; 우리의 체류 중에 일어난 것에 대한 이야기와 함께. 우리의 회담, & 우리의 출발

13장. 제도에서 나가사키까지의 우리의 귀환에 대하여 & 거기에서 일어난 것에 대하여

14장. 우리의 궁정에 대한 두번째 여행

15장. 제도에서 나가사키까지의 우리의 두번째 여행

일본사의 부록 혹은 보충

I. 그 식물, 그것의 경작, 그것의 성장, 그것의 조제,& 그것의 사용들에 관한 정확한 기술과 함께, 일본 차의 자연적 역사

II. 일본의 제지 공업

III. 일본인들 사이에서 사용되고 있는 그대로의, 침술에 의한 설사의 치료에 대하여

IV. 뜸 에 대한 진술, 중국인들과 일본인들의 뛰어난 소작제; 인간의 육체는 어떠한 부분들이 있는지를 보여주기 위한 묘사 혹은 사람들이 다양한 종류의 질병들에서, 이 식물과 함께 불을 이용하여야만 한다.

V. 취색 호박에 대한 관찰

VI. 일본 제국의 이익을 위하여, 사람들이 제국 안에서나 밖으로나 어떠한 상업을 허용하지 않았던, 외국과, 그 외국인들에게, 그래왔던 것 처럼 폐쇄적으로 남아 있는 것이 이익이 되는가, 라는 문제에 대한 고찰, ...

일본사의 두번째 부록

1673년 영국인들이 일본에서 한 여행에 대한 원본 일기의 일부

Kann, Reginald. 『극동에서의 한 종군 기자의 일기 : 일본, 만주, 한국』 Calmann-Levy, 1905, FRE 243

1부. 토키오에서의 체류
2부. (만주-마루))의 유람
3부. 리아오퉁을 가로질러
4부. 리아오양 전투
결론
부록

Katz, Richard. 『극동에서의 한 해 : 중국, 한국 그리고 일본에서의 생활』 Editions Montaigne, 1930, FRE 137

Ⅰ장. 중국

머리말
중국
투기하는 도시
해방된 노예들에 대한 간단한 설명
은행 지폐들
일본인들은 임시변통의 조치들을 좋아하지 않았다.
황해의 독일 도시
자동차와 짐수레들
길에 대한 간단한 설명
중국 성산에서의 순례
중국의 왕관없는 왕

시민전쟁에 대한 수다
베이징
인력거 운전자들의 반란
충실한 부인들, 버드나무 뒤의 여인들과 다른 여인들
외국인들을 위한 안내서들
루, 안마사
양의 요리 앞에서
만리장성
극장
죽은자들을 위한 전화
중국인들의 욕들
전혀 나침판 없이
젓가락을 가지고 먹는 방법
재미있는 중국산 골동품들
베이징 순찰길
젊은 낙타
막힌

II 장. 대련과 여순항

만주의 문
난공불락의 여순 항

III 장. 한국

조용한 아침의 나라에서
케이조에서의 사랑을 위한 소로
무당들
여인들에 의한 봉사
한국의 민족통일주의
나이든 실 잣는 여인

IV 장. 일본

경찰
우아한 베푸
일본의 목욕
우리 집과 같지 않은
호텔이냐 혹은 여인숙이냐?
콜롬버스는 미야지마를 발견하였다.

교토, 문화의 쇠퇴
일본에 대한 간단한 설명
나라 호텔에서의 만남들
메이트레야 웃다
가족으로부터 공장까지
서양과 동양
느릿느릿한 방문
그를 무시하는 어떤 사람을 위한 일본인
공작 도착하다.
토쿄, 옛날과 오늘날
(저녁, 너는 받을 것이다)
자녀들을 위한 사원
2분 동안의 지진
(모시-모시!)
토쿄에서의 가족 기차
꽃 가운데에서
절대적 극
(모보스) 와 (모가스)
그리고, 카마쿠라에서의 일요일!
대지옥
안녕

Klado, N. L. **『러일전쟁의 러시아 해군』** Berger-Levrault, 1905, FRE 143

서론
머리말
태평양 2함대의 출발 이후
I. 1904년 11월 11/24
II. 1904년 11월 12/25
III. 1904년 11월 13/26
IV. 1904년 11월 14/27
V. 1904년 11월 15/28
VI. 1904년 11월 16/29
VII. 조약에도 불구하고 극동을 향한 흑해 함대의 출범
VIII. 이때부터 블라디보스톡을 해군 기지로 삼기 시작하다.

IX. 좋은 결과 도출에 필요한 방법을 평가하다.
X. 후기

Klaproth, H. J. 『三國通覽圖說』 Oriental Translation Fund, 1832, FRE 330

번역가의 서문 1
서론 1
작가의 서문 5
한국에 관한 기술 11
한국에 관한 기술, 중국어 번역 24
천문학적 위치 24
역사적인 약술 25
행정구분 42
한국의 도시들 49
풍속과 관습 89
산들 94
물들 109
한국 어휘 124
한국의 산물 167
유구 섬에 관한 약술 169
예소 지역에 관한 기술 181
지리학적 위치 181
5개 지방으로 분리 183
지역 특성 186
타라이카이 혹은 카파푸토 187
츠시마 혹은 쿠릴 열도 193
시야스 코탄 혹은 밤의 지역 198
예소 지역 생산물 199
예소 북부에 대한 일본인의 항해 208
예소와 예소 지역에 관한 역사적 약술 211
마츠마예 군주들의 가계 222
거주자들, 그들의 풍속과 관습 225
아이누 언어의 어휘 242
무인도에 관한 기술 256
지도 설명 263

Klaproth, J. 『베이징으로의 여행 : 1820년과 1821년, 몽골 경유』 Dondey-Dupre Père et Fils, 1827, FRE 268 v.1

I. 베이징에 교회 전도관 설립. 그 목적. 그것을 구성하는 인물들. 여행의 준비
II. 선교단의 출발. 우르가까지의 여행
III. 우르가에서의 체류
IV. 칼카 지역의 남쪽 국경까지의 여행 계속
V. 수니 부족에 의해 점령된 지역의 모습
VI. 중국의 대장성에 위치하고 있는 칼간 요새까지 트사크바르 지역을 가로지르는 여행
VII. 칼간 도착과 체류
VIII. 칼간에서 베이징까지의 여행
IX. 1820년 12월 달 동안 베이징 체류기
X. 동방 투르크스탄에 대한 기술
XI. 드중가르 지역에 대한 기술
XII. 튀벨에 대한 지리학적 간단한 소개

Klaproth, J. 『베이징으로의 여행 : 1820년과 1821년, 몽골 경유』 Dondey-Dupre Père et Fils, 1827, FRE 268 v.2

XIII. 베이징에서의 향후 체류기. 프랑스 선교사들에 대한 방문 티베트의 라마승들에 대한 방문. 포르투갈 선교사들에 대한 방문
한국인들과의 대담과 한국에 대한 개념
XIV. 베이징에 대한 간략한 서술(1)
XV. 몽고에 대한 역사, 지리, 민족지학적 에세이(1)
XVI. 베이징 출발. 몽고-트사카르 지역에서 트사강 발가수까지의 노정
XVII. 트사카르 지방으로부터의 노정. 방목지들-중국 황제의 종마 사육장과 가축 떼
XVIII. 몽고-수니 지역으로부터의 여행
XIX. 칼 지역의 남쪽을 가로질러 우르가 까지의 여행
XX. 우르가 체류. 이 도시로부터 키아크타를 향해 출발. 러시아 귀환

Klaproth, J. 『베이징으로의 여행 : 1820년과 1821년, 몽골 경유』 Dondey-Dupre Père et Fils, 1827, FRE 268 v.3

몽고를 가로질러 베이징으로의 여행
중국의 통계적 개관

전반적 설명
곡물과 쌀
중국의 인구
지도를 구성하고 있는 도판들에 대한 설명
키아크타에서 베이징에 이르는 길에 있는 정거장들
베이징에서 키아크타로 돌아오는 포교단의 길
베이징으로의 여행지도

Koei-Long. 『한국에서의 선교일지』 Ernest Leroux, 1877, FRE 63

번역자 서문
한국에서의 선교일지
주석과 설명들

Kui-I, Tcheng. 『남만주 철도회사와 일본의 만주 점령』 Pierre Bossuet, 1939, FRE 48

머리말
1부. 만주에 대한 일반적 고찰
　　1장. 만주의 역사.
　　2장. 만주의 지리.
　　3장. 만주의 자원.
　　4장. 만주의 인구.
2부. 남만주 철도회사
　　1장. 남만주 철도의 기원
　　2장. 남만주 철도회사의 성격과 법규
　　3장. 남만주 철도회사의 관리와 기능
　　4장. 남만주 회사와 일본의 제국주의
3부. 남만주 회사의 활동들
　　I. 남만주 회사의 재정상태와 일반적 활동
　　　　1장. 정관, 법령, 규정들에 따른 남만주 회사의 경제적 활동
　　　　2장. 남만주 회사의 재정상황
　　　　3장. 남만주 직영 기업들과 남만주의 통제 하에 있는

기업들의 재정상황
II. 남만주 회사의 경제활동
1장. 남만주 철도노선과 그 지선들
2장. 일본의 철도망 독점과 중국노선의 발전
3장. 광산
4장. 다른 직영 기업들
III. 남만주 회사와 다른 일본 경제활동들.
1장. 만주에서의 일본산업
2장. 만주에서의 일본상업
3장. 만주에서의 일본농업
IV. 남만주 회사의 만주 경제적 발전에 대한 기여
1장. 만주에서의 일본개발 형태
2장. 남만주 회사의 변화산업에 대한 무관심
3장. 일본 자본의 투자 : 그것들의 일반적 경제발전과의 관계
4장. 일본자본
V. 남만주 회사의 정치활동
1장. ((남만주 회사 구역))의 운영
2장. 남만주 회사에 이바지하는 다른 기관들
4부. 만주에서의 국제적 활동
1장. ((개항된 항구))에 대한 정책과 ((동등한 기회))의 정책
2장. 국제적 기획과 계획
3장. 만주에서의 외국인들 경제활동
5부. 중국인들의 노력들
1장. 만주에서의 중국이주
2장. 잉케우 시대
3장. 중국 여성들이 실현한 것들
결론
참고문헌 목록

L'Abbé Gaultier. 『지리학의 요소들 : 지리학 강의들의 발췌문들』 Renouard, 1848, FRE 173e2

유럽.

유럽의 지역들
유럽의 바다들
유럽의 만들
유럽의 해협들
유럽의 섬들
반도들, 곶들 그리고 지협들
유럽의 호수들
산맥들과 화산들
유럽의 강들
유럽의 하천들
북 유럽 지역들의 구분
중앙 유럽 지역들의 구분
남유럽의 지역들의 구분
아시아.
아시아의 경계들
아시아의 지역들
아시아의 바다들
아시아의 만들과 해협들
아시아의 섬들
아시아의 반도들과 곶들
아시아의 호수들과 산들
아시아의 강들
아시아의 몇 지역들 구분(1)
아프리카.
아프리카의 경계들
아프리카의 지역들
아프리카의 만들과 해협들
아프리카의 섬들
아프리카의 곶들
아프리카의 호수들과 산들
아프리카의 강들과 하천들
아프리카의 주요 지역들의 구분
아프리카에 있는 유럽인들의 소유지들
아메리카.

아메리카의 일반적 구분
아메리카의 지역들
아메리카의 바다들
아메리카의 만들과 해협들
아메리카의 주요 섬들
아메리카의 반도들과 곶들
아메리카의 호수들, 산들, 그리고 화산들
아메리카의 주요 강들
뉴 잉글랜드와 미국의 구분
아메리카의 유럽인들의 소유지들
오세아니아.
오세아니아의 넓이와 구분
말레이지아
오스트레일리아
폴리네시아
오세아니아의 주요 해협들
오세아니아의 유럽 소유지들
프랑스의 지리학.
경계와 옛 구분
프랑스의 새로운 구분
북부의 도들
근동의 도들
남부의 도들
서부의 도들
중부의 도들
아비뇽 백작령, 코르시카 그리고 작은 섬들.
기후, 생산물, 운하들, 상업, 바다의 항구들
프랑스의 인구, 정부, 종교, 구분들
프랑스의 주목할 만한 도시들.
강들의 흐름.
유럽의 주요 강들
아시아, 아프리카, 아메리카의 강들
세계 전도 위에 그려진 원들의 정의와 사용.

Labroue, Henri. 『일본의 제국주의』 Delagrave, 1911, FRE 136

서론
I 장. 미국에서의 제국주의
1. 첫 시기
2. 두번째 시기
3. 세번째 시기
II 장. 캐나다에서의 제국주의
1. 일본과 캐나다간의 갈등 원인
2. 갈등 (1907년 9월 7일-12월 23일)
3. 화해
III 장. 라틴 아메리카에서의 일본 팽창
1. 일반적 특징
2. 멕시코
3. 페루
4. 칠레
5. 아르헨티나 공화국
6. 브라질
IV 장. 오스트레일리아와 자바에서의 일본 팽창
1. 오스트레일리아에서의 일본 팽창
2. 자바에서의 일본 팽창
V 장. 일본인들과 사이암, 페르시아, 터어키
1. 사이암에서의 일본 팽창
2. 영국령 인도에서의 일본인들
3. 일본인들과 페르시아인들
4. 일본과 터어키
VI 장. 유럽에서의 일본 팽창
1. 유럽과 외교, 일본의 재정과 상업
2. 일본과 영국
3. 일본과 프랑스
4. 일본과 다른 유럽 국가들
VII 장. 일본인들과 프랑스령 인도차이나
1. 베트남의 애국주의와 일본의 교훈
2. 인도차이나에서의 일본의 활동

3. 인도차이나에서 일본의 위험이 무엇에서 줄었는가?

VIII 장. 중국에서 일본의 압력

1. 중국에서 일본의 북적거림

2. 적의 형제들

IX 장. 한국에서의 일본인들. 한국식 폴란드와 세 가지 도둑들

1. 옛 한국

2. 일본은 중국을 밀어냈다.

3. 일본은 러시아를 쫓아냈다.

4. 일본의 보호령

X 장. 한국에서의 일본인들. 한국의 저항과 일본의 억압

1. 한일 전쟁

2. 언론에 대한 부리망 씌우기

3. 한국의 귀족통치

XI 장. 한국에서의 일본인들. 오늘날의 한국

1. 두명의 마지막 황제들

2. 일본의 행정부와 공공 기관들

3. 한국에서의 정당들

4. 한국에서의 외국인들

5. 경제적 가치화

XII 장. 시베리아와 만주에서 일본의 팽창

1. 시베리아에서

2. 북만주에서의 일본인들

3. 남만주의 몰수

XIII 장. 광동에서의 일본인들

1. 광동에서의 러시아인들

2. 남만주 철도

3. 대련 (달니)

4. 뤼춘 (여순 항)

결론

La Ctesse de Courson. 『한국에서의 순교자』 Bretenières Contemporains, 1910, FRE 351

쥐스트 드 드레트니에르, 한국에서의 순교자(1838-1866)

I. 유년기와 젊은 시절
II. 교회의 소환
III. 외방전도회에서
IV. 포교 시작
V. 출발
VI. 프랑스로부터 한국으로
VII. 한국 선교
VIII. 선교의 삶
IX. 감옥 - 고문들
X. 순교자

Laguerie, Villetard de. 『한국, 독립이냐. 러시아 또는 일본의 손에 넘어갈 것이냐』 Librairid Hachette, 1904, FRE 195e2

머리말
1 부. 일본에 의한 한국 점령
I. 중일 전쟁의 순간에 한국
II. 1864년 한국에서의 폭동 원인들
III. 왕의 가족
IV. 중국과 일본 사이의 한국 상황
I. 한국에 대한 일본의 권리들
II. 중국의 권리들
V. 1882년에서 1894년의 한국에서의 일본과 중국사이의 간접적 투쟁
VI. 한국에서의 일본과 중국의 동시 개입
VII. 일본은 전쟁을 필연적으로 만들었다.
2 부. 한국에서의 일본인들의 정책
I. 제물포
II. 서울에 있는 제물포 지역
III. 서울의 도시
IV. 궁전
I. 옛 궁전
II. 새 궁전
III. 나무 딸기의 궁전
V. 서울의 길들. - 인구. - 사적 그리고 공적 삶. - 양반 - 계층. - 상인들과 그들의 동업조합들. - 다양한 모임들
VI. 학교들과 한국의 교육
어린 시절의 첫 번째 책

과학 교육
한국의 역사 개요
VII. 한국의 종교적 관례들. - 미신.
기자. - 8 개의 기본적 법들
VIII. 한국의 풍속과 주요 관습
3 부. 일본 점령 이전의 한국의 그림
4 부. 한국에 대한 기술
I. 오토리 백작
II. 이누에 백작
III. 이누에 백작의 실패
IV. 미우라 고로 백작. - 한국에서의 비극의 급변
V. 한국 왕비의 암살
VI. 왕비 시해 이후, 한국 왕은 러시아 공사관에 피난하였다.
결론. 극동의 문제

Lanier, L. 『아시아. 지리학 강의들의 선택』 Paris ; Belin Frères, 1892, FRE 17

권 4. 동인도
1장. 힌두스탄
1. 지리학적 요약
I. 자연 지리학
인도 지리용어
인도의 경계와 상황에 대한 일반적 고찰(Dr 르봉)
연안 ; 섬들
몰디브(비비앙 드 성 마르탱과 루슬레)
코로망델 해안의 사주(砂洲)(바렌 백작. - I. 루슬레)
땅의 기복
A. 히말라야 산악지대
히말라야(비비앙 드 성 마르탱. - 루셀I-킬루).
히말라야에 대한 일반적 고찰(V. 작크망)
물의 흐름
인더스(A. 뷔르느)
갠지스강 삼각주 ; 산더반(은둔자 엘리사)
메그나(은둔자 엘리사)
B. 인도의 중앙 고원

나르바다(은둔자 엘리사. - 포르시트)
대리석 바위(E. 코토. - 포르시트)
물의 흐름
기후
계절(V.작크망)
계절풍(Dr 르봉. - 미슬레. - 드 위브너)
구풍(颶風)(오슬랑)
릴게리; 농장들; 우타카문드의 아니타리움(E. 코토)
다질링과 킨친딩가(뒤 위브너. - 모리츠 데키)
II. 정치 지리학
A. 영국 영토들
i. 벵갈 행정구역
ii. 아삼 정부
iii. 북서지역의 정부
iv. 아우드
v. 판자브
vi. 중부 지역의 정부
vii. 마드라스 행정구역
viii. 봄베이 행정구역
ix. 중앙정부의 직접적인 통제하에 있는 지역
반독립 상태의 토착지역
아부 산(드 위브너)
구아리오(L. 루슬레)
하이더라바드(Dr. 바랑)
봄베이(드 위브너)
베나레 강변(고블레 달빌라)
가트 산맥(드 위브너)
기코바르 지역(루슬레)
기코바르의 대(大) 소바리(루슬레)
바로다의 동물들의 싸움과 사냥(고블레 달빌라)
두르바(루슬레)
캐쉬미르(베르니에 - 에르누프, 드루 - G. 르장)
즈이포르
발랑 담베르 (L. 루슬레)

III. 경제 지리학
다이아몬드와 홍옥수 광산(L. 루슬레)
농업
운하(비달-라블아쉬 - 리샤르 탕플르)
인도의 기근
파충류 ; 마술사(L. 루슬레)
코끼리(L. 루슬레 - 스트라봉)
산업
상업
통신길(드 발브장)
IV. 통계적 개념들
인종
종교
오리사와 푸리 ; 자그나트 순례(마흐 드 라 부르디네 - 엘리제 르클뤼)
봄베이의 조로아스터 교도(Edm. 플로쉬)
칼리와 엘레팡타의 동굴(F. 드베)
타지마할(F. 드베)
스리랑카
진주잡이(C. 라벨레)
역사지식
정치분리
아담의 발(G. 외컬)
페라데니아 ; 영국인들의 천국(Id.)
스리랑카 섬의 가축우리(데메르송 테낭)
히말라야의 독립국가
A. 네팔
B. 부탄
유럽 점유지
I. 프랑스령 인도
II. 포루투갈령 인도
마에(프랑스)(피에르 로티)
인도에 관한 역사지식
3° 참고문헌.–지도

A. 역사적 연구서
B. 지리학적 연구서
2장. 인도차이나
1. 지리학적 요약
위치, 경계, 면적
A. 미얀마
I. 자연 지리학
시랑스(마헤 드 라 부르도네)
안다만과 니코바르 섬
II. 정치 지리학
역사지식
남쪽 혹은 영국령 미얀마
북부 미얀마
III. 경제 지리학
2. 발췌문들과 강의들
랑군(F. 도베)
이라우아디와 항해(드 부테이에)
물멩 : 텍 숲의 조선소(F. 드베)
모곡의 루비 광산(스켈톤-스트리터)
B. 사이암
1. 지리학적 요약
I. 자연 지리학
기복과 물의 흐름(H. 무오-S. 슈빌라르)
II. 정치 지리학
속주와 주요 도시
속국
III. 경제적 그리고 통계적 개념들
시암의 중국인들(G. 루티에)
2. 발췌문들과 분석들
시암의 왕의 장례식(슈빌라르 사제)
스티앙(H. 무오)
시암의 어업 : 도마뱀과 물고기(S. 슈빌라르)
C. 말레이지아 반도
1. 지리학적 요약

I. 자연 지리학

I. 해협의 가설물들
ii. 보호국들
iii. 독립국가들

2. 발췌문들과 분석

주석의 땅(브로 드 셍-폴-리아)

구농-부부 ; 사케; 처녀림(Id)

해삼(Id)

싱가포르, 섬의 중국인들(드 보부와르-E. 코토-드 위브너)

D. 프랑스령 인도차이나

1. 지리학적 요약

I. 자연 지리학

프랑스-안남 지리용어

메콩 삼각주(드 라느상)

메콩(드 카르느–D. 아르망–프랑시 가르니에)

위 강과 강 가(뒤트레이 드 렝–J. 샤이에)

대리석 산 ; 우상의 동굴(바이이)

기후와 계절풍(실베스트르)

계절(레)

II. 정치 지리학

역사지식

행정구역

i. 코친차이나
ii. 캄보디아
iii. 안남
iv. 통킹

안남인들 ; 풍속과 습관(Ch. 르미르)

테의 축제(E. 구엥)

안남인들의 장례식(랑드)

하노이 소녀들의 시중 (X.)

III. 경제 지리학

과일 (X.)

위에서 투라느까지 ; 전차들 ; 구름 고개(C. 파리–옥카르)

코끼리와 플랑켕(브로사르 드 코르비니)
큰 호수 어장과 어부(뷔사르)
투앙-앙 어장(폴 베르)
제비 둥지(바이이)
IV. 통계적 개념들
월(月)들(렝아르)
크메르 건축 ; 앙코르 유물(L. 들라포르트)
푸르느로의 선교활동(푸르느로)
안남 산업 ; 상감 세공인(폴 부르드)
3. 참고문헌–지도
권 5. 동 아시아
1장. 중국 제국
1. 지리학적 요약
I. 자연 지리학
프랑스-티벳, 프랑스-중국, 프랑스-몽골 지리용어
A. 몽골
알라-찬 사막(프리발스키)
I. 행정과 군사 구역들
II. 경제 지리학
B. 중가리
C. 동 혹은 중국 투르키스탄–몽고의 칸수
I. 자연 지리학
롭노르(앙리 도를레앙)
외(外)칸수 혹은 몽고
II. 정치 구역들
경제 지리학 (으. 르클뤼스)
III. 쿠쿠-노르와 티벳 사막(G. 봉발로–프린스 앙리 도를레앙)
쿠쿠-노르와 푸른 호수(프리발스키)
D. 티베트
I. 자연 지리학
II. 정치 지리학
행정구역
라사 ; 라마승과 라마교 승원(웍)

III. 경제 지리학
야생 야크(프리발스키)
E. 만주
I. 자연 지리학
II. 정치와 행정 지리학
III. 경제 지리학
F. 한국
I. 자연 지리학
정치 지리학
II. 역사지식
서울(샤를르)
III. 경제 지리학
한국의 고문과 체형(Ch. 달레)
G. 중국
I. 자연 지리학
1. 북 중국
황토의 땅(레옹 루슬레)
호티-키앙(Fr. 가르니에)
마카오(E. 플로쉬)
홍콩(드 위브너)
하이난
II. 정치 지리학 역사적 설명
폴로
중국 정부
행정구역
북경(E. 코토)
광동(M. 그레)
상해(드 위브너)
III. 경제 지리학
중국의 농업(윅-유그. 시몽)
상업. 통신길(E. 코토)
만리장성과 대운하(반 쿠-드 보베르)
한 코우의 차 상업과 벽돌제작(위아르)
가마우지 낚시(피아셋키-프랑시 가르니에)
오리 사육과 살찌게 하기(드베)
IV. 통계적 개념들

이민 ; 아편(L. 루세)
중국의 한 학교(피아세츠키)
제국의 미개인(로쉐)
2. 참고문헌-지도

2장. 일본
1. 지리학적 요약
I. 자연 지리학
프랑스-일본 지리용어
외관(G. 부케)
푸지-야마(E. 코토)
비아 호수(E. 코토-L. 메크니코프)
기후(L. 메크니코프)
II. 정치 지리학
역사지식
정부
행정구역
III. 경제 지리학
일본 산업(메크니코프)
IV. 통계적 개념들
2. 발췌문들과 강의들
도쿄(에도) (드 위브너)
매판(買辦)(귀메와 레가메)
일본의 아이들(부케)
교토(피에르 로티)
성스러운 니코 산(E. 코토-피에르 로티)
일본 건물과 정원들(G. 부케-R. 드 달마)
3. 참고문헌-지도

Lannelongue, O. M. 『세계 여행』 Librairie Larousse, 1909, FRE 7

서론
1장
파리, 리용 역
마르세이유 출발

메츠 사람과 크레타 섬
포르 사이, 페르디난트 드 레셉스의 기념물
수에즈 운하와 홍해
아덴, 실레른에서의 산책
인도양
봄베이, 인도 군중과 의상, 침묵의 여행
2장 인도 북부
아메다바드, 야스마-마시드 회교사원, 하티-싱과 15세기의 무덤들
제이포레, 마하레자 궁과 중학교
암베르, 오래된 궁전
델리, 오래된 요새, 인도 회교도의 건축, 칼라-마시드, 쿠랍 주랑, 리 쿠탑 미나르
암리차르, 시크스 종파, 시크스 종파의 황금 신전 혹은 다르바르 사히브
라호르, 아크바르, 진주, 유리 궁전들
3장
아그라, 강즈 계곡, 태 마할과 이 무덤의 역사
인도와 회교도 건축
베나레, 브라므
갠지즈 강, 강가의 층층 다리, 순례자들, 탁발승들, 화장, 갠지즈 강 흙의 궁전들
캘커타, 광장, 중앙 감옥, 왕립 식물원, 대학, 의학대학과 일반 병원
다레링, 히말라야, 킨친양가
4장 미얀마
무투라 강가에서
랑군, 슈웨 다공 탑, 형제 학교, 케멘딘의 나병환자 수용소
조지 타운, 페낭과 그 곳의 식물원
싱가포르, 뉴 하버, 중국의 도시, 식물원
5장 네덜란드 령 인도
모젤, 빌리통과 그 곳의 주석 광산들, 말레이지아 사람들
바타비아, 여성 네덜란드 인들과 여성 자바인들
뷔텐조르그, 식물원

쇠카보에미, 산들, 게데
영국 령 인도와 네덜란드 령 인도, 인도인과 말레이시아 인
6장 인도차이나
사이공, 도착 : 프랑스와 영국-네덜란드 식 생활방식; 총독 방문, 파스퇴르 연구소, 군사병원, 감옥 방문
메콩 강에서 ; 미토; 강들, 숲들, 원주민 마을들
프놈펜, 궁전들, 왕의 탑, 톤를 삽 호수, 호수 마을들, 강들, 시암-렘
앙코르; 앙코르-밭트, 크메르 건축, 청동제의 동상들
앙코르-톰
7장 캄보디아
프놈펜. 캄보디아 인동, 캄보디아에서의 발전과 개혁들, 의료제도, 무료진료소, 다양한 사업들, 병원, 유아원
시소바트 왕 알현, 왕국의 위대한 인물의 화장, 왕에 의해 제공된 축제, 야간의 춤 파티
101 8장 안남
투란, 후. 산악지대의 벼랑 가의 철길, 구름으로 덮인 고개 병원, 주변, 튀 둬, 민 망, 기아 롱의 왕실 무덤들. 안남의 제황의 환영, 그의 교육
9장
인도 차이나의 국내 정치. 실제적 상황. 규칙들. 고관들, 문학과 번역자들. 토착민들의 군대들. 필수적 개혁들. 용병들의 군대
10장 통킹.
하노이. 도시, 박물관들, 학교들, 안남의 연극, 드 탐, 랑 송, 중국의 문, 하노이의 식물원, 그곳의 부족함; 람 비앙의 고원지대에 방대한 정원을 만들려는 계획; 안남과 통킹에서의 쌀 재배, 새로운 수력 시설과 재배 수확을 두 배로 증가시키는 관개 운하의 필요성: 사람들은 이러한 의미에서 아무것도 하지 않았다.
11장
해 퐁, 감옥; 무료의료제도, 식민화의 관점에서 그것의 혜택들
알롱 만, 군도, 동굴들, 터널의 발견, 타블 섬에서의 사냥 경

기
홍게이, 탄광들
12장 중국
황인 들의 세계, 특별히 중국인들, 중국인들의 전형들; 중국인들의 식사, 그 위생. 홍 콩, 중국의 발전
캉통, 중국의 도시, 그 길들, 그 냄새들, 그 위생, 차 민
마카오, 놀음 방들, 카모앙 인들
13장
프 체우, 민 강의 도랑들, 역사적 추억들
도시, 중국에서의 협회들 혹은 종교 단체들, 조합들의 세력
중국의 인구, 출생 평균; 중국의 집; 거주자들의 위생의 절대적 부족; 사망률; 분만; 절제
상하이, 조계들, 중국의 병원, 중국의 발전; 프랑스 상업의 부진 원인들, 우리 외교관들의 너무 빈번한 변경들; 중국의 의상; 지 카 웨이, 그 곳의 천문대, 그 곳의 중학교, 그 곳의 박물관, 그 곳에서 다양한 활동
14장
중국 여성의 변형된 발
난킹, 명 왕조의 무덤 방문, 공유안 혹은 학자들의 주둔지; 중국의 근대화; 프랑스에서 행해진 것과의 비교; 우리의 연구들, 우리의 시골 학교; 육군과 중국의 해군
양츠강(청 강)에서
한쿠, 한양, 우창, 학교들, 산업들, 하급 노동자와 제련 노동자
15장
페치리에서, 베이징. 철도와 농토, 무덤들, 농업을 위한 신전과 하늘을 위한 신전, 페탕, 성 라자르 수도회원들의 병원
중국인의 성격, 외국인에 대한 저항, 경제적 변화, 우리 외교관들, 명왕조의 무덤들에 대한 방문
16장
베이징(계속), 중국 대학 방문, 젊은이에 대한 추억들, 여름 궁전 방문
천진, 중국 의학 학교; 중국의 미래에 대한 몇 가지 고찰
17장 일본에서.

내해, 코베, 일본인들, 그 관습; 일본 여성; 일본의 아동; 불교와 신도교의 사원들
오사카, 일본의 재산, 요새와 테노지 사원
나라, 탑들, 박물관, 사원들, 신도 혹은 신도교의 숭배

18장

교토, 제국의 궁전들, 사원들, 마루야마 공원과 대 벗나무 축제
토쿄, 일본의 사회구조에 대한 몇 가지 말들: 가족, 자녀 교육; 일본에서의 노동과 규칙. 황제, 국가관, 육군과 해군; 군인, 군인의 모집, 군인의 저항

19장

토쿄(계속). 일본인의 성격, 정중함, 예술적 감정, 공원들, 시바 공원, 일본의 정원, 프랑스 대사관, 시로 혹은 황제의 궁전; 일본 황제의 접견, 대학에서의 축연

20장

니코, 사원들, 삼나무들, 추젠지 공원
토쿄(계속). 일본에서의 기독교; 벗나무들의 공식 축제, 황제에 의해 주관된 정원 파티; 토쿄 의사들의 만찬과 향연

21장 한국에서의 8일.

오산; 한국 남성과 한국 여성, 그들의 의상; 국가적인 모자; 서울; 한국 황제들의 묘들 ; 황제
토쿄로의 귀환; 극동에서의 짐바리 짐승; 요코하마에서 우리가 중국의 황후라는 배에 타기 위하여 토쿄 출발

22장

태평양에서. 극동에 내린 기반. 일본에 대한 고찰들, 일본의 물질적 강대함과 일본의 기준적 정신. 아동의 훈련, 학교, 영웅적 교육, 47명의 사무라이의 역사, 죽음에 대한 무관심
젊은 나이의 결혼, 가족의 구성, 가족의 장의 권위, 저축에 대한 무지와 노동의 필요성; 중국, 안남, 일본에서의 지참금 없는 결혼; 양자로 삼기, 생식력 강한 종족들
기회의 이론, 한 주일은 같은 날에 두 번의 월요일이 있다.

23장 북 아메리카

캐나다: 뱅쿠버, 캐나디안 퍼시픽 익스프레스, 암석이 많은 산들, 셀키르크 방목지대, 알베르 카농, 빙하의 집, 반프, 초원

시카고, 대학, 마샬 필드, 엘리베이터들, 아르무르 가축 사육장
해협

24장 캐나다
나이아가라 폭포, 몬트리올 특급열차, 영국과 프랑스 의사들, 우리의 총영사에 의한 뜨거운 환대; 맥 질이라는 스코트랜드계 대학 교수들과 라발 주교 대학 교수들; 캐나다의 프랑스 가족들의 출산율, 국민은 캐나다 인으로 남아있기를 원하였다, 프랑스 언어에 대한 고수, 진정으로 자유로운 나라, 완전히 예외 없는 노동, 공제와 예금의 결핍, 일반 인들과의 대담들, 캐나다에서 행복
퀘벡, 생 로랑에 비하여 비교할 수 없는 상황. 뜨거운 환대, 향연들 ; 몽모랑시의 교외, 몰락 그리고 아브라함 평원 ; 도시의 번영
사귀에네 강에서. 생 로랑으로부터의 하강, 말배와 타두삭 만들. 사귀에네의 가파르고 숲이 많은 기슭, 경치의 아름다움, 에테르티테 와 트리니테 곶, 쉬쿠티미 만

25장 미국
보스톤, 강력한 도시, 미국 도시들의 구성 계획, 예술 박물관, 일본식 집, 공공 도서관, 플랭클린 공원. 계단 강의실, 도서관, 예배당, 강의 실, 식당, 세미나 실, 실내 체육관, 운동실, 축구장, 우리의 일상 교육에 있어서의 모든 교양을 위한 단체를 갖추고 있는, 하바드 대학
필라델피아, 아주 커다란 도시, 시청의 탑, 예술과 산업 박물관, 페어문트 공원; 실험실, 의학, 법률, 치과 기술, 화학, 그림, 연구소들, 그 밖의 것들을 갖춘, 대학., 하바드를 연상시킨다.
뉴욕, 50층에 이르는 마천루, 평행선을 이루는 대로들과 수직을 이루는 길들, 산업들, 엘리베이터가 있는 기차들, 전기와 말들에 의해 움직이는 전차, 도로의 교통, 미국의 군중, 인구가 많은 커다란 변두리 지역들, 브루클린 다리, 중앙 공원과 브르클린 공원의 전망, 병원들, 록펠러 연구소, 기타 등등
프로방스 뱃전에서. 행복에 대한 견해와 삶에 대한 개념; 빙산의 광경; 나의 생각은 모든 점에서 뛰어난 선박을 앞서간다.

La Pérouse, Jean-François de. 『라페루즈의 항해 : 세계일주』 Milet-Mureau, M. L. M Plassan, 1797, FRE 278, v. 1

라페루즈의 탐험에 사용될 선박 장비에 관한 1791년 2월 9일 의회 칙령. 1쪽

라페루즈에 의해 보내진 보타니 만까지의 항해관련 관련서류와 지도들에 관한 1791년 4월 22일 의회 칙령. 3쪽

1785년 7월 라페루즈와 랑글르의 명령를 따르는 부솔르 호와 아스트로라브 호에 승선한 장교, 학자, 예술가 및 선원 명부. 4쪽

범선 부솔르 호와 아스트로라브 호를 지휘하는 선장 라페루즈 공(公)에게 도움이 되는 특수 훈련에 관한 왕의 각서. 13쪽

1부. 항해 설계 혹은 항해 계획 14쪽

2부. 정치 혹은 교역과 관련된 물건들 30쪽

3부. 과학과 자연사의 여러 가지 분야와 관련된 활동 42쪽

4부. 다양한 국가들의 원주민들과의 관계 시 갖추어야 할 품행에 관하여 50쪽

5부. 승무원들의 건강을 지키기 위한 예방법 55쪽

라페루즈에게 보내진 일반 훈련 발췌문 61쪽

라페루즈에게 도움이 되는 특수 훈련에 관한 왕의 각서와 관련한 지리학적 역사적 문서 62쪽

남방양(洋) 62쪽

남극대양 82쪽

적도대양 94쪽

북빙대양 123쪽

과학 아카데미 종신 서기 콩도르세에게 보낸 카스트리 원수의 편지 155쪽

라페루즈의 지시를 받는 배에 승선한 학자들에게 도움이 되는 과학 아카데미 편집 연구 논문 157쪽

기하학, 천문학, 역학 158쪽

물리학, 화학 160, 164쪽

해부학, 동물학 165, 167쪽

광물학 168쪽

식물학 171쪽
특수관측 173쪽
세계일주 항해 동안 라페루즈를 동반하는 학자들에게 제시된 의사협회의 질물들 180쪽
§ I. 해부학, 생리학 180쪽
§ II. 위생학 185쪽
§ III. 병리학 188쪽
§ IV. 약물학 191쪽
§ V. 외과학술 194쪽
과학 아카데미와 의사협회 회원인 테시에 신부에 의한 라페루즈에게 전달된 싣고 가는 물의 오염을 막기 위한 실험 계획 197쪽
(파리) 식물원 수석 정원사 투엥에 의한 세계일주 항해 일과와 관련된 정원사 통솔을 위한 각서 205쪽
물물교환 만큼 선물로 주려는 라페루즈의 지시를 받는 선박에 승선된 화물 상태와 의류 241쪽
탐사 항해에 고용된 학자들과 예술가들이 사용할 천문학, 항해, 물리학, 화학 그리고 그 외 다른 종류의 도구들에 관한 약술 246쪽
그의 지시를 따르는 배에 승선한 장교와 학자들이 사용할 라페루즈에게 주어진 여행, 천문학, 항해, 물리학, 자연사 그리고 그 외 다른 종류의 책들의 상태 250쪽
F. A. 모렐르에 의한 마닐라로부터 세인트-블래즈까지 프렝세스(왕비) 범선의 항해 이야기 256쪽
북미 서해안에 관한 F. A. 모렐의 항해 이야기 발췌문 324쪽

La Pérouse, Jean-François de. 『라페루즈의 항해 : 세계일주』 Milet-Mureau, M. L. M Plassan, 1797, FRE 278, v. 2

1장. 두 범선의 무장물 ; 브레스트 정박지에서의 체류 - 브레스트에서 마데르와 테네리프까지의 횡단 ; 이 두 섬들에서의 체류 - 산 봉우리까지의 여행 – 트리니테 도착–브라질 해안에 있는 세인트 카트린 섬에서의 휴식 1쪽
2장. 세인트 카트린 섬에 관한 시술 – 우리의 휴식중의 관찰과 사건들 – 세인트 카트린 섬 출발 – 콩셉숀 도착 33쪽
3장. 콩셉숀에 대한 기술 – 거주자들의 풍속과 관습 – 탈카구아나 출발 – 파크 섬 도착 58쪽

4장. 파크 섬에 대한 기술 – 우리에게 닥친 사건들 – 거주자들의 풍속과 관습 79쪽

5장. 파크 섬 내에서의 랑글 씨의 여행 – 원주민들의 풍속과 예술에 대한 새로운 관찰, 그들의 토양 경작에 관한 새로운 고찰 등 97쪽

6장. 파크 섬 출발 – 천문학적 관찰 – 샌드위치 섬 도착 – 모웨 섬의 케리포레포 만 정박 – 출발 104쪽

7장. 샌드위치 섬 출발 – 아메리카 해안 접근 징후들 – 세인트 엘리 산에 대한 확인 – 몽티 만 발견 – 보트들이 베링 큰 강의 입구를 확인할 것이다 – 매우 깊은 만에 대한 확인 – 우리에게 쉬도록 한 여러 관리들의 호의적 보고 – 거기에 들어가면서 우리에게 닥친 위험들 – 내가 프랑스 만 혹은 항구라고 이름을 붙인, 이 만에 대한 서술 – 거주자들의 풍속과 관습 – 우리가 그들과 한 교류 – 체류하는 동안 우리의 활동에 대한 세부설명 130쪽

8장. 프랑스 항에서 계속된 우리 체류 – 그곳에서 출발할 순간에, 우리는 가장 끔찍한 불행을 겪었다 – 이 사건에 대한 역사적 개요 – 첫 정박을 다시 하다 – 출발 161쪽

9장. 프랑스 항에 대한 서술 – 그 위도, 그 경도 – 이 항구의 유리한 점과 불편한 점들 – 그곳의 식물과 광물 생산물들 – 새, 물고기, 조개, 네발 달린 짐승들 – 인도인들의 풍속과 관습 – 그들의 예술, 그들의 무기, 그들의 의상, 그들의 절도 성향 – 러시아인들 만이 간접적으로 이러한 민족들과 교류한다는 강한 가정 – 그들의 음악, 그들의 춤, 놀이에 대한 그들의 열정–그들의 언어에 대한 논문 185쪽

10장. 프랑스 항 출발 – 아메리카 해안 탐험 – 쿡 선장 제도의 만 – 로스 르메디오스와 뷔카렐리 뒤 필로트 모렐 항 – 클로이에르 제도 – 산 카를로스 제도 – 크로스 - 사운드로부터 헥토르 곶까지 해안에 대한 서술 - 한 거대한 만 혹은 운하에 대한 확인, 그리고 그 크기에 대한 정확한 측정 – 사르틴 제도 – 쿡 선장의 나무를 댄 끝 - 선박 괘종시계 검사 - 암초 끝 - 넥케르 섬 - 몽트레이 도착 214쪽

11장. 몽트레이 만에 대한 서술 - 두 캘리포니아 호와 그것들의 선교에 대한 상세한 설명 – 개종한 그리고 개종하지 않은 인도인들

의 풍속과 관습 – 곡식, 과일, 모든 종류의 채소 – 네발 달린 짐승, 새들, 물고기들, 조개들, 기타 – 두 지방의 군사적 조직 – 상업과, 그 밖의 것들에 대한 세부 설명 247쪽

12장. 천문학적 관찰 – 아메리카 해안 지도에 근거한 달에서 태양까지의 거리와 선박 괘종시계로부터 얻어진 결과 비교 – 우리의 작업이 항해에 대한 확신을 필요로 한다는 것에 대한 정확한 동기들 – 몽트레이 주변 다른 토착민들의 언어 어휘와 발음에 관한 고찰 284쪽

13장. 몽트레이 출발 – 우리가 서 대서양을 가로질러 중국까지 계속 가려고 스스로 제안하였던 노정계획 – 노스트라 세노라 드 라 고르타 섬의 헛된 찾기 – 네케르 섬의 발견 – 우리가 몰두하지 못한 망보기 하는 밤 중의 만남 – 이 망보기에 대한 서술 – 그 위도와 경도의 측정 – 미라와 자르뎅 제도의 헛된 탐색 – 마리안느 아솜시옹 섬을 확인하다 – 이 섬의 경도와 위도에 있어서 진정한 위치에 대한 기술 ; 마리안느의 옛 지도의 잘못 – 바쉬 제도의 위도와 경도를 측정하다 – 마카오 정박지에 정박하다 293쪽

14장. 마카오 도착 – 티파 정박지 체류 – 총독의 의무적 접대 – 마카오에 대한 기술 – 그 정부 – 그 인구 – 중국인들과의 관계 – 마카오 출발 – 루손 섬에 접근 – 뵐리나오, 만실로그, 그리고 말리벨 갯벌의 위치 불확실성 – 마리벨 혹은 미라벨 마을에 대한 기술 – 남부 수로를 통하여 마닐라 만으로 들어가다 ; 헛되이 북부의 수로를 탐험하다 – 마닐라 만에서 위험 없이 지그재그로 항해하기 위한 관찰들 – 카비테에 정박 315쪽

15장. 카비테에 정박 – 그 장소 지휘관에 의해 우리가 받은 취급 – 배의 2등 항해사, 부텡 씨가 총독을 향해 마닐라에 파견되다 – 이 관리에게 행해진 접대 – 카비테와 그 병기창에 대한 세부설명 – 마닐라와 그 주변에 대한 기술 – 그 인구 – 거기에 세워진 정부로부터 생겨나는 불편들 – 신성한 주간 중에 우리가 증인이 되었던 처형들 – 담배세 – 필리핀의 새로운 회사 창립 – 이러한 창립에 대한 고찰들 – 필리핀 남부 제도에 대한 세부기술 – 이러한 서로 다른 제도들의 무어 사람들 혹은 마호메트 인들과의 끝없는 전쟁 – 마닐라 체류 – 루손 섬의 군사적 상황 341쪽

16장. 카비테 출발 – 포르모즈(대만) 운하 중간에서 갯벌의 만남 – 이 갯벌의 위도와 경도 – 젤란드 고대 요새에서 멀리 20리 떨어져 정박하다 – 다음날을 준비하다 – 페스카도르 혹은 퐁후 제도에 대한 세부기술 – 보토 타바코 섬 확인 – 크시마 – 리쾌 왕국의 일부인, 쿠미 섬을 따라 항해하다 – 범선들이 일본 해에 들어갔고, 중국 해안을 따라 항해하다 – 퀠파에르 섬(제주도)으로 항해하다 – 한국 해안을 따라 가면서, 매일 천문학적 관찰을 하다 – 퀠파에르 섬, 한국, 그 밖의 것들에 대한 세부설명 – 다즐레 섬(울릉도) 발견 ; 그것의 위도와 경도 367쪽

La Pérouse, Jean-François de. **『라페루즈의 항해 : 세계일주』** Milet-Mureau, M. L. M Plassan, 1797, FRE 278, v. 3

17장. 일본 북서부 지역 통행로 – 일본의 서부 – 노토 곶과 조트시 시마 섬에서의 모습 – 이 섬에 대한 세부설명 – 일본의 이 지역의 경도와 위도 – 일본과 중국의 여러 건축물들의 만남 – 타타르의 해안을 향해 다시 돌아서다. 거기서 북위 42°를 통해 육지에 접근하다 – 테르네이 만에서의 휴식 – 그곳의 생산품들 – 이 지역에 대한 세부 설명 – 단지 3일 동안 그곳에 머무른 후 출범 준비를 하다 – 쉬프렌 만에서의 휴식 1쪽

18장. 북쪽으로의 여정을 계속하다 – 동쪽에서 한 봉우리 확인 – 우리가 어떤 운하를 항해하고 있음을 알다 – 세갈리안 섬 해안을 향해 우리의 여정을 돌리다 – 랑글 만에서의 휴식 – 거주자들의 풍속과 관습 – 그들은 북쪽으로 우리가 계속 항해할 것이라는 것을 알아차리다 – 섬의 해안을 따라 항해하다 – 에스텡 만에서의 휴식 – 출발 – 섬과 대륙사이의 운하가 갯벌들에 의해 막혀있다는 것을 발견하다 – 타타르의 해안에 있는 카스트리 만에 도착 25쪽

19장. 카스트리 만에서의 휴식 – 이 만과 타타르의 한 마을에 대한 기술 – 거주자들의 풍속과 관습 – 무덤과 재산에 대한 그들의 존경 – 그들이 우리에게 불러일으킨 극단적 믿음 – 그들의 자녀들에 대한 그들의 온화함 – 그들 간의 결합 – 이 만에서 네 척의 외국 카누들의 만남 – 우리가 선원들에게 한 지리학적 세부설명 – 카스트리 만의 생산물 – 그 곳의 조개, 네발 달린 동

물들, 새, 돌, 식물들 57쪽

20장. 카스트리 만 출발 – 제소와 오쿠를 분리시키는 해협 발견 - 초카 혹은 세갈리아 섬 끝에 있는 크릴롱 만에서의 휴식 – 이 곳의 거주자들과 그들의 마을에 대한 세부 설명 – 해협을 관통하고 카스트리쿰의 네덜란드 인들에 의해 발견된 모든 토지를 확인하다 – 에타 섬 – 위리에 해협 – 회사의 토지 – 네 형제 제도 – 마리캉 섬 – 쿠릴을 관통하여 캄차카를 향해 항해하다. 79쪽

21장. 이전 장들의 보충 – 타타르 동쪽 해안에 대한 새로운 세부설명 – 예수회 회원들이 이야기하는 소위 진주 낚시라는 것에 대한 의문 – 이 지역의 섬사람들과 대륙인들 사이의 육체적 차이 – 그 지역의 가난 – 거기에서 어떤 유익한 상업을 하는 것에 대한 불가능성 – 초카 혹은 세갈리아 섬 거주자들의 어휘 102쪽

22장. 아바트쉬아 만에서의 정박 – 카보로프 2등 항해사의 의무적인 접대 – 세인트 피에르와 세인트 폴 항구에서, 오코트스크의 총독인 카스로프 우그르냉 씨 도착 – 그는 우리에게 가장 활발하게 관심을 가졌던, 슈말레프 씨와 불행한 이바츠킨에 의해 선상까지 수행되다 – 우리의 경의 표시에 대한 총독의 공식적인 호의 – 캄차달 사람들의 무도회 – 오코트스크로부터 도착한 한 우편물에서 프랑스로부터 온 우리들의 편지들을 가져오다 – 라크로아이에르 씨의 무덤을 발견하고, 거기에 클레크 선장의 무덤에서처럼, 구리에 조각된 비문을 붙이다 - 캄차카에 관련된, 카스로프 씨의 행정부에 대한 새로운 견해들 – 프랑스에 우리의 소하물과 함께 우리의 통역관을 보낼 허가를 얻어내다 – 아바차 만 출발 124쪽

23장. 캄차카에 대한 요약적 세부설명 – 아바차 만에 들어가서, 위험없이 나오기 위한 지침 – 1620년 스페인 사람들에 의해 발견되었다고 하는 영토를 찾기 위해 우리는 위도 37° 30 ' 에서, 삼천리 공간을 주행하다 – 우리는 세 번째로 그 노선을 가로지르다 – 비롱 섬을 지난 뒤에, 항해자들의 제도를 확인하다 – 많은 카누들에 의해 방문을 받고, 그들 선원들과 교류를 하면서, 마우나 섬에서 정박하다. 157쪽

24장. 마우나 섬사람들의 풍속, 관습, 예술, 관례 – 아름답고, 풍요한 그 지역과 그 곳의 거주자들의 잔혹함의 대조 – 넘실거리는 파

도가 매우 강해지다 ; 우리는 억지로 준비하다 – 물을 보급 받기를 원하였던, 드 랑글 씨는 4척의 대형 보트를 가지고 육지로 하선하다 – 그가 암살되다 ; 2 팀의 선원들 중 11명의 인원들이 동일한 운명을 겪다 – 이 사건의 자세한 이야기 186쪽

25장. 마우나 섬 출발 – 요오라바 섬에 대한 기술 – 그 곳의 거주자들과의 교류 – 폴라 섬의 풍경 – 이 섬 원주민들의 풍속, 예술, 관습들, 그리고 그 땅에서 나온 생산물에 대한 새로운 상세설명 – 코코스와 트래트르 제도의 만남 218쪽

26장. 항해자들의 제도 출발 – 친구들 제도를 향해 항해하다 – 지도상에 매우 잘못 배치되어 있는, 바바오 섬과 이 군도의 다른 제도를 만나다 – 통가타보의 거주자들이 열심히 배로 와서 우리와 상업관계를 맺는데 열중하다 – 노르폴크 섬에 정박하다 – 이 섬에 대한 기술 – 보타니 만에 도착 242쪽

유럽 출발로부터 보타니 만에 이르기까지 1785, 1786, 1787, 1788년 동안 부솔 호의 항해목록 267쪽

유럽 출발로부터 캄차카에 이르기까지 1785, 1786, 1787년 동안 아스트로라브 호의 항해목록 353쪽

La Pérouse, Jean-François de. **『라페루즈의 항해 : 세계일주』** Milet-Mureau, M. L. M Plassan, 1797, FRE 278, v. 4

물리학자 라마농과 몽제 씨에 의한 1785년 8월 24일 테네리프 산봉우리 여행 발췌문과 화산재의 새로운 다양성에 대한 기술을 포함한 라페루즈의 탐험에 참가하여 테네리프 산봉우리 꼭대기서 행한 몇 차례 화학 실험 개요 1쪽

의사이자, 해군 일반 외과의사 이며 라페루즈에 의해 지휘를 받는 부솔 호의 외과 군의관인 롤랭 씨에 의한 파크 섬과 모웨 섬 거주자들에 관한 연구 보고 혹은 논문 7쪽

라페루즈 탐험에 고용된 지도 제작자인 베르니케 씨에 의한 파크 섬에 관한 지리학적 연구 보고 21쪽

롤랭 씨에 의한 미국인들에 생리학적 병리학적 연구 보고 36쪽

칠레 토착민 36쪽

캘리포니아 토착민 37쪽

프랑세 만 주변에 거주하는 미국인들 39쪽

일반관찰 42쪽
미국 토착민들의 비율 비교 목록 60쪽
세계일주 항해에 고용된 박물학자 마르티니에르 씨에 의한 몇몇 곤충에 관한 기술적 연구 보고 61쪽
롤랭에 의한 초카 혹은 세갈리아 섬 거주자들과 동방 타타르족의 비율 비교 목록에 따른 초카 혹은 세갈리아 섬 거주자들과 동방 타타르족에 관한 논문 73쪽
라페루즈의 탐험에 기사들의 장의 자격으로 승선한 공병 부대장 모느롱 씨의 관찰 87쪽
트리니테 섬 87쪽
셍트 카트린느 섬 90쪽
칠레 96쪽
파크 섬, 샌드위치 섬, 프랑세 만 101, 102쪽
몬트레이 항 104쪽
라페루즈에 의한 마닐라와 포르모즈(대만)에 관한 연구 보고 106, 110쪽
과학 아카데미의 통신 회원이며, 튀랭 아카데미의 라마농 씨에 의한 초롱조개 혹은 암평아리에 관한 연구 보고와 동방 타타르 바다에서 발견된 한 종에 대한 기술 116쪽
§. I. 조가비에 관한 기술 119쪽
§. II. 동물에 관한 기술 124쪽
라마농 씨에 의한 암모나이트 화석에 관한 연구 보고와 남쪽 바다 열대에서 발견된 한 종에 대한 기술 134쪽
라페루즈에 의한 해달 가죽 거래에 관한 연구 보고 ; 이어진 수달 모피 제조와 프랑세 항구에서 그에 의해 취급된 비버 모피 140쪽
라페루즈, 랑글르, 라마농 등과 해양 장관과의 교신 발췌문 153쪽
라페루즈와 다즐레가 플레리외에게 보낸 편지 발췌문 209쪽
항구 부장이자 함장인 라 투슈에게 보내는 라페루즈에 의해 쓰여진 편지와 라마농이 세르비에르에게 보낸 편지 발췌문 242쪽
해양 장관에게 보내는 마르티니에르의 편지 247쪽
과학 아카데미 종신 서기 콩도르세에게 보낸 편지 발췌문 252쪽
라마농에 의해 대기의 흐름과 역류를 발견하기 위한 북위 한 지점 에서 남위 한 지점까지 행해진 관찰 연구 보고와 관찰 목록 257쪽
학사원 회원 방트나에 의한 라페루즈의 항해 지도 속에 포함된 칠레

의 리아느에 관한 서술 메모 265쪽

La Pérouse, Jean-François de. 『라페루즈의 항해 세계일주 : 저자의 모든 원고들에 따라 발행되어지고, 라페루즈의 코메 장-프랑수아의 탐험여행에 참가하였던 예술가들에 의해 만들어진 그림들과 지도들로 설명되어진』 Editions du Carrefour, 1930, FRE 222

콩셉숑 거주자들의 의상들. 뒤세 드 방시과 제. 엠. 모로 르 죈에 의해 그려지고, 토마스에 의해 조각된
파크 섬의 섬사람과 기념물들. 뒤쉐 드 방시에 의해 그려지고, 고드프로아에 의해 조각된
파크 섬 기념물들의 기하학적 부분들. 베르니제에 의해 그려지고, 훌크에 의해 조각된
파크 섬의 카누. 블론드라에 의해 그려지고, 마스크-리에에 의해 조각된
모베 섬에서 프랑스 범선들의 정박된 모습. 블론드라에 의해 그려지고, 아브릴에 의해 조각된
프랑스 항구에 의해 발견된 카누(사람들은 그 해안에서 카누의 선체의 판자 역할을 대신하는 가죽을 본다), 르 그랑에 의해 조각된
브롱드라에 의해 그려지고, 드레스트르에 의해 조각된
고기잡이 철을 위한 프랑스인들의 항구 거주자들의 건축물 모습. 브롱드라에 의해 그려지고, 르 그랑에 의해 조각된.,프랑스인들의 항구에서 발견된 카누(그 해안에서 카누의 선체의 판자 역할을 대신하는 가죽을 본다). 브롱드라에 의해 그려지고, 드레스트르에 의해 조각된
프랑스인들의 항구에서 발견된 카누(그 해안에서 카누의 선체의 판자 역할을 대신하는 가죽을 본다). 브롱드라에 의해 그려지고, 드레스트르에 의해 조각된
프랑스인들의 항구에 두 대형 보트의 난파. 엔. 오잔에 의해 그려지고, 드크보빌레에 의해 조각된
프랑스인들의 항구에 두 대형 보트의 난파. 엔. 오잔에 의해 그려지고, 드크보빌레에 의해 조각된
중국의 마카오 모습. 뒤쉐 드 방시에 의해 그려지고, 마스퀠리에 의해 조각된
중국의 마카오 모습. 뒤쉐 드 방시에 의해 그려지고, 마스퀠리에 의해

조각된
사람보, 마닐라의 낚시 뗏목. 브롱드라에 의해 그려지고, 마스퀠리에 의해 조각된
마닐라의 거주자들의 의상들. 뒤쉐 드 방시에 의해 그려지고, 뒤프렐에 의해 조각된
타이완의 배. 브롱드라에 의해 그려지고, 르 파즈레에 의해 조각된
랑글 만의 거주자들의 의상들. 뒤쉐 드 방시에 의해 그려지고, 카트랭에 의해 조각된
랑글 만의 거주자들의 의상들. 뒤쉐 드 방시에 의해 그려지고, 카트랭에 의해 조각된
일본식 배. 브롱드라에 의해 그려지고, 르 파즈레에 의해 조각된
카스트리 만의 무덤들. 뒤세 드 방시에 의해 그려지고, 마스퀴엘리에 의해 조각된
카스트리 만의 무덤들. 뒤세 드 방시에 의해 그려지고, 마스퀴엘리에 의해 조각된
캄스쉬아트카에 있는 생-피에르와 생-폴의 전경. 블롱-드라에 의해 그려지고, 마스퀴엘리에 의해 조각된
캄스쉬아트카에 있는 생-피에르와 생-폴의 전경. 블롱-드라에 의해 그려지고, 마스퀴엘리에 의해 조각된
마사크르 만의 지도. 엘. 오베르에 의해 조각된
마사크르 만의 지도. 엘. 오베르에 의해 조각된
드 랑글, 라모농과 두 여행 팀의 다른 승무원들 학살. 엔. 오잔느에 의해 그려지고, 드크보-빌레에 의해 조각된
드 랑글, 라모농과 두 여행 팀의 다른 승무원들 학살. 엔. 오잔느에 의해 그려지고, 드크보-빌레에 의해 조각된
마우나 섬. 헤로에 의해 조각된

La Pérouse. 『라페루즈의 항해 : 세계일주, 1785-1788』 Marc Barbou et Cie, 1880, FRE 258

머리말
라페루즈에 대한 간단한 소개
1장. 두 범선의 무장물 ; 브레스트 정박지에서의 체류 – 브레스트에서 마데르와 테네리프까지의 횡단; 이 두 섬들에서의 체류 – 산 봉

우리까지의 여행 – 트리니테 도착 – 브라질 해안에 있는 세인트 카트린 섬에서의 휴식
2장. 세인트 카트린 섬에 대한 기술 – 우리의 휴식중의 관찰과 사건들 – 세인트 카트린 섬 출발 – 콩셉숀 도착
3장. 콩셉숀에 대한 기술 – 거주자들의 풍속과 관습 – 탈카구아나 출발 – 파크 섬 도착
4장. 파크 섬에 대한 기술 – 우리에게 닥친 사건들 – 거주자들의 풍속과 관습
5장. 파크 섬 내에서의 랑글 씨의 여행 – 원주민들의 풍속과 예술에 대한 새로운 관찰, 그들의 토양과 경작에 관한 새로운 고찰
6장. 파크 섬 출발 – 천문학적 관찰 – 샌드위치 섬 도착 – 모웨 섬의 케리포레포 만 정박 – 출발
7장. 샌드위치 섬 출발 – 아메리카 해안 접근 징후들 – 세인트 엘리산에 대한 확인 – 몽티 만 발견 – 보트들이 우리가 베링 강이라고 이름을 붙인 커다란 바다 입구를 확인할 것이다 – 매우 깊은 만에 대한 확인 – 우리에게 쉬도록 한 여러 관리들의 호의적 보고 – 거기에 들어가면서 우리에게 닥친 위험들 – 내가 프랑스 만 혹은 항구라고 이름을 붙인, 이 만에 대한 서술 – 거주자들의 풍속과 관습 – 우리가 그들과 한 교류 – 체류하는 동안 우리의 활동에 대한 세부설명
8장. 프랑스 항에서 계속된 우리 체류 – 그곳에서 출발할 순간에, 우리는 가장 끔찍한 불행을 겪었다 – 이 사건에 대한 역사적 개요 – 첫 정박을 다시 하다 – 출발
9장. 프랑스 항에 대한 서술 – 그 위도, 그 경도 – 이 항구의 유리한 점과 불편한 점들 – 그곳의 식물과 광물 생산물들 – 새, 물고기, 조개, 네발 달린 짐승들 – 인도인들의 풍속과 관습 – 그들의 예술, 그들의 무기, 그들의 의상, 그들의 절도 성향 – 러시아인들 만이 간접적으로 이러한 민족들과 교류한다는 강한 가정 – 그들의 음악, 그들의 춤, 놀이에 대한 그들의 열정 – 그들의 언어에 대한 논문
10장. 프랑스 항 출발 – 아메리카 해안 탐험 – 쿡 선장 제도의 만 – 로스 르메디오스와 뷔카렐리 뒤 필로트 모렐 항 – 클로이에르 제도 – 산 카를로스 제도 – 크로스-사운드로부터 헥토르 곶까지 해안에 대한 서술 – 한 거대한 만 혹은 운하에 대한 확인,

그리고 그 크기에 대한 정확한 측정 – 사르틴 제도 – 쿡 선장의 나무를 댄 끝 - 선박 괘종시계 검사 - 암초 끝 - 넥케르 섬 - 몽트레이 도착
11장. 몽트레이 만에 대한 서술. 두 캘리포니아 호와 그것들의 선교에 대한 상세한 설명 – 개종한 그리고 개종하지 않은 인도인들의 풍속과 관습 – 곡식, 과일, 모든 종류의 채소; 네발 달린 짐승, 새들, 물고기들, 조개들, 기타 – 두 지방의 군사적 조직 – 상업과, 그 밖의 것들에 대한 세부 설명
12장. 몽트레이 출발 – 우리가 서 대서양을 가로질러 중국까지 계속 가려고 스스로 제안하였던 노정계획 – 노스트라 세노라 드 라 고르타 섬의 헛된 찾기 – 네케르 섬의 발견 – 우리가 몰두하지 못한 망보기 하는 밤 중의 만남 – 이 망보기에 대한 서술 – 그 위도와 경도의 측정 – 미라와 자르뎅 제도의 헛된 탐색 – 마리안느 아솜시옹 섬을 확인하다 – 이 섬의 경도와 위도에 있어서 진정한 위치에 대한 기술 ; 마리안느의 옛 지도의 잘못 – 바쉬 제도의 위도와 경도를 측정하다 – 마카오 정박지에 정박하다
13장. 마카오 도착 – 티파 정박지 체류 – 총독의 의무적 접대 – 마카오에 대한 기술 – 그 정부 – 그 인구 – 중국인들과의 관계 – 마카오 출발 – 루손 섬에 접근 – 뷜리나오, 만실로그, 그리고 말리벨 갯벌의 위치 불확실성 – 마리벨 혹은 미라벨 마을에 대한 기술 – 남부 수로를 통하여 마닐라 만으로 들어가다 ; 헛되이 북부의 수로를 탐험하다 – 마닐라 만에서 위험 없이 지그재그로 항해하기 위한 관찰들 – 카비테에 정박
14장. 카비테에 정박 – 그 장소 지휘관에 의해 우리가 받은 취급 – 배의 2등 항해사, 부텡 씨가 총독을 향해 마닐라에 파견되다 – 이 관리에게 행해진 접대 – 카비테와 그 병기창에 대한 세부설명 – 마닐라와 그 주변에 대한 기술 – 그 인구 – 거기에 세워진 정부로부터 생겨나는 불편들 – 신성한 주간 중에 우리가 증인이 되었던 처형들 – 담배세 – 필리핀의 새로운 회사 창립 – 이러한 창립에 대한 고찰들 – 필리핀 남부 제도에 대한 세부기술 – 이러한 서로 다른 제도들의 무어 사람들 혹은 마호메트 인들과의 끝없는 전쟁 – 마닐라 체류 – 루손 섬의 군사적 상황
15장. 카비테 출발 – 포르모즈(대만) 운하 중간에서 갯벌의 만남 – 이 갯벌의 위도와 경도 – 젤란드 고대 요새에서 멀리 20리 떨

어져 정박하다 – 다음날을 준비하다 – 페스카도르 혹은 퐁후 제도에 대한 세부기술 – 보토 타바코 섬 확인 - 크시마-리쾌 왕국의 일부인, 쿠미 섬을 따라 항해하다 – 범선들이 일본 해에 들어갔고, 중국 해안을 따라 항해하다 – 퀠파에르 섬(제주도)으로 항해하다 – 한국 해안을 따라 가면서, 매일 천문학적 관찰을 하다 – 퀠파에르 섬, 한국, 그 밖의 것들에 대한 세부설명 – 다즐레 섬(울릉도) 발견; 그것의 위도와 경도

16장. 일본 북서부 지역 통행로 - 일본의 서부 – 노토 곶과 조트시시마 섬에서의 모습 – 이 섬에 대한 세부설명 – 일본의 이 지역의 경도와 위도 – 일본과 중국의 여러 건축물들의 만남 – 타타르의 해안을 향해 다시 돌아서다. 거기서 북위 42°를 통해 육지에 접근하다 – 테르네이 만에서의 휴식 – 그곳의 생산품들 – 이 지역에 대한 세부 설명 – 단지 3일 동안 그곳에 머무른 후 출범 준비를 하다 – 쉬프렌 만에서의 휴식

17장. 북쪽으로의 여정을 계속하다 – 동쪽에서 한 봉우리 확인 – 우리가 어떤 운하를 항해하고 있음을 알다 – 세갈리안 섬 해안을 향해 우리의 여정을 돌리다 – 랑글 만에서의 휴식 – 거주자들의 풍속과 관습 – 그들은 북쪽으로 우리가 계속 항해할 것이라는 것을 알아차리다 – 섬의 해안을 따라 항해하다 – 에스텡 만에서의 휴식 – 출발 – 섬과 대륙사이의 운하가 갯벌들에 의해 막혀있다는 것을 발견하다 – 타타르의 해안에 있는 카스트리 만에 도착

18장. 카스트리 만에서의 휴식 – 이 만과 타타르의 한 마을에 대한 기술 – 거주자들의 풍속과 관습 – 무덤과 재산에 대한 그들의 존경 – 그들이 우리에게 불러일으킨 극단적 믿음–그들의 자녀들에 대한 그들의 온화함–그들 간의 결합 – 이 만에서 네 척의 외국 카누들의 만남 – 우리가 선원들에게 한 지리학적 세부설명 – 카스트리 만의 생산물 – 그 곳의 조개, 네발 달린 동물들, 새, 돌, 식물들

19장. 카스트리 만 출발 – 제소와 오쿠를 분리시키는 해협 발견 - 초카 혹은 세갈리아 섬 끝에 있는 크릴롱 만에서의 휴식 – 이 곳의 거주자들과 그들의 마을에 대한 세부 설명 – 해협을 관통하고 카스트리쿰의 네덜란드 인들에 의해 발견된 모든 토지를 확인하다 – 에타 섬 – 위리에 해협 – 회사의 토지 – 네 형제

제도 – 마리캉 섬 – 쿠릴을 관통하여 캄차카를 향해 항해하다
20장. 이전 장들의 보충 – 타타르 동쪽 해안에 대한 새로운 세부설명 – 예수회 회원들이 이야기하는 소위 진주 낚시라는 것에 대한 의문 – 이 지역의 섬사람들과 대륙인들 사이의 육체적 차이 – 그 지역의 가난 – 거기에서 어떤 유익한 상업을 하는 것에 대한 불가능성 – 초카 혹은 세갈리아 섬 거주자들의 어휘
21장. 아바트쉬아 만에서의 정박 – 카보로프 2등 항해사의 의무적인 접대 – 세인트 피에르와 세인트 폴 항구에서, 오코트스크의 총독인 카스로프 우그르냉 씨 도착 – 그는 우리에게 가장 활발하게 관심을 가졌던, 슈말레프 씨와 불행한 이바츠킨에 의해 선상까지 수행되다 – 우리의 경의 표시에 대한 총독의 공식적인 호의 – 캄차달 사람들의 무도회 – 오코트스크로부터 도착한 한 우편물에서 프랑스로부터 온 우리들의 편지들을 가져오다 – 라 크로아이에르 씨의 무덤을 발견하고, 거기에 클레크 선장의 무덤에서처럼, 구리에 조각된 비문을 붙이다 - 캄차카에 관련된, 카스로프 씨의 행정부에 대한 새로운 견해들 – 프랑스에 우리의 소하물과 함께 우리의 통역관을 보낼 허가를 얻어내다 – 아바차 만 출발
22장. 캄차카에 대한 요약적 세부설명 – 아바차 만에 들어가서, 위험 없이 나오기 위한 지침 – 1620년 스페인 사람들에 의해 발견되었다고 하는 영토를 찾기 위해 우리는 위도 37° 30′ 에서, 삼천 리 공간을 주행하다 – 우리는 세 번째로 그 노선을 가로지르다 – 비롱 섬을 지난 뒤에, 항해자들의 제도를 확인하다 – 많은 카누들에 의해 방문을 받고, 그들 선원들과 교류를 하면서, 마우나 섬에서 정박하다
23. 마우나 섬사람들의 풍속, 관습, 예술, 관례 – 아름답고, 풍요한 그 지역과 그 곳의 거주자들의 잔혹함의 대조 – 넘실거리는 파도가 매우 강해지다 ; 우리는 억지로 준비하다 – 물을 보급 받기를 원하였던, 드 랑글 씨는 4척의 대형 보트를 가지고 육지로 하선하다 – 그가 암살되다 ; 2 팀의 선원들 중 11명의 인원들이 동일한 운명을 겪다 – 이 사건의 자세한 이야기
24장. 마우나 섬 출발 – 요오라바 섬에 대한 기술 – 그 곳의 거주자들과의 교류 – 폴라 섬의 풍경 – 이 섬 원주민들의 풍속, 예술, 관습들, 그리고 그 땅에서 나온 생산물에 대한 새로운 상세설명

— 코코스와 트래트르 제도의 만남
25장. 항해자들의 제도 출발 — 친구들 제도를 향해 항해하다 — 지도상에 매우 잘못 배치되어 있는, 바바오 섬과 이 군도의 다른 제도를 만나다 — 통가타보의 거주자들이 열심히 배로 와서 우리와 상업관계를 맺는데 열중하다 — 노르폴크 섬에 정박하다 — 이 섬에 대한 기술 — 보타니 만에 도착
보충의 장. 라 페루즈 씨에 의해 지휘 되었던, 프랑스 범선 부솔 호와 아스트로라브 호의 조난, 그리고 1794년 프랑스의 항해자들에 의해, 1827년 딜롱 선장에 의해, 그리고 1828년 뒤몽 뒤르빌 선장에 의해, 이 비참한 사건에 대한 상세한 설명

Larrouy, Maurice. 『얼어 있는 바다 : 만주, 일본, 캐나다, 미국』 A. Fayard, 1934, FRE 158e14

머리말
만주
열차-시장
개의 세례
악어 가방
선교활동이 발전하다
죽음의 무도
슬라브 민족의 야누스
자녀의 흥정
일본 제국
한국적 전제들
한국의 망자를 위한 기도
일본의 접대
바람직하지 못한 것들
고무로된 호텔
제국의 규율들
표절자들의 스승들
인위적 발전
마찬가지로
다른 반구

태평양의 중개지들
바다와 육지의 안개
캐나다,숲의 왕국
영국의 개척자들
산과 평원의 장엄함
프랑스의 두번째 수도
추방된 자들의 고국
언어 전쟁
미국
감옥의 창에서
거인들과 난장이들
당연한 파산
정보의 무시
달러 하락 원인
암흑속의 등불

Lasker, Bruno. 『움직이고 있는 아시아의 민족들 : 중국, 일본, 인도에서의 근대적 인간 이동, (중국, 일본, 인도, 말레이지아, 기타 등등에서의 근대적 인간 이동』 Payot, 1946, FRE 90

서론
1장. 토지와 인구
이주의 대물결
이동의 원인과 장애들
중국
남동 아시아
압력과 흩어짐
2장. 전쟁과 내부 이동
남동 아시아
중국
소련의 극동-일본
3장. 국제적 이동
서부와 남부의 이주
인도인들

아랍인들
자바인들
인도차이나인들
필리핀인들
남 중국의 이민
북 중국과 한국의 이민
일본의 이민
유럽으로부터 온 이민
4장. 전쟁 이후의 전망들
중국에서의 전후 전망들
일본에서의 전후 전망들
한국에서의 전후 전망들
남동 아시아에서의 전후 전망들
5장. 아시아 밖에서의 이주
전망과 정치
동양 인력의 역할
동양인들의 배제정책
오스트레일리아의 경우
이민을 받아들일 수 있는 다른 국가들
임시 조치들
상업적 가능성
단기 인력 이주
국제적 말다툼
6장. 결론
일반적 결론
자원과 적응성
인구정책
합의된 계획의 필요성
부록
아시아 밖으로의 인도인들의 이민

Launay, Adrien. 『시복된 1830-1846년의 프랑스와 한국인 순교자들』 Tequi, 1925, FRE 80

뮈텔 주교 각하의 편지
서론 : 시복의 원인
I. 한국 : 지역과 생산물
II. 한국에서의 카톨릭의 기원들
III. 박해의 시작
IV. 중요한 충고
V. 1839년 5월 20일 혹은 21일 감옥에서 죽은, 프로테 티지앙
VI. 1839년 5월 24일 참수형에 처해진, 아가트 리, 안 박, 마들렌느 김, 바르브 안, 아가트 김, 피에르 권, 다미앙 남, 오귀스탱 리, 뤼시 박
VII. 1839년 5월 26일에서 29일까지 감옥에서 죽은, 조세프 티장, 바르브 리, 바르브 김
VIII. 1839년 7월 20일 참수형을 당한, 로즈 김, 마들렌느 리, 테레즈 리, 마르트 김, 뤼시 김, 장 리, 안 킨, 마리 우앙
X. 1839년 9월 3일 참수형을 당한, 바르브 리, 바르브 쿠앙, 마리 리, 마리 박, 아녜스 김, 장 박
XI. 1839년 9월 12일 감옥에서 죽은, 프랑스와 최
XII. 1839년 9월 21일 참수형을 당한, 앵베르 주교 각하, 모방과 샤스탕 신부들
XIII. 1839년 9월 22일 참수형을 당한, 폴 티앙과 오귀스탱 류
XIV. 1839년 9월 26일 참수형을 당한, 마들렌느 헤, 마들렌느 박, 아가트 티앙, 페르프튀 훙, 콜롬브 김, 쥘리에트 김, 샤를르 트지오, 세바스티앙 남, 이그나스 김
XV. 1839년 9월 혹은 10월 감옥에서 죽은, 카트린느 리와 마드렌 트지오
XVI. 1839년 10월 31일 교살된, 피에르 류
XVII. 1839년 11월 23일 감옥에서 죽은, 세실 류
XVIII. 1839년 11월 23일의 칙령
XIX. 1839년 12월 29일 참수형을 당한, 피에르 최, 브노아트 현, 마들렌느 리, 마들렌느 한, 엘리자베스 티양, 바르브 트지요, 바르브 고
XX. 1840년 1월 9일 교살된, 아가트 리와 테레즈 김
XXI. 1840년 1월 23일 교살된, 앙드레 트지앙
XXII. 1840년 1월 31일 참수형을 당한, 마리 리, 마들렌느 손, 아가트 권, 아가트 리, 피에르 홍, 오귀스탱 박
XXXIII. 1841년 4월 29일 감옥에서 죽은, 앙트완 김
XXIV. 박해 이후의 한국의 선교 상황
XXV. 1846년 9월 16일 참수형을 당한, 앙드레 김
XXVI. 1846년 9월 19일 참수형을 당한, 샤를르 현
XXVII. 1846년 9월 20일 감옥에서 죽거나 혹은 교살당한, 조세

프 림, 수잔 우, 테레즈 김, 아가트 리. 카트린 트지양, 피에르 남, 로랑 한

Launay, Adrien 『외방 전도회의 신의 축복을 받은 순교자들』 Pierre Tequi, Missions Etrangeres, 1929, FRE 103

축복 받은 순교자들의 이름들에 대한 시복식

I. 어린 시절과 젊은 시절
II. 소명
III. 외방 전도회의 신학교
IV. 선교하고 있는 프랑스에 대하여
V. 선교
VI. 사도 생활
VII. 사도 생활 (계속)
VIII. 사도 생활 (끝)
IX. 주교들
X. 감옥생활
XI. 감옥생활 (끝)
XII. 순교
XIII. 역품 천사와 예배
XIV. 비범한 일들과 기적들
XV. 순교자들의 피

Lavarenne, J. 『선교에 관한 소론 : 카톨릭 선교사들의 선교 활동들』 Aux Bureaux de l'Oeuvre, 1939, FRE 150

서론

달성해야 할 과업

세계속의 종교들

1부 선교협회의 활동

1장 선교 보조 활동

I.주교 활동

1) 신앙의 전파

2) 사도 바울의 활동들

3) 성자의 활동들

II.또 다른 선교 후원 활동들

1) 교구 활동

2) 동방의 활동
3) 반 노예 활동
2장 정보와 선전을 위한 협회들
I. 성직자 선교동맹
II. 선교를 위한 친구들
III. 프랑스 학생 선교연맹
IV. 아드 루첾
V. 샤를르 데 푸코 협회
3장 다양한 활동과 시도들
I. 병자들을 위한 선교의 날
II. 기도의 전파
III. 숙박시설
IV. 자유 식민지 군대 사제직
V. 선교 협회보들
VI. 주요 문서화된 작품들
VII. 신자들을 위한 집회소
VIII. 선교 주간
2부 세계 속의 카톨릭 선교
1부 교회의 선교 조직
I. 선교 협회
II. 선교 교구들
III. 일반 통계
1)교구 활동들
2)선교 국가의 시설들
3)선교사들의 수입
2장 선교 국가들
I. 유럽
II. 아시아
III. 아프리카
IV. 아메리카
V. 오세아니아
3장 선교기관들
I.사제회
II.형제회
III.여성 종교인회
부록
영적 열정
일반적 관찰

신앙의 전파
사도 바울의 활동
성자
성직자 선교동맹

Leclercq, Jules. 『황색인들에게서 : 일본-중국-만주』 Plon-Nourrit, 1910, FRE 223e2

1장. 캐나다 횡단
2장. 태평양에서
3장. 요코하마
4장. 니코
5장. 튜첸지
6장. 유모토
7장. 산에서
8장. 누마타
9장. 이카오
10장. 카루이사와
11장. 아사마 야마
12장. 토키오
13장. 카마쿠라
14장. 요코하마
15장. 내해
16장. 나가사키
17장. 창해
18장. 청 강
19장. 한 코우
20장. 중국에서의 벨기에 철도
21장. 베이징
22장. 만주에서
23장. 묵덴
24장. 시베리아 횡단

Lemoine, Laurent. 『극동에서의 프랑스에 대하여 : 해양화와 스케치들』

Libraire Catholique Emmanuel Vitte, 1922, FRE 212e3

서론
1장. 지중해에서
2장. 사이드 항을 거쳐서 아덴을 향해서
3장. 아덴에서 싱가포르까지
4장. 싱가포르에서의 휴식, 사이공 선착
5장. 중국해와 황색인종의 국가들
6장. 만주에서
7장. 민족지학과 여러 집단들
8장. 문명화된 생활과 이교도적 미신들
9장. 만주인들의 풍속과 스케치
10장. ≪ 신에 따르기 위하여?≫
11장. 첫 파종
12장. ≪순교자의 피≫
13장l. ≪신은 죽지 않는다!≫
14장. 신학교에서의 생활
15장. 물건들과 그 밖의 것들
16장. 지역에서의 생활
17장. 신과 영혼

Lemosof, M. P. 『지리학적 비망록 : 중요한 사건들과 일들』 Société géographie, 1897, FRE 276 v.1

제목 페이지
빙거 탐험
나이지리아의 만곡r
본발로 씨의 탐험들
세계의 지붕
사이암
사이암
캐나다의 프랑스인들
캐나다
통킹의 북부

뮈옹 국
멕시코의 프랑스인들
멕시코에서의 작은 요람들
소러시아
우크라이나-키외
프랑스 섬
모리스 섬
아르헨티나 공화국(1)
대초원을 가로질러서
프랑스령 기아나
악마의 섬
대서양의 섬들
태평양의 섬들 (1)
아프가니스탄 지역
아프가니스탄
콩고
콩고의 긴 상의
마다가스타르에서의 프랑스인들
마다가스카르(1)
아비시니아의 과거와 현재
아비시니아 (1)
마르티니크에서의 프랑스인들
마르키니크 (1)
다이아몬드 광산 지역
다이아몬드 광산들 (1)
누벨 에브리드에서의 프랑스인들
누벨 에브리드(1)
홀랜드 령 기아나(1)
수리남 (1)
적도 아프리카에서의 포르투갈 인들
잠베제
아마존 지역들
페루의 식인종들(1)
일본의 발전

요코하마와 토키오(1)
브라질의 과거와 현재
브라질
아프리카 남부 프랑스
바스토족 (1)
노르웨이
노르웨이 협만들
프랑스에서 누카 히바까지
마르퀴즈 제도

Lemosof, M. P. 『지리학적 비망록 : 중요한 사건들과 일들』 Société géographie, 1897, FRE 276 v.2

유콩의 금광지역들
클론디케에서
프랑스의 탐험들
세네감비
인도로 가는 길
바스코 다 가마
모로코에 대한 연구들
모로코
쿠바 혁명의 원인들
쿠바와 푸에트리코
진정한 중국
중국인의 중국(1)
에스파니아령 서인도제도의 미래
하바나-만자스(1)
필리핀에 있는 스페인 인들
필리핀 인들
어떤 미국 도시의 탄생
시카고(1)
오만의 왕
마스카트(1)
크리미아의 역사

세바스토플과 크리미아(1)
프랑스와 안남
안남 인들
상티아고와 하바나
쿠바의 상티아고(1)
봄베이 총리관저
봄베이
랩랜드 종족
랩랜드에서
고대와 현대의 코니아(1)
이슬람교 수도승들인 선반공들의 도시
에콰도르 공화국
귀야퀴에서 퀴토까지(1)
라오스에서의 프랑스 확장
라오스
튀니지에서의 프랑스
튀니지에서
인도의 위생시설들
다링
포르모스 섬
포르모스의 미개인들(1)
대사막의 살인자들
하우사 왕국(1)
콩고에서의 프랑스
프랑스 령 콩고
세일론의 지도자들
세일론(1)
스웨덴 역사
스웨덴에서
마지막 붉은 가죽들
오클라호마(1)

Leroux, Ernest. 『한국 소설 : 다시 꽃핀 메마른 숲』 Ernest Leroux, 1895, FRE 328

헌사
서문.
다시 꽃핀 메마른 숲.

I. ..의 시대에
II. 순의 수송
III. 학자 산 후니
IV. 그동안 수 훙
V. 그것은 첫번째 장관이었다.
VI. 우리의 문앞에 다시 왔다.
VII. 이미 여러 달 전이었다.
VIII. 그것은 ...을 가진 산 성이다.
IX. 수도를 떠나면서
X. 긴 여러 달이 지났다.

Leroux, Gaston. 『제물포의 영웅들』 Felix Juven, 1904, FRE 66

1장. 수에즈 운하에서의 어떤 포커 게임
2장. 드 르비츠키 씨의 기상
3장. 제물포에서
4장. 곤두박질 치는 어뢰
5장. 기사의 철야식
6장. 역사적 서류들
7장. 죽음의 행진
8장. 보루에서
9장. 공간 속의 한 인간
10장. 포대에서
11장. 바리약은 항상 전진한다
12장. 어떤 납골당-장작불
13장. 다리 위에서 산책
14장. 바리약의 종말
25장. 구름 속의 코레츠
26장. 귀환
27장. 세바스토폴과 생 페테르부르그에서
28장. 동궁에서

Leroy-Beaulieu, Pierre. 『아시아의 개혁 : 시베리아-중국-일본』 Librairie Armand Colin et cie, 1904, FRE 60

서론
1부. 시베리아
1장. 시베리아에서의 러시아 팽창의 기원과 국가의 자연적 성격들
2장. 시베리아의 영토와 그 곳의 거주자들
3장. 농업지역의 시베리아와 시골 인구들
4장. 광물자원의 풍부함과 산업
5장. 시베리아의 상업과 차의 수송
6장. 시베리아의 도시들
7장. 이민
8장. 시베리아의 교통로들
9장. 시베리아 횡단 철도. 그 자취와 그것의 건설
10장. 시베리아 횡단의 실행방법
11장. 만주의 철도
12장. 유럽의 극동과의 관계들과 시베리아 횡단지역
2부. 일본
1장. 일본의 선례들. 그 기원과 그 과거에 대한 개관
2장. 일본의 옛 정체와 1868년의 혁명
3장. 근대 일본의 외관
4장. 일본에서의 산업
5장. 시골의 일본
6장. 일본 상업의 발전
7장. 일본의 재정
8장. 국내 정책과 일본의 의회
9장. 외국에서의 일본의 행동, 그 군사력, 그 외교정책
10장. 일본에서의 서양문명의 미래. 일본과 외국의 관계
3부. 중국 문제
1장. 극동 문제의 위상
2장. 중국의 수도들
3장. 베이징 주위의 중국 회사-제국 쇠퇴의 수많이 분명한 징후들

4장. 지식인들과 고관 계층, 중국의 쇠퇴와 불변함의 주요 원인들
5장. 중국 국민, 그 정신과 그 성격
6장. 중국에서의 외국인들–서양과 그들의 문명에 대한 중국인들의 태도
7장. 중국에서의 외국인들의 조건과 작업. 개항된 항구들–산업과 상업
8장. 중국과 강대국들–극동에서의 유럽 정책과 중일전쟁
9장. 중국과 강대국들 : 1895년에서 1897년 사이 극동에서의 러시아, 프랑스 그리고 영국
10장. 중국과 강대국들(1897–1899).
11장. 중국의 미래–중국 제국의 유지 혹은 분할

Lesourd, Paul. 『가톨릭 선교사』 De l'Arc, 1937, FRE 251

1부. 여러 세기를 가로질러
1장. 기독교의 첫 삼 세기
2장. 4에서 10세기
3장. 11에서 14세기
4장. 15에서 18세기
5장. 19에서 20세기
2부. 세계를 통해서
1장. 유럽
I. 서 유럽과 남 유럽
II. 북부 유럽
III. 중부 유럽과 발칸 유럽 그리고 로도스 섬의 유럽
IV. 러시아
2장. 아시아
I. 동 아시아 혹은 근동
II. 중앙 아시아
III. 인도 제국
IV. 인도차이나
V. 중국과 만주국
VI. 일본 제국
3장. 아프리카
I. 알제리, 사하라, 튀니지

II. 모로코
III. 리비아
IV. 카나리아 제도, 베르 곶, 그리고 포르투갈 령 기아나
V. 프랑스의 서 아프리카
VI. 리베리아
VII. 영국의 서 아프리카
VIII. 토고와 카메룬
IX. 스페인 령 기아나
X. 프랑스의 적도 아프리카
XI. 벨기에 령 콩고와 루안다
XII. 포르투갈 령 앙골라 혹은 콩고 그리고 상 톰과 프린스 제도
XIII. 로로즈 지방과 남 아프리카
XIV. 모잠비크 혹은 포르투갈 령 동 아프리카
XV. 영국 령 동 아프리카(니사, 탕자니아, 우간다, 케냐 그리고 잠비아)
XVI. 소말리아
XVII. 이탈리아 동 아프리카
XVIII. 앵글로 이집트령 수단
XIX. 이집트
XX. 아프리카의 섬나라

4장. 아메리카
I. 그린랜드, 알라스카, 생 피에르와 미크롱
II. 캐나다
III. 미국
IV. 중앙 아메리카 대륙 국가들
V. 서인도 제도
VI. 남 아메리카

5장. 말레이 군도와 대서양
I. 필리핀 제도
II. 보르네오 섬
III. 자바, 수마트라, 방카와 빌리통 섬
IV. 셀레브르 제도 ; 프티트 송드 ; 티모르
V. 오스트레일리아와 뉴질랜드
VI. 뉴 기니아, 파푸아, 몰뤼크 제도
VII. 캐롤린, 마리안느, 마샬, 괌, 살로몬, 기버트, 피지, 뉴 헤브리즈, 뉴 칼레도니 섬들
VIII. 통가, 발리스와 푸투나, 항해자들의 제도(사모아 제도), 쿠크, 타이티, 마르퀴즈, 상드위치(혹은

하와이) 섬들

부록

I. 1810-1811년 카톨릭 선교
II. 1844년 카톨릭 선교의 일반적 상황
III. 실제적으로 선교회의 관할 아래에 있는 라틴 의식을 갖고 있는 카톨릭들의 전체 통계
IV. 동방 선교회의 관할 아래에 있는 동양 카톨릭들에 대한 전체 통계
V. 아시아, 아프리카, 아메리카 그리고 대서양의 현 프로테스탄트들에 대한 전체적 통계
VI. 세계의 현 뮤즐만들에 대한 전체 통계
VII. 세계의 현 유태인들의 전체 통계
VIII. 세계의 종교들

Levi, Sylvain. **『실벵 레비와 그의 작품 : 일본의 종교 사상에 대한 연구』 8권, 2-4호,** Librairie Paul Geuthner ; Tokio : Mitsukoshi Lit-B 1936, FRE 315

레옹 쥘리오 드 라 모랑이에르가 쓴, 서문

I 부-실뱅 레비와 그의 작품

쥥지로 타카쿠수-실뱅 레비

알프레드 푸세-쉴뱅 레비에 대한 편지

조세프 학킨-실뱅 레비와 귀메 박물관

폴 드미에빌-실뱅 레비의 작품 속에서의 극동

2부-일본의 종교 사상에 대한 연구

테추지로 이누에-신앙 세계에서의 불교의 위치와 그 미래

겐치 카토-국가적 제도들과 밀접한 관계를 갖고 있는 것으로 생각되는, 그리고 신도에 의해 설명되는, 일본 국민의 종교 신앙의 특징

수에오 고토-토쿠가와 시대 이후 중일 전쟁까지 일본에서의 프랑스의 영향

브뤼노 페촐드-불교의 분류

피에르 휨베르트클로드-3백년 전의 일본에서의 기독교 문헌

Levis, M. de. **『강희의 여행들 : 혹은 새로운 중국 편지들』** P. Didot L'aîné, 1810, FRE 269 v.1

서문

편지 1 고관 강희가 자신의 친구 왕포에게 보낸 첫 편지
편지 2 태나가 자신의 자매 포히로에게
편지 3 강희가 왕포에게
편지 4 동일인으로부터 동일인에게
편지 5 동일인으로부터 동일인에게
편지 6 태나가 자신의 자매에게
편지 7 동일인이 동일인에게
편지 8 강희가 왕포에게

대화

편지 9 동일인이 동일인에게
편지 10 콜라오 반타진이 고관 강희에게
편지 11 강희가 반타진에게
편지 12 강희가 왕포에게
편지 13 강희가 왕포에게. 파리,1910년 7월 10일
편지 14 동일인으로부터 동일인에게
편지 15 동일인으로부터 동일인에게
편지 16 동일인으로부터 동일인에게
편지 17 동일인으로부터 동일인에게
편지 18 동일인으로부터 동일인에게
편지 19 동일인으로부터 동일인에게

표

Levis, M. de. 『강희의 여행들 : 혹은 새로운 중국 편지들』 P. Didot L'aîné, 1810, FRE 269 v.2

XX. 강희가 왕포. 파리, 1910년 8월 25일
XXI. 태나가 베이징에 있는 그녀의 자매에게. 파리, 1910년 9월 1일
XXII. 강희가 왕포에게. 파리, 1910년 9월 2일
XXIII. 포히로가 그의 자매, 태나에게. 베이징, 1910년 4월 4일
XXIV. 강희가 왕포에게. 파리, 1910년 9월 9일
XXV. 강희가 왕포에게. 파리, 1910년 9월 16일

XXVI. 강희가 왕포에게. 파리, 1910년 9월 25일
XXVII. 강희가 왕포에게. 파리, 1910년 9월 30일
XXVIII. 동일 인이 동일 인에게 보내는 이전 편지의 계속. 파리, 1910년 10월 1일
XXIX. 강희가 왕포에게. 파리, 1910년 10월 10일
XXX. 같은 사람이 같은 사람에게. 파리, 1910년 10월 18일
XXXI. 왕포가 강희에게. 베이징, 1910년 5월 11일
XXXII. 강희가 왕포에게. 파리, 1910년 10월 28일
XXXIII. 같은 사람이 같은 사람에게. 파리, 1910년 10월 30일

Levy, Roger. 『극동과 태평양』 184호, Armand Colin, 1935, FRE 164

머리말
서론
1부. 인구, 경제, 외교, 그리고 군사적 자료들.
1장: 황색 인종의 팽창과 이주 운동
I. 통계 요소들; 실행되고 있는 법률들, 9쪽.
II. 이민 운동의 감소 혹은 멈춤, 21쪽.
2장: 1차 원료들
I. 식량 자원들, 24쪽.
II. 그 풍부함을 잘못 개발한 중국, 31쪽.
III. 일본은 풍부한 수확을 위해 노력을 한다, 31쪽.
IV. 다른 국제적 일차 자원들, 36쪽.
3장: 태평양의 국제적 지위
4장: 바다를 향한 싸움
I. 1922년 이후의 전함대들, 46쪽.
II. 해군 기지들, 55쪽.
III. 세척의 경쟁하는 상선들: 영국, 미국, 일본, 58쪽.
2부 평형의 붕괴.
1장: 중국 문제를 모르는 사람들
I. 국가의 구획. 농업 문제, 63쪽.
II. 순 야센과 혁명, 68쪽.
III. 중국과 외국, 73쪽.
IV. 두개의 리듬: 중국과 일본, 81쪽.
V. 징조의 문명, 83쪽.
2장: 일본의 지배
I. 아시아에서의 몬로 독트린, 87쪽.
II. 농민 계층들의 비참함, 80쪽.

III. 만체쿠오, 93쪽.
IV. 생활수준과 산업설비에 의한 시장 점령, 102쪽.
3장: 아시아에서의 러시아의 진출
I. 만주, 몽골, 신키앙에서의 러시아, 118쪽.
II. 아시아 국가들과의 경제적 관계, 125쪽.
III. 중·일·러시아 관계, 127쪽.
4장: 영국의 타협들
I. 영-일 동맹의 종말, 130쪽.
II. 중국에서의 포기, 432쪽.
III. 인도와 런던에서의 협상들, 137쪽.
IV. 오스트레일리아 캐나다, 뉴질랜드, 142쪽.
V. 영-일의 화해, 142쪽.
5장: 미국의 경계
I. 개항, 144쪽.
II. 필리핀 독립, 148쪽.
III. 소련 연방 인정, 156쪽.
IV. 투자, 161쪽.
6장: 태평양에서의 프랑스 이해관계.
I. 인도차이나, 163쪽.
II. 인도차이나 방어, 164쪽.
III. 인도차이나의 교환, 167쪽.
IV. 중국에서의 프랑스, 172쪽.
V. 태평양에서의 프랑스, 173쪽.
7장: 독일과 중국
I. 피압제자들의 보호를 위해 칭타오에서, 176쪽.
II. 군사, 경제, 문화 활동들, 179쪽.
8장 : 동정을 살피고 있는 강대국들
I. 네덜란드 령 인도, 184쪽.
II. 이탈리아의 야망들, 190쪽.
9장: 국제 조직들
I. 카톨릭과 프로테스탄트 선교, 192쪽.
II. 국제연맹: 권한, 리톤 보고서; 중국과 극동과의 기술적 협력, 199쪽.
결론
요약된 참고문헌

Levy, Roger. 『만주는 누구에게?』 A. Pedone, 1932, FRE 225

서론. 우리는 침략자를 규정할 수 있을까?
5개 전선에서의 문제
국제사회의 개입
우리는 중일 갈등에서 벗어나지 않는다.
침략자를 정의하다.
공식의례와 중재의 일반 행위에 대한 협정서
먼 원인을 내세우다?
1부. 자료들
1장. 만주에서 30년 후 혹은 불변의 정치
30년 후
1901년의 중국
중국과 일본의 전쟁 상태; 영일동맹
러시아는 만주에서 철수할 것인가?
극동에서의 독일
영국은 조약을 파기하면서 자신의 지위를 보호하다.
미국과 개방된 항구
비교들
2장. 약속된 땅
서술
기후
면적
인구
토착민들과 이주자들
한국인들
산적들
만주, 중국의 일부?
국경들
행정부들
강낭콩의 지역
전경
3장. 철도들:민족성은 기관차와 함께 발전한다.
동부의 삼 성들의 철도지도 (만주)
자금의 소유자들과 출자자들
동부 중국 철도

철도 지역
남부 만주(혹은 에스. 엠. 에르.)
일본 자본으로 건설된 중국의 노선들
키린-카이네 선
중국 자본으로 건설된 중국 노선들
4장. 일본의 긴장
불안한 인구
식량
곤궁 속에서의 이주
타나카 의견서
원재료; 산업화
국내 정치
황제와 군대
지휘권의 독립
하라키리
일본의 불안
5장. 만주에서의 일본의 권리와 지위
법률상으로, 사실상의
성취한 권리들
일본, 러시아 권리의 상속자
1905년의 의전서들
미국의 견해
철도 경계병
산업들과 가치화
중국의 경쟁
6장. 반 일본 불매동맹과 문학
흩어진 모래?
순 야 센의 교훈담
불매동맹
워싱톤 이후
쌍 날 무기
반 일본 중국 공식문학; 일본에서 발행된 발췌문들
2부. 중일 위기(1931년 9월 18일-1932년 3월 11일)
7장. 1931년의 여름

전조들
한국의 세입자들
완파오샨 사건
불매운동 확장되다; 나카무라 사건
9월 18-19일 밤
중국에서의 감정
8장. 국제연맹에 호소
제네바에서(9월18-30일)
이사회의 특별 회기 (제네바 10월 13-24일)
미국 대표가 이사회의 탁자에 앉을 수 있는가?
"당신들의 군대를 철수하라"
원리들
모스크바 곰을 입장시켜라.
세 번째 회기(파리, 11월16 일-12월10일)
사적 모임들과 공적 회의들
선례도 없고, 최종 단계도 없고
창 해의 계획
9장. 창 해
이사회의 두 회기 중의 역사
미국의 문서 (1932년 1월7 일)
창 해의 훈장
중재 전의 일본의 불만들
일본의 5개의 요구들
위기 상태
포탄에 대한 이사회(제네바, 1월 25일)
일본이 끌려들어 왔다.
10장. 임시 회의 (1932년 3월 3일)
이사회부터 임시 회의까지
12개국의 소환
2월 19일의 회의
창 해의 역설들
중국 저항의 신비
분규 앞에서 나뉘어진 영국
미국은 적당히 동요되었다.

그리고 프랑스는?
눈에 보이는 긴장완화(2월 29일)
회의는 활동을 중지하였다.
3월 3 일에서 11일 : 원리와 양식들
최종 결정
11장. 만 추 쿠오, 혹은 만주국
독립 운동?
임시 헌법에 대한 대접
7주 후 : 연구 위원회의 예비 보고서
만 추 쿠오의 미래
12장. 중러 위기(1929)—러일 관계들 (1932)
카르빈에 있는 일본인들
동부지역의 중국인들, 1905년에서 1920년
중러 적대 (1924-1929)
러일 긴장?
러중 결탁
전략
3부. 결과들
13장. 우리는 세 개의 국면을 구할 수 있을까?
코노에 왕자가 이야기 하다.
중국 외교관 반발하다
국제 연맹 관리가 설명하다.
평정을 향해서
국제적 평등
4부. 서류들
1. 이사회의 결정 (1931년 9월 30일)
2. 이사회 결정의 계획 (1931년 10월 22일)
3. 일본 정부에 의해서 도쿄에서 발행된 선언(1931년 10월 26일)
4. 이사회의 결정 (1931년 10월 10일)
5. 중국 정부와 일본 정부에게 보내는 미국 정부의 문서 (1932년 1월7 일)
6. 10항과 15항의 협정 적용을 요구하는 중국 정부의 호소 (1932년 1월 29일)

7. 창 해의 조사 위원회의 보고 (1932년 2월 6일)
8. 일본에서의 12개국 위원회의 호소(1932년 2월16일)
9. 일본 정부의 12개국 위원회에 대한 답신(1932년 2월 23일)
10. 미국 국무장관, 스티므손 씨의 상원의원이며 상원 외무위원회 의장인 보라 씨에게 보내는 편지 (1932년 2월24일)
11. 국제 연맹 이사회 의장에 의해 제출된 평화조약 제안문 (1932년 2월 29일)
12. 회의의 결정(1932년 3월 4일)
13. 회의의 결정(1932년 3월11일)
14. 창 해에 대한 적대 관계들의 결정적 중지에 관련한 협약, 1932년 5월 5일 체결되어진
역사들
조약, 협약, 규약, 의견서, 문서들, 1895년 이후
요약 참고문헌 목록
표

Levy, Roger. 『중국과 일본의 관계들』 Centre d'Etudes de Politique Etrangère, 1938, FRE 111

주석
서론. 20세기 동안의 관계들
일본에 대한 중국의 영향
몽골 원정
한국에서의 히데요시 원정
중일간의 왕래
I 장. 팽창이전의 일본의 개혁
병사 소집
내적 평화
II 장. 대륙에 한 걸음
복서의 난
프랑스 외교관들에 대한 경고
포스머스와 베이징 조약들
III 장. 21개조의 요구

1905년 이후 관계들이 악화되었다.
최후통첩
니쉬하라 차관
IV 장. 일본 군인들은 발자국을 남겼다.
워싱톤 회의
일본의 새로운 동향
V 장. 리톤 보고서를 통하여 본 만주 사건
남 만주와 중국 새로운 노선들
리톤 용어집
부록
경제적 봉쇄
불매동맹
VI 장. 중국에서의 재건 운동
공산주의에 대한 투쟁
일본에 대한 투쟁
군인들의 지배
교육-기술 교육
라
첫 결과들
VII 장. 북 중국에서의 일본인들
탕쿠 화의
아마우 선언
호우메주와 친도이하라 화의
북중국
중국은 은본위제도를 포기하였다.
북 중국에서의 일본 군대와 외국 군대
전략적 자율성
VIII 장. 중국에서의 일본의 경제적 팽창
중국에서의 일본인들과 일본에서의 중국인들
일본은 무엇을 추구하는가? 일차 원료와 시장
중일 상업
투자
남부 지방으로의 침투
일본의 밀수입

Ⅸ 장. 창해 1937
사건들
기름 얼룩
중일 불가침 조약
저항의 방법들. 무기와 군수품
Ⅹ 장. 단계
요약적 참고문헌

Lostalot-Bachoue, M. E. 『세계 : 가장 오래된 시대 이후로 모든 국민들의 역사』 Paris Frères Lebigre-Duquesne, 1859, FRE 53 v.1

성지 혹은 팔레스타인의 역사.
천지창조부터 대홍수 까지, 세계의 첫 시대.
대홍수로부터 아브라함의 탄생까지, 세계의 두 번째 시대.
아브라함의 소명으로부터 모세의 탄생까지, 세계의 세 번째 시대.
모세의 죽음으로부터 신전 건축까지, 세계의 네 번째 시대.
신전 건축으로부터 쿠로스 왕조까지, 세계의 다섯 번째 시대.
쿠로스에 의해서 유태인들에게 자유가 부여된 이후 크리스트의 시대까지, 세계의 여섯번째 시대.
로마인들에 의한 점령까지의 마카베족의 유다 성지의 역사.
로마인들의 점령 이후 헤로델 대왕의 통치까지.
헤롯이후 예수 크리스트의 탄생까지.
예수-크리스트 탄생 이후 그의 죽음까지.
예수 크리스트의 부활 이후 예루살렘의 완전 파괴까지.
헤루인들의 정부, 법 그리고 풍속.
예비적 개념들.
심판관들에 대하여.
왕들에 대하여.
판결과 법원들에 대하여.
대법원들에 대하여.
수도사들과 레위족 사람들
죄의 판례와 형법.
우상숭배의 범죄에 대하여.
세금에 대하여.

성년과 안식년의, 재산 상태에 관하여.
가족 권력에 대하여, 시민권에 대하여, 노예들에 대하여, 기타 등등.
결혼에 대하여.
축제에 대하여, 헌납과 제물들.
언약의 괘에 대하여 그리고 솔로몬 신전에 대하여.
유태인들의 군대에 대하여 그리고 유태 민족의 전쟁 기술.
예술, 과학, 그리고 공교육에 대하여.
경찰과 공공 행정, 풍속의 종말.
로마인들 하에서, 고대 페르시아 인들, 십자군 기간동안, 그리고 마지막으로 이집트 민병대원 들과 터키인들 하에서의, 아랍 인들, 이집트 인들.
성지의 실제적 상태의 기술.

Lostalot-Bachoue, M. E. 『세계 : 가장 오래된 시대 이후로 모든 국민들의 역사』 Paris Frères Lebigre-Duquesne, 1859, FRE 53 v.2

예비적 고찰.
유목 국가.
골족의 먼 과거의 원정들.
지고베스 원정.
아시아에서의 골족.
피루스의 원군들인 일리리아의 골족, 카르타고 인들에게 고용된 알프스 너머의 골족.
알프스 남쪽 사람들과 로마인들 사이의 새로운 전쟁들.
골족은 한니발과 동맹을 맺었다; 그들이 한니발의 전쟁에서 하였던 명예스로운 참여.
이탈리아에서의 골 족의 완전한 와해.
로마인들과 갈라디아인들 사이의 교류; 갈라디아인들의 풍속.
알프스 너머 골지역에서의 로마인들의 점령.
알프스 너머 지역인 골 지역에서의 정치 상황, 그 거주자들의 풍속.
알프스 너머 지역인 골 지역에서의 카이사르.
골 지역에서의 행정가 카이사르.
로마 황제들의 지배하에 있는 골 지역.
골 지역에서의 프랑크 족들의 군주정 성립.

클로비스.
클로비스의 자녀들.
클로테르 홀로 통치하다.
샤리베르.
클로테르 2세의 통치.
다고베르.
게으름뱅이로 불리워지는 메로빙 왕조 시대.
카를로만과 페팽
메로빙 왕조의 왕들이 통치한 정부에 대한 회고적 일견.
샤를르마뉴의 통치.
에긴하르가 그린 샤를르마뉴 초상화.
샤를르마뉴 서양의 황제.
루이 르 드보네르.
샤를르 르 쇼브.
카롱링거의 무정부상태.
루이 3세와 카를로망.
샤를르 르 그로 프랑스의 황제와 왕.
연구들.
샤를르 르 생플.
로돌프, 달리 말하면 라울.
루이 4세. 해외라고 불리워짐.
로테르.
루이 5세.
세번째 왕족. - 카페 왕조. - 위그 카페.
로베르.
앙리 1세.
필립 1세.
루이 6세.
루이7세. 어린 사람이라고 불리워짐.
루이 8세. 사자의 심장이라고 불리워짐.
루이 9세. 성 루이라고 불리워짐.
필립 3세. 대담한 사람이라고 불리워짐.
필립 4세. 멋있는 사람이라고 불리워짐
루이 10세. 고집센 사람이라고 불리워짐.

르 롱이라고 불리우는, 필립 5세.
르 벨이라고 불리우는, 샤를르 4세.

Lostalot-Bachoue, M. E. 『세계 : 가장 오래된 시대 이후로 모든 국민들의 역사』 Paris Frères Lebigre-Duquesne, 1859, FRE 53 v.3

필립 드 발로아.
장 2세.
샤를르 5세.
샤를르 6세.
샤를르 7세.
루이 11세.
샤를르 8세.
루이 12세.
프랑스와 1세.
--프랑스와 1세 시대의 풍속.
앙리 2세.
프랑스와 2세.
샤를르 9세.
앙리 3세.
앙이 4세.
루이 13세.
루이 14세.
루이 15세.
루이 16세.
--신분회.
--제헌회의.
--입법부.
보나파르트 제1통령.
나폴레옹 황제.
부르봉 왕조의 루이 18세의 첫번째 왕정복고.
제2차 왕정복고. 루이 18세.
샤를르 10세.
루이 필립.

1855년까지의 프랑스.

Lostalot-Bachoue, M. E. 『세계 : 가장 오래된 시대 이후로 모든 국민들의 역사』 Paris Frères Lebigre-Duquesne, 1859, FRE 53 v.4

앵글로 색슨족.
헤브라르키.
켄트 왕국.
노섬브리 왕국.
에상그리 왕국.
메르시 왕국.
에섹스 왕국.
에그베르 1세.
에텔뷜프.
에텔발드, 에텔베르트, 에텔레드.
알프레드 대왕.
대 에두워드.
알헬스탄.
에도몽드.
에드리드.
에드위.
에드가.
순교자라는 별칭을 가진, 에드워드.
에텔레드.
에드몽 코트 드 페르.
거인이라는 별칭을 가진, 케넛.
피에 드 리비에르 라는 별칭을 가진, 해롤드.
하디캐넛.
에드워드 신부.
해롤드.
귀욤 정복자.
적갈색 머리를 가진 자라는 별칭을 가진, 귀욤.
적갈색 머리를 가진 자라는 별칭을 가진, 헨리 1세.
에티엔느

헨리 2세.
사자의 심장이라는 별칭을 가진, 리차드 1세.
헨리 3세.
에두어드 1세.
에두어드 2세.
에두어드 3세.
리차드 2세.
헨리 4세.
몽무스라는 별칭을 가진, 헨리 5세.
헨리 6세.
에두어드 4세.
에두어드 5세.
리차드 3세.
헨리 7세.
헨리 8세.
에두어드 6세.
메리.
엘리자베스.
쟈크 1세.
찰스 1세.
공화국.
호국경.
쟈크 2세.
귀욤 3세와 메리.
앤.
조지 1세.
조지 2세.
조지 3세.
조지 4세.
귀욤 4세.
빅토리아.
1855년까지의 영국.

Lostalot-Bachoue, M. E. 『세계 : 가장 오래된 시대 이후로 모든 국민들의

역사』 Paris Frères Lebigre-Duquesne, 1859, FRE 53 v.5

독일사.
작센 왕조.
프랑켄 왕조.
슈바벤 왕조 혹은 호헨슈타우펜 왕조.
오스트리아 왕조.
독일의 영토 구분.
고지대 작센 권역과 저지대 작센 권역.
고지대 라인 권역.
프랑켄 권역.
저지대 라인 권역 혹은 베스크팔리아 권역.
바비에르 권역.
슈바벤 권역.
베르도메르, 케르딩, 그리고 다르몽 서정시인들에 의해 불리워진 아르만
인생의 멜로디.
쥬피터와 암컷 양.
목자와 꾀꼬리.
분노.
오스트리아 역사.
합스부르크 가문의 로도프.
알베르 1세
프레데릭과 레오폴트.
알베르 2세와 오톤.
로돌프 4세.
알베르, 귀욤과 레오폴트.
알벨르 5세, 그리고 황제로서의 알베르 2세.
라다스라스 유복자.
프레데릭 5세와 시기스몽드.
에르네, 프레데릭과 알베르.
막시밀리안 1세.
샤를르 퀸트.
페르디난트 1세.

막시밀리안 2세.
로돌프 2세.
마티아스.
페르디난트 2세.
페르디난트 3세.
레오폴트 1세.
조세프 1세.
샤를르 7세.
마리 테레즈.
조세프 2세.
레오폴트 2세.
프랑스와 2세.
페르디난트 1세.
프러시아 역사.
프레데릭 1세.
프레데릭 귀욤 2세.
프레데릭 2세.
스위스 역사.
주들의 통계.
우리.
제흐비츠.
운더발트.
루체른.
쥬리히.
주크.
글라리스.
베른.
졸뢰르.
프라이부르크.
바젤.
슈아피호우즈.
아펜젤.
독일.
1855년까지의 오스트리아, 프러시아, 스위스.

Lostalot-Bachoue, M. E. 『세계 : 가장 오래된 시대 이후로 모든 국민들의 역사』 Paris Frères Lebigre-Duquesne, 1859, FRE 53 v.6

러시아
- 러시아 인의 기원
- 타타르인들-무갈인들 혹은 몽골인들에 의한 침공(1223)
- 이반 3세 바실리에프이치
- 이반 4세 바실리에프이치 혹은 매정한 사람
- 페도르 1세.
- 루마노프 왕조
- 알렉시스 미카일로비치
- 페도르 알렉시에프이치
- 이반 4세 알렉시에프이치, 피에르 와 소피
- 피에르 1세, 일명 위대한 자, 홀로 러시아 왕권을 장악하다.
- 카트린 1세.
- 피에르 2세 알렉시에프이치
- 안느 이반노프나
- 이반 이반네프이치
- 엘리자베스 페트로프나
- 피에르 3세 페데로비치
- 카트린 2세.
- 폴 페트로비치
- 알렉산드르 1세.
- 니콜라스 1세.

폴란드
- 일반적 고찰
- 자즈롱 왕조와 선출된 왕들

스웨덴
- 일반적 고찰
- 초기 시기
- 칼마르 동맹
- 에릭 14세.
- 장 3세.

지기스몽드 와 샤를르 9세.
샤를르 9세.
크리스틴
샤를르-귀스타브
샤를르 11세.
샤를르 12세.
윌리크-엘레오노르
아돌프-프레데릭
귀스타브 3세.
덴마크
덴마크 역사
1885년까지의 러시아-폴란드-스웨덴-덴마크

Lostalot-Bachoue, M. E. 『세계 : 가장 오래된 시대 이후로 모든 국민들의 역사』 Paris Frères Lebigre-Duquesne, 1859, FRE 53 v.7

에스파니아.
로마 지배하의 에스파니아.
고트족의 군주정.
소규모 공국으로 나뉘어진 에스파니아 군주정.
이사벨와 페르디난트.
샤를르 1세.
필립 2세.
필립 3세.
필립 4세.
샤를르 2세.
필립 5세.
페르디난트 6세.
샤를르 3세.
샤를르 4세.
조세프 나폴레옹.
페르디난트 7세.
이사벨 2세.
포르투갈.

포르투갈의 지리학적 위치.
알퐁스 앙리케.
산체스 1세.
알퐁스 2세.
산체스 2세.
알퐁스 3세.
데니스 1세.
용감한 자라고 불리우는, 알퐁스 4세.
심판자라고 불리우는, 돔 페드르 1세.
페르디난트.
에두아르드 1세.
아프리카인이라고 불리우는, 알퐁스 4세.
완벽한 자라고 불리우는, 주앙 2세.
에마뉴엘 르 포튄.
주앙 3세.
세바스티안.
헨리 1세.
앙트완 1세.
필립 1세.
필립 2세.
필립 3세.
주앙 4세.
알퐁스 6세.
돔 페드르 2세, 섭정, 나중에 왕.
주앙 5세.
조세프 1세.
마리 1세.
미구엘 1세.
마리 2세.
포르투갈 문학에 대한 개요.
저지대 지방, 벨기에 그리고 홀란드.
저지대 지방에 대한 로마인들의 침공 이후, ...
부르고뉴 왕가의 등장 이후, ...
샤를르 르 테메르 죽음 이후, ...

필립 2세의 즉위 이후, ...
왕국 연합 공화국. ...
모리스의 죽음 이후, ...
뮌스터 평화조약 이후, ...
위트레히트 조약 이후, ...
주장관직의 재설치 이후, ...
홀란드 왕국의 성립 이후, ...
벨기에와 홀란드의 왕으로서 귀욤의 즉위 이후, ...
에스파니아.-포르투갈. -1855년까지의 저지대 지방.

Lostalot-Bachoue, M. E. 『세계 : 가장 오래된 시대 이후로 모든 국민들의 역사』 Paris Frères Lebigre-Duquesne, 1859, FRE 53 v.8

그리스 역사.
자연 지리학과 정치 지리학.
전설과 영웅 시대 이후의 그리스 역사,...
트로이 전쟁 이후 헤라클레스의 귀환까지,...
종교, 예언들, 신화들, 신성한 놀이들.
그리스 국가들의 일반적 구성; 재정, 군대. 함대.
농업, 건설, 조각, 시, 음악, 과학.
도리아 인들의 점령 이후로부터 멧세니아 전쟁까지의 스파르타 역사.
코두루스 죽음 이후로부터 히피아스 전제정 전복까지의 아테네 역사.
왕국의 소멸 이후로부터...까지의 그리스 국가들에서 발생한 사건들.
페르시아인들의 첫 침공 이후 ...에 의해 강요된 강화조약까지의 그리스 역사.
코린트와 코레이르간의 전쟁 이후 ...에 의한 아테네 점령까지, 펠레폰네소스 전쟁.
안탈 시다스 평화조약 까지의 아테네 점령 이후의 그리스 국가들의 역사.
안탈키다스 평화조약 이후로부터 망티네 전투까지의 그리스 국가들의 역사...

망티네 전투이후로부터 쉐로네 전투까지 ; 필립에 의한 그리스 의 예속화,

필립의 사후로부터 알렉산더의 사후까지.

알렉산더 사후로부터 집정관 뮈미우스에 의한 코린트의 점령까지 ...

그리스의 로마의 속주로 전락이후로부터 콘스탄티누스에 의한 콘스탄티노플의 건립까지.

콘스탄티노플의 건립이후로부터 마호메트에 의한 이 도시의 점령까지...

콘스탄티노플의 점령 이후로부터 그리스의 재생과 새로운 왕국의 탄생까지.

그리스 인들에 있어서의 문학, 철학, 과학, 예술의 역사...

이탈리아 역사.

로마 건국 이전의 이탈리아 역사.

건국 이후로부터 왕들의 추방까지의 로마 역사.

왕들의 추방 이후로부터 라티움과 에트루리아의 굴복까지의 로마 역사...

초기 시대로부터 ... 까지의 대 그리스와 시실리의 역사.

삼니트인들에 대한 첫 전쟁이후로부터 이탈리아의 결정적 항복까지의 로마 역사.

1차 포에니 전쟁; 사르디니아와 코르시아 점령; 리구리아인들에 대한 전쟁...

마케도니아, 스페인, 골, 리구리아, 아시아, 그리스에서의 로마인들의 전쟁들; ...

쥐구르타 전쟁들 ; 마리우스와 실라 ; 킴브리족들과 튜톤족들의 침공; 노예들의 2차 반란; ...

레피두스의 시민전쟁 ; 스페인에서의 세르토리우스 ; 스파르타쿠스 전쟁; 전쟁의 종말...

첫번째 3두정치 ; 파르티에서 크라수스의 죽음; ...

2번째 3두 정치 ; 필립의 전투 ; 필립의 전투 이후로부터 ... 까지의 사건들.

이탈리아, 그리고 무엇보다도 로마에서의 문학, 예술, 과학에 대하여.

아우구스투스에서 콘스탄티누스까지의 로마 제국.

교회의 설립, 발전, 결정적 건설.
콘스탄티누스의 통치와 콘스탄티노플의 건설 ; 제국의 완전한 분할...
황제 시대의 문학, 과학 그리고 예술의 일람표.
이탈리아 왕국의 건설 이후로부터 샤를르마뉴의 서양 제국의 재건설까지.
샤를르마뉴 치하의 이탈리아 국가 ; 오통까지의 이 나라의 역사의 계속...
오통 대왕의 통치이후로부터 앙리 5세의 죽음까지, ...
앙리 5세의 죽음이후로부터 호헨슈타우펜 왕가의 몰락까지.
나폴리의 앙주 왕가의 출현으로부터 콘스탄스 공의회까지...
서양의 분리의 종말로부터 ... 이전의 사건들.
샤를르 8세 하의 이탈리아에서의 프랑스 인들의 침공으로부터...
볼로냐에서의 샤를르 퀸트의 즉위와 플로렌스의 항복 이후로부터...
프랑스 혁명과 이탈리아에 공화국 군대의 진입이후로부터, ...
그들의 르네상스 이후로부터 오늘날 까지 문학, 과학, 예술의 역사.

1855년 까지의 그리스.
1855년 까지의 이탈리아.

Lostalot-Bachoue, M. E. 『세계 : 가장 오래된 시대 이후로 모든 국민들의 역사』 Paris Frères Lebigre-Duquesne, 1859, FRE 53 v.9

아시아.

중국사.

서론.
장 왕조.
테현 왕조.
4 왕조.
한 왕조.
위 왕조.
텐 왕조.

숭 왕조.
므시 왕조.
양 왕조.
수이 왕조.
퉁 왕조
송 왕조.
양 혹은 몽골 왕조.
명 왕조.
타 팅 왕조.
통킹.
코친차이나.
티베트.
일본사.
페르시아 사.
서론.
카이아니안 왕조.
기즈네비드 왕조.
셀주시드 왕조.
소피스 왕조.
페르시아인들의 풍속; 다양한 계층의 일반적 성격.
아라비아 사.
서론.
아바시드 왕조.
아랍인의 풍속.
터키 사.
터키의 풍속.
인도사.
아프리카.
이집트 고대사.
이집트 근대사.
알제리 역사.
튀니지 역사.
트르폴리 역사.
1855년까지의 중국.

Lostalot-Bachoue, M. E. 『세계 : 가장 오래된 시대 이후로 모든 국민들의 역사』 Paris Frères Lebigre-Duquesne, 1859, FRE 53 v.10

아메리카

아메리카 역사

크리스토프 콜롬버스에 의한 아메리카 발견의 역사.

미국의 역사.

남부 주들.

버지니아에 영국인들의 정착

북부의 주들의 발견과 건설.

뉴 잉글랜드

17세기 말 이후 1763년 영국의 점령까지의 식민지 역사

예술, 상업, 농업, 항해, 산업, 공교육

1745년의 전쟁

1754년의 전쟁

1763년의 평화 이후 독립 선언까지의 식민지 역사

독립 선언 이후 1783년의 평화까지의 미국 역사

1783년 평화 이후 1815년까지의 미국 역사

아메리카 대륙의 미국의 실제 상황

미국에서의 흑인들의 노예화와 조건에 관하여

북 아메리카 인디언 종족들의 현 상황과 미래의 운명.

미국의 사회제도들.

뉴욕 주 헌법의 주요 규정들

미국에서 다수의 절대 권력과 다수가 만들어낸 결과들에 대하여

상업과 산업 발전. 영토와 인구의 증가

서인도 제도의 역사.

하이티 혹은 산 도밍고의 역사

영국령 서인도 제도

스페인령 서인도 제도

프랑스령 서인도 제도

멕시코의 역사

멕시코의 지리학적 서술. 그 곳의 첫 거주자들. 그들의 전통, 풍속 그리고 관습. 그들이 남긴 기념물들.

스페인들의 지배하의 멕시코.

독립 전쟁 시작부터 오늘날까지의 멕시코 역사

멕시코의 실제 상태

과테말라의 역사

브라질의 역사

브라질의 지리학적 위치, 일반적 성격과 생산물들

종교적 믿음들. 브라질을 점령한 두 주요 종족들의 제도와 풍속

튜피남바스 인들의 종교와 신앙

정부, 법, 전쟁을 하는 방법

여성의 운명

결혼, 출생, 매장

축제, 거주지들 그리고 생존 방법들

튜피남바스 인들의 육체적 특징과 관습들

포르투갈 인들에 의한 발견 이후 오늘날 까지 브라질 역사

제도들

풍속들

흑인들의 상태

토착민들의 상태

농업과 상업

기아나 역사

영국령 기아나

네덜란드 령 기아나

프랑스 령 기아나

페루의 역사.

스페인들의 지배 하의 페루 역사.

마지막 잉카 황제의 죽음 이후부터 독립 전쟁까지, 남 아메리카의 스페인 소유지들의 상태

독립 전쟁과 공화국의 수립

볼리비아 공화국의 역사

콜롬비아 역사.
- 뉴 그라나다 역사.
- 카라카스 혹은 베네주엘라 역사.
- 스페인에 대하여 연합한 뉴 그라나다와 베네주엘라의 투쟁 계속.
- 행정권에 대하여
- 사법권에 대하여
- 공화국의 내정 조직
- 일반적 조치들
- 뉴 그라나다의 기본 법.

뉴 그라나다, 에콰도로, 그리고 베네주엘라 공화국의 역사.
- 뉴 그라나다
- 에콰도르 공화국
- 베네주엘라 공화국

칠레 공화국 역사
- 스페인 인들에 의한 칠레 점령
- 독립 혁명과 전쟁
- 칠레 풍속

리오 드 라 플라타 지방의 역사
- 시스플라틴 공화국 역사의 끝
- 파라과이 선교 역사.

일반적 고찰

독립 토착민의 아메리카.
- 에스키모인들.
- 동부의 에스키모인들.
- 서부의 에스키모인들.
- 파타고니아 인들.
- 불의 땅.

오세아니아

오세아니아 역사.
- 산호제도
- 기후
- 광물학
- 식물들

- 동물들
- 오세아니아의 분할.
  - 거주자들.
  - 자바-말레이지아식 가정
  - 오스트레일리아식 가정
  - 캐롤라이나식 가정
  - 폴리네시아적 가정
  - 뉴질랜드에서의 금기
  - 주문들
  - 폴리네시아에서의 금기
  - 문신
  - 인간 제물들
  - 식인종
  - 종교
  - 사회적 제도들-정부
  - 결혼
  - 부권
  - 산업
- 말레이지아 혹은 동 오세아니아.
  - 자연적 특징들
  - 거주지들
  - 의복들
  - 생산물, 농업, 상업, 산업
  - 수마트라
    - 수마트라에 거주하는 국민들에 대하여.
    - 독립 국가.
    - 네덜란드 지배국.
  - 자바
    - 자바 인들의 풍속과 관습
    - 산업
  - 보르네오
    - 몰러카스 제도
    - 셀레베스 군도
    - 필리핀 군도

오스트레일리아 혹은 중앙 오세아니아
오스트리아 대륙
남부 뉴 웨일즈
식민화 방법
식민지 개척자들과 토착민들과의 관계.
폴리네시아 혹은 동 오세아니아
타이티
풍속, 관습, 정부
실제 정부
결론
1855년 까지 아메리카와 오세아니아.

Loti, Pierre. 『오리엔트의 최상의 비젼 : 일기의 일부분』 Calmann-Levy, 1921, FRE 159e5

I. 마르마르 1910년 8월 15일
II. 1910년 8월 16일 화요일
III. 칸딜리, 1910년 8월 17일
IV. 1910년 8월 18일 목요일
V. 1910년 8월 19일 금요일
VI. 사르네디 1910년 8월 20일
VII. 1910년 8월 21일 일요일
VIII. 1910년 8월 22일 월요일
IX. 1910년 8월 23일 화요일
X. 1910년 8월 24일 수요일
XI. 1910년 8월 27일 토요일
XII. 1910년 8월 28일 일요일
XIII. 1910년 8월 29일 월요일
XIV. 1910년 9월 1일 목요일
XV. 1910년 9월 2일 금요일
XVI. 1910년 9월 3일 토요일
XVII. 1910년 9월 4일 일요일
오스만의 아드리아노플
마지막 증거
그리스적인 것들
개봉된 편지
소피아

Loti, Pierre. 『프뤼느 부인의 세 번째 청춘 : 로티의 결혼식』 Pierre Lafitte, 1923, FRE 197

머리말.
프뤼느 부인의 세번째 청춘
로티의 결혼식

Lynch, George. 『한국, 중국과 만주 : 러시아와 일본의 탐욕』 Dujarric, 1904, FRE 13

들어가는 말
서문
1장. 코베로부터 한국까지
2장. 한국을 경유한 제국의 길
3장. 조선의 땅
4장. 시베리아 철도의 상업종착지 달니
5장. 시베리아 철도의 군사종착지 아더 항
6장. 북경에서
7장. 중국의 일본화
8장. 북경으로부터 니우-추앙까지DE PEKIN A NIOU-CHOUANG
9장. 만주를 건너서
10장. 만주의 중요성
11장. 몽고를 경유한 제국의 길
12장. 바이칼 호
13장. 이르쿠츠크
14장. 나의 여행 동료들
15장. 이르쿠츠크에서 톰스크까지
16장. 급행 열차
17장. 유배지 체제의 개혁
18장. 오비 남부를 경유하여
19장. 동쪽을 향한 대여행
20장. 러시아의 심장 모스코바
21장. 러시아를 위해 제국의 길은 어디로 가야 하는가?

Mac-Leod, John. 『맥스웰 선장의 여행 : 폐하의 함선, 알케스티스 호를 지휘』 Chez Gide Fils, Libraire, 1818, FRE 271

맥스웰의 여행. 1장.
2장. 페츠리 만 북부를 향해 알케스트 호의 출발
3장. 리우 치우 섬 도착
4장. 리우 치우 섬에 대한 세부 설명
5장. 캉통 근처로 알케스트 호의 귀환
6장. 중국인들에 대한 일반적 개념들
7장. 캉통의 출발.-마카오.-마닐라
8장. 맥스웰 선장과 그의 탐험대의 힘든 위치
9장. 바타비아 도착
10장. 세자르 호의 두 예외적 여행자들, 왕뱀과 오랑우탕
부록

MaCartney, Lord. 『1792년, 1793년 그리고 1794년대 중국 내륙과 타타르 지방 여행』 Buisson, 1788, FRE 274 v.1

역자 서문
서문
저자의 일러두기
중국에서의 여행 1장
준비
포스모스에서 마데르까지 통행 이 섬에 대한 관찰
트네리프와 산 야고 로의 통행 이 섬들에 대한 주석들
리옹 호와 인도스탕 호가 대서양의 항해로를 지나가다 리오 자네이로의 항구, 도시, 지역들로의 항해
대서양과 인도양의 남쪽 지역의 관통 대서양에서의 아커나와 인도양의 생 폴과 암스테르담의 - 플레 스 트리스탕 - 전경
수심 측량 해협에 진입 자바 섬에 있는 바타비아 와 방탕에서의 휴식. 수마트리 섬의 남쪽 에아트랑트 모습. 방카 해협으로의 통행. 퓔로 콩도르 도착.
코친차이나

1 권의 장들에 대한 목록

MaCartney, Lord. 『1792년, 1793년 그리고 1794년대 중국 내륙과 타타르 지방 여행』 Buisson, 1788, FRE 274 v.2

코친차이나에서 마카오 근처에 있는 라롱 섬의 횡단과 라롱에서 추산까지의 횡단. 이 서로 다른 지역들에 대한 관찰들.
황해에서의 항해. 티앙 싱까지 흐르는 강에 대사 진입
대사 사절 중국 수도에 도착하기 위하여 페이 호 강을 거슬러 올라가다. 배들은 페 체 레 만을 떠났다.
대사 사절은 통 초 포 근처에 하선하였다. 대사 사절은 그 너머에 있는 관저에 도착하기 위하여 베이징을 가로 질렀다. 대사 사절은 수도로 다시 돌아왔다.
2 권의 장들에 대한 목록

MaCartney, Lord. 『1792년, 1793년 그리고 1794년대 중국 내륙과 타타르 지방 여행』 Buisson, 1788, FRE 274 v.3

중국에서의 여행
1장. 중국 북쪽 경계지역으로의 여행. 만리장성에서 본 전경
2장. 영국대사 군주가 여름 동안 자신의 거주지로 하는 타타르에 있는 중국 황제에게 도착하였다
3장. 베이징으로의 귀환. 이 수도와 유안 민 유안에서의 대사 사절 체류. 그것에 관하여 보고하는 관찰들
4장. 베이징 출발. 제국 운하 위에 있는 한 초 포로의 여행
5장. 한 초 포로의 여행과 한 초 포에서 추산으로의 여행
3권의 장들에 대한 목록
1장. 중국 북경 경계 지역들로의 여행. 만리장성으로부터 전경
2장. 영국대사 군주가 여름 동안 자신의 거주지로 하는 타타르에 있는 중국 황제에게 도착하였다
3장. 베이징으로의 귀환. 이 수도와 유안 민 유안에서의 대사 사절 체류. 그것에 관하여 보고하는 관찰들
4장. 베이징 출발. 제국 운하 위에 있는 한 초 포로의 여행

5장. 한 초 포로의 여행과 한 초 포에서 추산으로의 여행

MaCartney, Lord. 『1792년, 1793년 그리고 1794년대 중국 내륙과 타타르 지방 여행』 Buisson, 1788, FRE 274 v.4

MaCartney, Lord. 『1792년, 1793년 그리고 1794년대의 중국 대사 맥카트니 경의 연락』 Denne, 1797, FRE 275 v.1

1장. 영국에서 바타비아로의 통행

2장. 르 브릭 자칼 호 리옹 호 합류하다., 말레시아 인들에 의해 암살된 배의 목수인 레흐톤. 맥카트니 경 전장을 방문하다 혹은 카트카르트 대령 매장되었다. 풀로 콩도르에 도착; 거주자들에 대한 몇가지 세부설명들; 그들의 놀람. 여러 섬들의 통행. 코친 차이나 해안에 있는 튀롱 만 진입. 여러 고관들 리옹 호 뱃전에 왔다: 그들에 대한 몇몇 세부 설명들. 코친 차이나의 왕실의 최고 대신 맥카르트트니 경 방문하다. 받은 선물들. 맥카트니 경 형식에 박힌 방문을 하다. 원주민들에 의해 체포된 리옹 호의 우두머리 ; 그러나 며칠 후 석방. 토틸 씨의 죽음과 매장. 리옹 호의 납품업자

3장. 튀롱 만 출발. 조즈 스톤톤 경과 그 밖의 사람들은 마카오를 향해 자칼 호에 승선하다. 옐로 해, 혹은 황해에 진입. 캄벨 중위 메토우에 가다. 추산의 고관으로부터 온 선물. 리옹 호의 수 많은 환자들. 후트너와 플룀 씨 대사 사절의 하선을 준비하기 위하여 메토우에 상륙하였다. 한 고관 배에 도착하다. 대사 수행원 뿐 아니라 군인들, 기술자들 선물, 짐, 그 밖의 것들을 가지고 여러 중국 배들 뱃전을 지나갔다. 대사는 메토우에 상륙하였다. 이 장소에 대한 기술

4장. 대사 사절의 안내를 맡은 고관에 대한 세부 설명. 물품 선물들의 커다란 다양성. 그들의 식사에 관한 중국인들의 세련되지 못한 습관들. 중국 배들에 대한 기술. 대사와 그 일행의 운송을 위한 선박 이동 명령

5장. 맥카트니 경 메토우를 떠나서, 베이징을 향해 출범하였다. 그 지역의 아름다움과 풍요함. 여행의 다양한 사건들. 중국 군인들에 대한 기술. 강에서의 항해. 음료로 만들기 위하여 그 잎을 조제

하는 방법과 차 나무에 대한 몇몇 세부 설명들. 중국의 놀라운 인구. 티앙싱 도시에 도착. 이 도시에 대한 기술. 중국의 구경거리. 고관의 궁전에 대한 기술

6장. 번개와 천둥이 동반된 맹렬한 폭풍우. 대사 사절에 분배된 선물들. 중국 배들을 예항하는 방법. 중국인들의 일상 요리와 그들을 조리하는 방법. 항해의 완만함. 가장 낮은 원주민 계층들의 낯선 습관들. 초 탕 포아 시의 관통. 항해의 사건들. 티앙싱 고관의 대사 방문들. 그의 행렬에 대한 서술. 강 양측 해안에 위치한 농토의 아름다움, 풍요함, 생산물의 다양성

7장. 통 츠우 도시에 도착, 혹은 강에서의 여행이 끝나다. 대사의 하선; 이 경우에 사용된 기념식들. 대사와 그 일행이 묵을 집과 선물들과 짐들을 받기 위해 정해진 장소에 대한 서술. 중국인들의 외부 숭배. 대사 사절의 대우. 통 츠우 도시에 대한 서술. 그 정부에 대한 특수성. 황제에 갈 선물들의 조사. 포병 훈련. 한 고관의 방문. 카데 씨의 죽음과 매장. 그의 통 츠우 출발을 위해 정해진 날짜에 대하여 대사에게 내려진 의견서

8장. 통 츠우 도시 출발. 베이징 항로에 대한 서술. 킹 포라고 불려지는 매우 큰 도시에 도착. 점심을 위해 이 장소에서 행해진 휴식. 대사 사절 통과를 보기 위하여 굉장히 많은 사람들의 모임. 베이징에 도착. 이 도시에 대한 몇 가지 세부설명. 중국인들의 풍습, 관습, 방식. 베이징 출발. 외멘 만외멘이라고 이름 붙여진 황제의 궁전에 도착

9장. 외멘 만외멘 궁전에 대한 기술. 불쾌한 사건들. 그 궁전을 지키는 임무를 맡은 중국 분견대와의 다툼. 맥카트니 경의 거주지 이전을 위한 요구. 대사 사절 베이징으로 다시 돌아가다. 어떤 탑에 대한 서술. 대사 사절의 새로운 거주지로 정해진 관저에 도착. 그 장소와 우리의 접견을 위해 행해진 조치들에 대한 서술. 대사에 대한 여러 고관들의 방문

10장. 맥카트니 경은 황제가 자신의 타타르에 있는 거주지에서 대사 사절을 접견할 것이라고 통보 받았다. 대사를 수행할 사람들의 선발. 베이징에 남게 될 사람들에게 부여된 일들. 여행을 위해 취해진 조치들. 베이징 출발. 여행 길의 특수성

11장. 왕 초양 도시 도착. 중국 군인들과 그 밖의 것들에 대한 서술. 거대한 성벽을 따라 통행. 그것에 대한 서술. 타타르와 중국간

의 차이들. 이상한 산. 차옹 슈아뉘브 궁 도착. 그 주제에 대한 세부 설명. 농민들의 산업에 대한 예와 그리고 그 지역의 경작방법. 중국에서의 토지 소작. 칼라쵸 튀앙 궁전 도착. 그것에 대한 서술. 제홀에서 대사 사절의 진입과 관련된 준비들

12장. 칼라초트르 상수 궁 도착. 황제의 어떤 탑 앞에서의 휴식. 제홀에서의 공적 입장. 이 문제에 대한 서술. 대사 사절에게 부여된 관저에 대한 설명. 대사에 대한 행사에 한 고관이 방문하였다. 우리의 식량 제공과 관련하여 이상한 행위. 선물들이 끄집어 내어져서 펼쳐졌다. 그들에 대한 열거

13장. 선물들이 궁전에서 나왔다. 황제는 대사에게 그가 그에게 접견을 하도록 할 것이라고 알렸다. 이 주제에 대하여 정해진 명령들. 황제 궁을 향한 대사 사절의 행진에 대한 서술. 황제가 대사에게 준 첫번째 접견. 이 경우에 받은 선물들. 황제에 대한 대사의 두 번째 방문. 새로운 선물들. 대사 사절을 위한 만족한 성공을 위한 기대

14장. 대사는 그를 황제의 출생 기념일에 참여하도록 하는 황제로부터 임무를 부여 받은 여러 고관들로부터 방문을 받았다. 모든 대사 사절은 이 축제에 참여하였다. 황제 궁에 대한 기술. 황제에 대한 특성들. 선물의 계속. 황제 궁전과의 타협 끝. 중국 황제의 영국 제국의 왕에게 보내는 특별한 선물들. 어떤 구경거리에 대한 서술. 군 법정에 의해 판결을 받은 한 영국 군인의 처벌. 제홀 출발

MaCartney, Lord. 『1792년, 1793년 그리고 1794년대의 중국 대사 맥카트니 경의 연락』 Denne, 1797, FRE 275 v.2

15장. 제홀 도시 출발. 그 이웃에 위치하고 있는 암벽들에 대한 기술. 여행의 특성들. 베이징 도착. 다양한 준비. 우리는 황제에게 선물의 나머지를 보낼 준비를 하였다. 대사는 제국의 황제를 기다렸다. 우리 군인들 가운데서 질병. 대사는 제국의 황제를 기다렸다. 그의 궁전에 대한 간력한 기술. 대사관의 식탁과 관련된 새로운 준비들. 황제와 대 추라 ?choulaa가 받기로 되어있는 선물들. 황제가 그들을 보기 위하여 외멘-만외멘에 왔다. 그의 부인과 그녀의 복장에 대한 기술. 영국 황제폐하를 위하

여 그 중전으로부터 받은 선물들. 황제에게 보내졌던 것들과 관련된 상황들. 대사가 베이징에서 출발할 것이라는 소문이 유포되었다

16장. 베이징을 즉시 출발할 준비를 하기 위하여 대사관 직원들에게 주어진 명령들. 황제는 어떠한 기한 연기도 허용하지 않았다. 예기치 않았고 급작스러운 이러한 출발로 야기된 난처한 상황. 대사는 베이징을 떠났다. 그의 통추 귀환. 대사관을 캉통으로 옮겨야만 하는 중국배들과 관련된 명령들. 짐과 관련된 어려움. 중국배들 운하에 들어오다. 그것에 대한 기술. 여행의 특징들. 그 국가의 국면과 문화. 중국의 우체국. 여러 대도시들을 가로질러 통행. 그 도시들에 대한 요약된 서술

17장. 여행의 서로 다른 특징들. 옐로 강 혹은 황강에 진입. 여러 도시와 호수들, 그 밖의 것들을 가로질러 통행. 키앙포우 도시에서 관찰된 행사. 아름다운 호수 위에서 항해, 그리고 그것에 대한 기술. 그 문제에 대한 몇 가지 세부 설명과 함께, 다른 강으로 진입. 여러 도시들과, 그 밖의 것들을 가로질러 통행. 중국배들을 위한 작업장들. 메유유메왕 도시에 도착. 그 지역의 아름다움. 중국 군대에 대한 새로운 세부설명. 궁전과 어떤 고관의 탑

18장. 여행의 계속. 물건의 다양성. 대사관을 위해 고관이 택한 친절. 대사와 그의 일행에게 예정된 물품들을 빼돌렸다고 혐의를 받은 중국 배의 몇몇 선장들의 처벌. 중국의 농업. 우리의 큰 짐들을 추산에 보내기 위한 준비들; 그것들을 따라갈 대사관 직원의 임명. 호앙츠외에 도착. 맥킨토쉬 선장과 그 밖의 사람들 추산으로 출발

19장. 대사와 그 일행 호앙츠외 도시를 가로질러서, 베리 강에 도착하였다. 거기에서 그들은 다시 다시 배를 탔다. 이러한 상황에서 관찰되었던 수속들. 여행의 특성. 그 지역에 대한 서술. 대사에게 행해진 예식. 중국 배 들로부터의 하선과 육지로의 여행. 행군에 대한 설명. 새로운 승선. 여행 계속

20장. 여행 계속. 강 기슭의 진기함. 중국 배 들의 보다 큰 배들과의 교환. 여행의 특성. 그 지역의 국면. 튀앙 쉬 스나 고관의 선물들. 몇몇 무덤들에 대한 간략한 서술. 송티 탄을 가로질러 통행, 세 다른 도시들이 계속 있음. 치앙 포에 도착

21장. 여행이 계속과 특성. 옛 건축물의 폐허. 중국인들의 낚시법. 그들이 물고기를 잡기 위하여 새를 가지 하는 방법. 여러 도시와 마을 앞으로 선단의 통과. 유 안 오에 도착; 이 도시의 아름다운 상황. 광 주 포에 중국 배의 정박. 대사에게 행해진 환영연
22장. 여행의 계속. 중국인들이 그들 들판에 관개하는 방법. 무덤들. 그 지역의 모습 변화. 대사 사절 나웅 포 도시에 하선, 그리고 육지 여정. 여행의 특성. 나웅 췬 오아 도시 도착. 그것에 대한 요약된 서술. 대사 다른 강에서 다시 하선하다
23장. 대사 새로운 중국 배 위에 다시 승선하다. 여행의 계속과 특색들. 새로운 종류의 탑. 무덤을 만남. 목재 행렬. 대사 사절 보다 더 큰 중국 배로 이동. 이상한 산들, 그들에 대한 서술. 단순 설명
24장. 여행 계속. 이상한 산에 대한 서술. 강의 특수성. 튀인 양 예안 도시 도착. 상당히 많은 도시와 마을의 만남. 트쉰 티안 도시 앞에 정박. 캉통 도착. 이러한 상황에서 관찰된 의례들, 그 밖의 것들
25장. 캉통에 대한 요약 서술. 왕포우와 마카오를 향해 대사 사절 출발. 이 두 도시들에 대한 몇 가지 세부 설명. 대사 사절의 마카오 체류와 관련된 특별한 사항들. 영국 귀환
호앙 츠외에서 치산과 그 밖의 곳까지 맥킨토쉬 선장의 여행에 관한 요약된 이야기. 중국인들과, 그 밖의 사람들의 서로 다른 관습들. 잡문들과 그 밖의 것들
대사의 부재 중 함대 일기
중국 단어의 숙어

Madrolle. 『중국 남부 자바, 일본 : 말레이시아 반도, 시암, 인도차이나, 필리핀의 미국 항구들』 Hachette, 1916, FRE 27e2

서문
목차
표와 지도
약어들
중국. 일반 자료
계절. 세관. 법령. 여권

돈
여행사. 표. 극동에 가기 위한 운송 수단들, 시베리아 횡단 철도, 미국 횡단, 태평양의 항구들과 오스트레일리아의 항구들
짐
호텔. 중국 여행지도
몇 가지 일정
내륙 여행. 고용인
운송 방법들
철도
시간
언어
우체국
전신기. 무게와 측정
돈
온도계의 눈금
I. 지리학적 개관
중국. 지리. 산악학. 유명한 산들
수리학. 호수. 해안. 섬들
기상학. 기후. 습도
바람. 계절, 온도
II. 역사. 예술. 종교
중국 여행자들
역사
군주의 칭호들, 미아오-하오 (절의 이름)
통치 기간의 칭호들, 니앙하오(시기의 이름)
중국 예술 : 건축, 회화, 조각, 도자기, 청동, 나무, 아이보리, 비취로 만들어진 세공품들, 칠기, 법랑
유명한 화가들
종교들 : 자연숭배, 도교, 불교, 기타 등등
중국 종교 달력
III. 인구. 언어
인구
민족지학적 개관
언어학적 주석들

IV. 정부

정부. 내각

명예 훈장. 깃발. 공휴일

행정부

V. 경제 부분

재정

부채

상업

무역항들

남부 중국

광동

1. 홍콩
2. 홍콩에서 마카오까지
3. 마카오
4. 홍콩에서 광동까지, 철도
5. 홍콩에서 광동까지, 항로
6. 광동
7. 광동에서 산수에이흐까지
8. 광동에서 챠오테헤우프까지
9. 광동에서 우테헤우프까지
10. 상키아에서 콩이까지
11. 홍콩에서 하난의 하이퐁까지
12. 수아테우
13. 수아테우에서 챠체우프까지

후난

1. 한케우에서 챵차푸까지
2. 창차푸
3. 창차푸에서 니강위안 탄광지대까지
4. 르흥창
5. 한케우에서 창토푸까지

푸키앙

푸체우푸 어귀

1. 푸체우푸. 쿠장. 용푸
2. 푸체우푸에서 옌핑후까지

3. 푸체우푸에서 닝토흐까지
4. 히아멘 혹은 아모이 (에 무이)
5. 히아멘에서 창체우푸까지
6. 트시우앙체우푸
초키앙
1. 항체우푸, 르 시우, 마스카레
2. 키아힝푸에서 쿠앙토까지
3. 모캉창
4. 닝포푸
5. 체우창. 푸토 섬
6. 태체우푸, 티앙태 절들i
7. 웬체우푸
키앙송
1. 창해
윤난
1. 라오카이에서 윤난푸까지, 철도
2. 융난푸
3. 몽엠트쇠
4. 몽트쇠에서 체핑까지
5. 몽트쇠에서 윤남포까지. 통해 쪽.
6. 다미트에서 이레앙흐까지
7. 윤난푸에서 타리프까지
8. 타리프에서 브하모까지
9. 윤남푸에서 우에이리트까지
10. 윤남푸에서 수이푸까지
양츠강 상류
1. 수이푸에서 총킹까지
2. 총킹
3. 총킹에서 완히엔까지
4. 수이쿠에서 키아팅까지
5. 몽토메(엔고메이창)
인도차이나
통킹 해퐁에서 라오카이까지
1. 해퐁. 도송

2. 해퐁에서 하노이까지, 철도
3. 캉기앙에서 닌기앙푸까지
4. 하노이
5. 하노이에서 비에트리. 박흐학.
6. 코로아
7. 탐다오. 은빛 폭포
8. 비에트리에서 라오카이까지
9. 라오카이에서 퐁토까지
안남
1. 투란
2. 투란에서 대리석으로된 미손 산. 해포
3. 투란에서 후에
4. 후에
5. 왕실 무덤
코친차이나, 캄보지아
1. 사이공
2. 사이공에서 프놈펜
3. 프놈펜
4. 프놈펜에서 앙코르
5. 앙코르 공원
시암
역사
고고학
1. 방콕
2. 방콕에서 아주티아
3. 방콕에서 로프부리
말레이 군도
말레이지아 반도
1. 세일론에서 싱가포르까지
2. 싱가포르
3. 싱가포르에서 조호르까지
4. 피낭
5. 피낭에서 싱가포르까지
6. 싱가포르에서 물멩까지

7. 싱가포르에서 방콕까지
자바
역사
1. 싱가포르에서 바타비아까지
2. 바타비아
3. 바타비아에서 뷔텐조르그까지
4. 뷔텐조르그에서 신당글라 자까지
5. 뷔텐조르그 (혹은 바타비아) 에서 가로에까지
6. 가로에에서 조키아-카르타까지
7. 보로-보에도에 (보로-부두르)
8. 죠키아-카르타에서 소에라아지아까지
9. 소에라아지아에서 토사리까지
10. 사마랑. 디양
필리핀
역사
1. 마닐라
2. 마닐라에서 바귀오
3. 마닐라에서 카비트까지
4. 마닐라에서 바탕가로스 바노스 볼칸 탈까지
5. 마닐라에서 몽탈방에서 앙티폴로까지
중국 북부의 해양 국가들
일본
인구, 식물지역
동물군
선사시대역사
민족지학
역사
종교들 : 신도. 불교
일본의 경제와 정치
여행자를 위한 주석
1. 나가사키
2. 나가사키에서 모지
3. 모지에서 코베까지
4. 코베

5. 오사카
6. 쿄토
7. 쿄토에서 나라까지
8. 오사카에서 나고야
9. 트수루가에서 마이바라까지
10. 코베에서 토쿄까지
11. 하코네
12. 요코하마
13. 토쿄
14. 토쿄에서 니코까지
하와이. 아메리카
1. 호놀루루
2. 방쿠버
3. 시에틀
4. 샌프란시스코

Madrolle. **『중국 북부와 청강유역』** Librairie Hachette, 1916, FRE 26e2

서문
목차
지도와 도면들
약어
중국 : 일반 정보들
계절
세관
법령. 여권
돈
여행사들
표들
극동에 가기 위한 운송 수단들 : 해상로, 시베리아 횡단 철도, 아메리카의 횡단, 태평양과 오스트레일리아의 항구들
짐
호텔들
중국에서의 여행계획

몇 가지 여행코스
내륙에서의 여행. 고용인
운송 방법들
철도
시간
언어
우체국
전신기
무게와 측정
돈
온도측정 비율
중국 북부
베이징
1. 일반 정보
2. 시장, 전시회, 쇼핑
3. 시간 사용법. 일정들
4. 인상들s
5. 역사
6. 외교사절 구역
7. 타타르 도시
8. 제국의 도시
9. 금지된 적색 도시
10. 중국식 도시
11. 베이징 주위
12. 하궁과 서부 산악지대의 베이징
체리
1. 베이징의 타쿠 탕구
2. 천진
3. 베이징에서 멘테우케우
4. 베이징에서 칼간
5. 베이징에서 명묘
6. 베이징에서 제홀
7. 베이징에서 통체우
8. 베이징에서 동묘(통링)

9. 베이징에서 창해관(묵덴 경유)
10. 베이징에서 황강유역(한구 경유)
11. 베이징에서 서묘(시링)
12. 팅체우에서 우태찬
13. 천진에서 치난푸

창통

1. 웨하이웨이. 체푸
2. 칭타오(키아오체우)
3. 칭타오에서 치난푸
4. 치난푸
5. 창천에서 포창
6. 치난푸에서 태낭푸
7. 태낭푸
8. 태창산
9. 태낭푸에서 기푸현
10. 키푸현. 공자 사원과 묘
11. 키푸현에서 체우현
12. 치난푸에서 시우체우푸

찬시

1. 체키아추앙에서 태양푸
2. 태양푸
3. 태양푸에서 펜체우푸
4. 태양푸에서 우태창
5. 우태창
6. 타통푸, 윤강 동굴

호난

1. 타오케우에서 칭후아
2. 칭체우에서 캐퐁푸
3. 칭체우에서 호난푸
4. 롱멘 동굴
5. 창토푸에서 신양체우

만주

1. 창해관에서 묵덴
2. 케우팡츠에서 양케우(니에우추앙)

3. 대련. 여순 항 (요준)
4. 묵덴. 황실의 묘지들
5. 다이렌 에서 쿠안창츠
6. 묵덴에서 난동(한국 경유)
7. 묵덴에서 티낭현
8. 창춘에서 기린
9. 만주에서 블라디보스토크
10. 하르빈에서 쿠안창츠
러시아 해양 지역
1. 블라디보스토크
2. 블라디보스토크에서 하바로스크
3. 하바로스크에서 니콜라이에프스크
4. 니콜라이에프스키에서 블라디보스토크
몽골
1. 쿠쿠 코토
2. 베이징에서 창투
3. 칼간에서 우르가
4. 우르가
5. 우르가에서 오크콘과 세렝가 계곡
6. 우르가에서 키아크타(시베리아)
중국 중부
키앙수
1. 우송에서 창해i
2. 창해
3. 창해에서 창추푸
4. 송기앙푸. 초찬(조제)
5. 수추푸. 태후
6. 창해에서 난경(철도)
7. 창해에서 난경(해로)
8. 난경
난후에이
1. 난경(푸구) 에서 시우추푸
2. 수추에서 우호현
3. 난경푸

4. 난경푸에서 퐁양푸
5. 난경에서 키우키앙
6. 우후현
7. 우후현에서 쿠앙토추
8. 난경후에서 후에추푸
9. 후에추푸에서 켕토첸
강시
1. 키우키앙푸
2. 쿠링
3. 푸오양 호수. 난강푸
후페
1. 키우키앙에서 한구
2. 한케우
3. 우창푸. 한양푸
4. 한케우에서 황강(베이징 경유)
5. 한케우에서 이창푸
6. 이창푸에서 완현. 청강의 협곡들
창통
12.치난푸에서 시우추푸
13.천진에서 치난푸
13.베이징(계속)
한국
지리학적 개관
정부
인구
무게와 크기
언어
종교들
역사
철도들
한국(테호센)
1. 제물포(진센)
2. 제물포에서 서울
3. 서울(헤조)

4. 부산(후산)
5. 부산에서 서울
6. 서울에서 의주(기수)
7. 군산(군산)에서 목포(목쿠-호)
8. 원산(겐산)
9. 다른 개항들

색인

Marques-Rivière, Jean. 『세계 속의 중국 : 1912년에서 1935년까지의 중국 혁명』 Payot, 1935, FRE 249

머리말
서문
1부. 중국의 여러 측면들
1장. 역사적 환경
중국, 전통적 공동체
그 역사
2장. 중국이 서양을 만나다.
만주 왕조의 종말
순 야 센
중국 민주정의 희극
3장. 산적들의 장군들과 쿠오 민 탕
아시아의 모험가들
<< 새로운 생활 >>의 운동
쿠오 민 탕
4장. 난경의 << 공식 >> 정부, 그 작업
유앙
순 야 센 도당
중국의 정치
중국과 외국인들
5장. 오래된 중국의 근대화 조직
경제 상황
중국 도시
중국에서의 선교

6장. 이러한 조직화의 장본인 : 중국의 농민과 노동자
중국의 가족
여성
농민
노동자
젊은이
극장
7장. 아편 문제
8장. 군대와 중국의 공군
육군
해군
공군
중국의 비밀 단체들
2부 북부를 향한 중국의 팽창
9장. 중국의 몽골
10장. 만주, 일본의 기지
11장. 중앙 아시아의 중국 식민지들.
투르키스탄
12장. 서부의 먼 시장들
티베트
3부 남부를 향한 중국의 팽창
13장. 소련의 병폐
중국의 소련 지역들의 기원
붉은 지역들의 조직과 기능
소련 병폐에 대한 난경의 투쟁
14장. 인도차이나, 중국의 지방
안남의 영광스러운 과거
현재의 상황
15장. 사이암과 중국 혁명
16장. 중국과 적대하고 있는 일본
외교적 시기
무력의 시기
중국의 응답 : 동맹배척
일본에 있어서의 아시아

결론들

Marsay, Comte. 『극동에서의 항해여행』 Librairie Ch. Delagrave, 1904, FRE 174

1장. 툴롱에서 랑구운까지
2장. 미얀마.
3장. 몰멩에서 싱가포르까지.
4장. 보르네오.
5장. 필리핀.
6장. 홍콩에서 푸체우까지.
7장. 일본.
8장. 시베리아와 한국.
9장. 베이징에서 상하이까지.
10장. 인도차이나.
11장. 자바.
12장. 귀환 길에서.

Martin, Felix. 『실제 일본』 Bibliotheque-Charpentier, 1898, FRE 23

머리말
서론- 근대 이전의 일본
1권 I. 근대 일본의 사회적 상태
1장. 일본의 정신
2장. 일본에서의 가족 조건
3장. 종교, 교육, 그리고 사법
4장. 정치 권력들
2권. 중국의 전쟁과 그 결과들
1장. 전쟁 전
2장. 전쟁
3장. 평화
4장. 평화 이전과 이후의 한국
3권. 일본의 경제적이고 재정적 상황
1장. 산업과 상업

2장. 재정과 예산들-새로운 조약들-전쟁과 해군
3장. 사회적 문제
결론

Maspero, George. 『중국』 Librairie Delagrave, 1925, FRE 246 v.1

서문
1장. 그 국가와 그 거주자들
2장. 역사
3장. 정치적이고 사회적 구조
4장. <>까지 서양과 중국의 관계
5장. 조약의 시대
6장. 조약들에 대한 반발
7장. 프랑스와의 전쟁
8장. 일본과의 전쟁
9장. 쟁탈전과 100일
10장. 반동과 복서의 전쟁

Maspero, Henri. 『극동의 프랑스 학교지 : IV-VI 안남 역사 연구들』 Imprimerie D'extrême-Orient, 1918, FRE 307

IV. 반 랑 왕국
V. 마 유안의 원정
VI. 8세기에서 14세기까지의 안남과 캄보디아의 국경

Matignon, J. J. 『머나먼 동양 : 중국, 한국, 몽고, 일본 : 체류와 여행의 추억』 A. Storck, 1903, FRE 134

머리말
인습
중국여성
천자
알현
중국의 미망인 황후 집에서
철도

북경의 장례식
중국북부 군대
조선에서
사라진 일본
인식과 난점
흑사병 탐구

Matsui, Iwane. 『일본 군대와 극동에서의 대결』 Kundig, 1932, FRE 165

서론.
I. 일본 군대의 기본 정신
II. 황제와 군대
III. 지휘권의 독립
IV. 일본 군대와 만주와 상하이에서의 사건들
V. 일본의 군대 기강법

Maufrdid, A. 『자바에서 일본까지 : 인도차이나, 중국과 한국을 통하여』 Plon, 1913, FRE 252

1장. 남쪽을 향해
2장. 바타비아
3장. 가로에
4장. 조키아카르타
5장. 소에라바이아
6장. 싱가포르
7장. 사이공
8장. 캄보디아에서
9장. 안남에서
10장. 통킹에서
11장. 중국 남부
12장l. 상하이에서 한코우까지
13장. 중국 북부
14장. 한국에서
15장. 부산에서 오사카까지
16장. 쿄토에서 카마쿠라까지

17장. 토교에서 니코
18장. 유럽을 향해서

Maurras, Charles. 『베네치아의 연인들 : 조르즈 상과 뮈세』 Boccard, 1916, FRE 242

인용문
1916년 판의 머리말
1919년의 주석
서론
1부.- 인물들
I. 그녀
II. 그
III. 그들
IV. 베네치아의 의사
2부.- 비극
V. 증언들
VI. 상상들
VII. 그는 그들을 봤었는가?
3부.- 희극
VIII. 조르즈의 나타나기 시작하는 재치
IX. 상 세르빌로
X. 조심스러운 교양
XI. 뮈세 벌을 받다.
XII. 뮈세 회복하다.
4부.-진실과 시
XIII. 돌아옴
XIV. 증오와 용서
결론 : 낭만적 사랑
부록 I : 첫번째 사고
부록 II : 서정적 비극
부록 III : 카반느 박사의 찻잔
부록 IV : 뷜로즈의 어떤 증언
목차

Mazeliere, de la. 『일본 : 역사와 문화, 7권 : 강대국 일본, 아시아의 변화』

Plon, 1923, FRE 135 v.7

머리말
서언
A. 유럽의 문화
B. 유라시아 문화
I) 러시아 문화
II) 아랍 문화
a) 이슬람
b) 터키
c) 아프리카. 이집트
d) 페르시아. 극동아시아의 아랍인들
III) 인도 문화. 인도양 문화
C. 극동아시아 문화
D. 아메리카 문화
E. 아시아, 유럽, 아메리카 문화의 상호침투와 투쟁

Mendez Pinto, Fernand. 『1537-1558년 페르난트 멘데즈 핀토의 모험 여행들』 Jacques Boulenger 편집, Plon, 1932, FRE 292e4

서론
1장. 어떻게 내가 인도를 향한 배를 탔었고, 라 멕크 해협의 딘에 도착했고, 프레스트 잔이라는 무어인을 방문했는가.—II.아르켈레오를 출발한 후에, 세 척의 터키 배를 만나서, 우리에게 발생한 것에 관하여. 모카에서의 폭동에 대해서 그리고 어떻게 내가 오르무츠까지 오게 되었는지.—III.어떻게 내가 오르무츠에서 고아까지 갔는가 그리고 어떻게 터어키 인들의 갤리선을 태우려는 기도에서 곤잘레스 바즈 쿠티노를 따르게 되었는지.—IV.어떻게 페로 데 파리아와 함께 말라카에 도착하였고, 바투의 왕에게 보내졌는지.—V. 아켐인들의 왕에 대한 바투의 왕의 전쟁에 관하여 그리고 내가 말라카로 돌아가면서 거기에 머물렀을때 코다 왕국에서 일어났던 것에 관하여.—VI.어떻게 내가 아른 왕국에 보내졌고, 시아카 강 유역에 이르게 되었는지.—VII. 나의 말라카 귀환에 대하여, 그리고 왕이 살해된 이후에 일어난 것에 대하여.—VIII.루고르

에서의 우리의 모험에 대하여, 그리고 어떻게 우리가 만난, 이 부인이 우리를 파탄으로 다시 보냈는가, 그리고 그가 재앙을 알았을때, 안토니오 데 파리아가 했던 것

2장. 어떻게 안토니오 데 파리아가 파탄에서 코자 아셈이라는 선박을 찾기 위해 출발했는가.—II.어떻게 그는 바렐라 강 유역에 도착했고, 그곳에서 하난 섬을 찾기 위해 갔으며, 이 섬에 일어난 것에 관하여.—III.어떻게 그가 카미 만에 왔고 혹은 중국 왕을 위해 진주 낚시를 하게 되었는가, 그리고 버려진 선박을 가지고 타노퀴르 강 앞에서 그가한 전투에 관하여.—IV. 틸로네르 전선에서 우리가 만난 네명의 약삭빠른 사람들, 그리고 안토니오 데 파리아가 어떻게 무티피남 항구에서 자신의 상품을 푸르게 되었는가.—V. 마델까지 그에게 생긴 것에 관하여 그리고 어떻게 그가 거기에서 히니밀로 선을 파괴했는가.—VI.어떻게 우리는 라롱 섬에서 길을 잃었는가 그리고 어떻게 기적으로 구해졌는가.—VII. 우리가, 포르투갈인들의 위대한 친구, 퀴에이 판잔의 선박을 만나기까지 항해에 대하여.—VIII.어떻게 우리는 여덟명의 부상당한 포르투갈인들이 있었던 작은 배를 발견했는가, 우리가 겪은 폭풍우에 대하여, 그리고 안토니오 데 파리아가 어떻게 누데라는 도시를 약탈하였는가.—X.어떻게 중국배를 격파한 뒤에, 그가 리암포에 왔고, 거기에서 그가 받은 환영식에 대하여

3장. 칼람플뤼 섬을 향한 우리의 출발에 대하여,어떻게 우리는 파테베남 강에 도달했고, 강기타누 산 근처에서 우리가 이야기한 사람들보기 흉함에 대하여.—II.어떻게 우리는 칼람플뤼에 도착했고, 그리고 거기에서 내려왔고, 그리고 어떻게 발견되었는지.—III.어떻게 우리는 나킨 만에서 길을 잃었고 그리고 우리가 베이징에 파견되면서 중국에서 우리에게 발생한 것에 관하여.—IV.우리가 포카세 탑과 멀리 떨어진 마을들에서 본 아름다운 것들.—V.우리가 본 십자가를 마주친 것에 대하여.—VI.중국의 강에 형성된 움직이는 도시들.—VII.어떻게 우리는 베이징에서 재판 받았고, 추방자들의 담장, 죽은자들 그리고 여러가지 굉장한 물건들의 보고로 불리워지는 감옥에 대하여.—IX. 그들이 하늘의 여왕이라고 부르는 건축물에 대하여, 중국 왕들의 113개 시체 보관소들, 공공 창고들과 다양한 특수 건축물들에 대하여

4장. 쿠안시에서 우리가 당한 불행에 관하여, 그리고 내가 거기에서

한 기독교인인 포르투갈인을 만난 것에 대하여.—II.어떻게 한 타타르 두목이 이 도시를 점령하고, 우리중의 한 사람이 그에 대하여 닉시암코 성을 공격하였는지.—III. 우리는 그 당시에 베이징에 자리를 잡은 타타르 인들의 왕에게 어떤 방법으로 등장하였는가.—IV.어떻게 그는 우리를 자신의 왕국으로 데려갔고, 우리를 그의 대사와 함께 베트남에 보냈는지.—V.어떻게 우리는 일본의 후장귀에서 일본의 첫번째 영지인 타니쉬마 섬까지 가게 되었는가, 그리고 우리가 리암포에 돌아가고, 우리가 르퀴오 제도에서 조난당하면서, 이 국가에서 화승총의 사용을 가르쳤는가

5장. 어떻게 페로 데 파리아는 나를 쇼배나 드 바르타반에 보냈고, 풀로 힌보르에서 우리에게 일어난 것에 관하여.—II.마르타반의 점령에 대하여 그리고 뒤이은 학살에 대하여.—III. 내가 마르타반에서 겪은 불행에 대하여, 브라마 왕이 프롬에서 믿기 어려운 잔혹행위들을 하다, 그리고 그가 칼람이반에 보낸 대사에 대하여.—IV.우리가 계속한 여정과 어떤 은자들과 같은 생활을 하는 이상한 방법으로 티아고고 탑에서 행해진 제물들과 축제들.—V.팀프란까지의 우리의 여정에 대하여 그리고 어떻게 대사가 칼람이바나 궁전에서, 짧은 회담과 함께 접대를 받았고 혹은 사람들은 이러한 사람들이 얼마간의 교리를 이해한다는 것을 알았다.—VI.어떻게 우리는 페구에 되돌아 갔는가, 사바디에 자리를 잡았는가, 그리고 어떤 길을 통하여 나는 고아에 도착하였는가.—VII.파수루안 근거지에서, 데마 왕의 죽음 이후에 계속된 사건들에 대하여,—VIII.어떻게 나는 중국으로 가려고 하면서 조난당하였고, 사이암에 도착하였고 혹은 왕이 어떻게 독살되었는가?

6장. 페구에서 디오고 수아레즈 달베르가리아에게 일어난 것에 관하여, 그리고 어떻게 내가 이 국가로부터 말라카, 그리고 계속해서 일본에 갔는지.—II.어떻게 우리는 프랑스와 자비에르 신부와 그가 말라카에서 한 아름다운 일들을 발견하였는가.—III. 신의 축복을 받은 자비에르 신부가 일본에서 했던 일들에 대하여, 그리고 푸세오에서 붕고 왕이 그에게 한 경의의 표시들.—IV.어떻게 우리는 신의 이 봉사자의 기도에 의해 굉장한 폭풍우로부터 구해졌는가 그리고 그가 중국에서 신앙을 전파한 만큼 그에게 발생한 것에 관하여.—V.사찬, 말라카, 그리고 고아에 있는 자비에르 신부의 묘소에 대하여, 그리고 어떻게 나는 메트르 벨치오르 신부

와 함께 일본에 되돌아왔는가, 그리고 리암포와 친체오의 재앙들에 대하여.–VI.중국에서 일어난 토지의 이상한 요동 그리고 어떻게 우리는 붕고 왕국에 환영을 받았는지.–VII.내가 일본을 출발해서, 포르투갈로 귀환한 이후에 일어난 것에 관하여

Metin, Albert. **『극동 : 중국-일본-러시아』** Pages Libres, 1905, FRE 238

서론
1부 : 황인종의 세계
I. 중국 문명
II. 중국의 유럽과의 접촉
III. 봉건적인 일본
IV. 근대적 일본
V. 중일 전쟁
2부 : 분할 혹은 << 개항 >>
I. 극동에서의 러시아
II. 영향권들과 분할 계획들
III. 러시아와 적대적인 일본
참고문헌 목록

Mgr Vay de Vaya et de Luskod, P.A. **『제국과 황제들』** Emile-Paul, 1908, FRE 115

머리말
I. 차르와 페테르호프 궁전에서의 러시아 황후
II. 시베리아 횡단 철도를 통하여 극동으로
III. 러시아 지배하의 만주
IV. 묵덴, 만주의 수도
V. 여순 항, 달니, 니우츠왕, 텐진
VI. 베이징
VII. 미망인 황비와 하궁에서의 황제
VIII. 지난 시절의 한국
IX. 서울, 한국의 수도
X. 새로운 궁전에서의 한국 황제
XI. 토쿄
XII. 에도 궁전에서의 황제와 황비

XIII. 20세기 초의 일본과 중국
i. 일본
ii. 중국
XIV. 극동에서의 카톨릭 교회
XV. 결론

Milet-Mureau, M. L. 『라 페루즈의 세계 여행』 M Plassan, 1798, FRE 33 v.3

16장. 움푹한 곳으로부터의 출발.—포르모스 운하 가운데에서 갯벌을 만남.—이 갯벌의 위도와 경도.—옛 젤란드 요새에서 떨어진 두 곳에서 닻을 내렸다.—우리는 다음날 필요한 시설을 갖추었다.—페스카도레스 제도, 혹은 퐁후에 대한 상세한 설명.—보톨 타바코시마 섬의 확인.—우리는 리쾨 왕국의 일부인 쿠미 섬을 향해 하였다.—배들이 일본 해에 들어갔다, 그리고 중국 해안을 향해 하였다.—우리는 제주도를 향하여 갔다.—우리는 한국 해안과 그 밖의 등등을 향해하였다. —다즐레 섬 발견, 그것의 경도와 위도

17장. 일본 북서부를 향해 감.—노토 곶과 조시 시마 섬을 봄.—이 섬에 대한 자세한 설명들.—이 일본 지역의 위도와 경도.—일본과 중국의 여러 선박들을 만남.—우리는 북위 42도에서 상륙한 타타르 지방의 해안을 향해 되돌아갔다.—테르네 만에서의 휴식.—그 곳의 생산물들.—그 지역에 대한 자세한 설명들.—우리는 거기에서 단지 3일 동안 머문 후에 준비를 하였다.—쉬프렌 만에서의 휴식

18장. 우리는 북쪽을 향해 계속해서 갔다.—동쪽에서 뾰족한 산봉우리를 확인.— 우리는 우리가 어떤 운하를 항해하고 있음을 알았다.—우리는 세갈리안 섬 해안을 향해 우리의 여행의 방향을 정하였다.—랑글 만에서의 휴식.—거주자들의 풍속과 관습들.—그들이 우리에게 가르켜준 것이 우리를 북쪽으로 계속 가도록 결정하도록 했다.—우리는 섬의 해안을 항해하였다.—에스탕 만에서의 휴식.—출발.—우리는 타타르의 섬과 대륙사이에 있는 운하가 갯벌에 의해 가로 막혀있다는 것을 발견하였다.—타타르 해안에 있는 카스트리 만에 도착

19장. 카스트리 만에서의 휴식.—이 만과 타타르의 한 마을에 대한 기술.—거주자들의 풍속과 관습.—무덤과 재산에 대한 그들의 농지들에 대한 존중.—그들이 우리에게 불러일으킨 극도의 신뢰.—그들의 자녀들에 대한 그들의 애정.—그들간의 융합.—이 만에 있는 이상한 네척의 카누들을 만남.—승무원들이 우리에게 준 지리학적 설명들.—카스트리 만의 생산물들.—그 곳의 조개들, 네발 짐승들, 새들, 돌들, 식물들

20장. 카스티르 만에서 출발.—제소와 오쿠 제소를 분리시키는 해협의 발견.—초카 섬 꼭대기 혹은 세갈리안 위에 있는 크리옹 만에서의 휴식.—그 곳의 거주자들과 그들의 마을에 대한 상세한 기술.—우리는 그 해협을 가로질러서 카스트리쿰의 네덜란들인들에 의해 발견된 모든 영토를 확인하였다.—국가들의 섬.—위리 해협.—회사의 땅.—4 형제의 섬.—마리칸 섬.—우리는 쿠릴 해를 가로질러 캄차트카를 향해 갔다

21장. 이전 장들에 대한 부록.—타타르의 동쪽 해안에 대한 새로운 상세 설명.—예수교회원들이 이야기 하는 일명 진주 낚시에 대한 의혹.—이 지방의 섬사람들과 대륙에 사는 사람들간의 육체적 차이.—국가의 가남함.—거기에서 유용한 어떠한 상업활동을 하는 것의 불가능.—초카 섬 혹은 세갈리안의 거주자들의 어휘

22장. 아바차 만에서의 정박.—카보로프 중위의 의무적 접대.—생 피에르와 생 폴 항이 있는 오코츠크의 통치자인 카스로그-우그르냉 씨의 도착.—그는 슈마레프 씨와 우리에게 가장 많은 관심을 불러일으킨, 불행한 이바츠킨에 의해 선상에서 수행을 받았다.—우리에 대하여 비공식전 친절.—캄차달 사람들의 무도회.—오코츠크에서 도착한 한 우편물이 우리에게 프랑스로부터 온 우리의 편지들을 가져왔다.—우리는 드 라 크롸이에르 씨의 무덤을 발견하였고, 그리고 우리는 그 무덤에 클레르크 대위의 무덤과 마찬가지로, 동판 위에 비명을 메어놓았다.—캄차트카와 관련된, 카스로프 씨의 운영에 대한 새로운 조망.—우리는 우리의 소포들과 함께 프랑스에 우리의 통역을 보낼 허가를 얻었다.—아바츠카 만 출발

23장. 캄차트카에 대한 요약적 설명들.—아바츠카 만에 진입하기 위한 그리고 그곳으로부 위험없이 나오기 위한 지시들.—우리는 37도 30분 위선에서 사람들이 말하기를, 1620년 스페인들에 의하여

발견된 땅을 찾기 위하여, 사방 300백리 되는 공간을 돌아다녔다.–우리는 세번째로 적도를 가로질렀다.–우리는 비롱의 위험이라는 섬을 지난 후에, 항해자들의 섬들을 알아냈다.–우리에게 많은 카누들이 찾아왔고, 우리는 그 선원들과 교환을 하였고, 그리고 우리는 마우나 섬에 정박하였다

24장. 마우나 섬 사람들의 풍속, 관습, 예술 그리고 예법.–이 아름답고 풍요한 이 지역과 그 곳의 거주자들의 사나움의 대조.–물결이 매우 높아졌다; 우리는 배의 장비를 준비하게 되었다.–물을 마련하기를 원하였던, 드 랑글 씨는 4척의 무장한 보트를 가지고 육지에 상륙하였다.–그는 살해당하였다; 두 척의 승무원들이었던 11명은 같은 운명을 겪었다.–이 사건에 대한 상황 이야기

25장. 마우나 섬 출발.–오요라바 섬에 대한 기술.–그 거주자들과의 교역.–폴라 섬의 풍경.–이 섬들의 토착민의 풍속, 예술, 관습, 그리고 그 토착민들의 토지에서 나오는 생산물들에 대한 새로운 설명들.–코코넛 제도와 배반자들의 제도를 만남

26장. 항해자들의 제도 출발.–우리는 친구들의 제도를 향해 항해하였다.–바바오 섬과 지도상에 아주 잘못 위치된, 이 제도의 다른 섬들을 만남.–통가타보 거주자들은 서둘러 해안에 와서, 우리들과 무역을 하려고 하였다.–우리는 노르포크 섬에 정박하였다.–이 섬에 대한 기술.–보타니 만에 도착

길 목록

Milet-Mureau, M. L. A. 『세계 일주 라페루즈 여행 : 1791년 4월 22일 법령에 의해 발행』 De l'Imprimerie de la République, 1797, FRE 278 v.1

Milet-Mureau, M. L. A. 『세계 일주 라페루즈 여행 : 1791년 4월 22일 법령에 의해 발행』 De l'Imprimerie de la République, 1797, FRE 278 v.2

1장. 두 전함의 무장물 ; 브레스트 정박지에서의 체류. 브레스트로부터 마데레와 트네리프까지의 횡단 ; 두 섬에서의 체류. 픽으로의 여행. 트리니티에 도착. 브라질 해안에 있는 세인트 카트린 섬에서의 휴식.

2장. 세인트 카트린 섬에 대한 기술. 우리의 휴식중에 일어난 관찰과

사건들. 세이트 카트린 섬 출발. 콩셉숑 도착.

3장. 콩셉숑에 대한 기술. 거주자들의 풍습과 관습들. 탈카귀아나 출발. 파크 섬 도착.

4장. 파크 섬에 대한 기술. 거기에서 우리에게 닥친 사건들. 거주자들의 풍습과 관습들.

5장. 파크 섬에서의 드 랑글 씨 여행. 토착민들의 풍습과 예술들, 그들의 토양의 질과 경작에 대한 새로운 관찰들.

6장. 파크 섬 출발. 천문학적 관찰들. 상드위치 섬 도착. 모웨 섬의 케리포레포 만에 정박, 출발.

7장. 상드위치 섬 출발. 아메리카 해안 접근 징후들. 세인트 엘리 산 확인. 몽티 만 발견. 보트들이 베링 해로 이름을 간직하고 있는 거대한 강 입구를 확인하러 감. 매우 깊숙한 만을 확인. 거기에서 우리가 휴식하도록 하는 여러 장교들의 호의적 보고서. 거기에 들어가면서 우리가 처했던 위험들. 내가 프랑스인들의 만 혹은 항구라는 이름을 붙인 이 만에 대한 기술. 거주자들의 풍습과 관습, 우리가 그들과 한 교환물들. 우리의 체류중 활동 세목.

8장. 프랑스인들의 항에 우리의 체류 계속. 그곳을 출발하는 순간에 우리는 가장 흉악한 불행을 경험하였다. 이러한 사건의 역사적 개요. 우리는 우리의 첫 정박을 다시 하였다. 출발.

9장. 프랑스인들의 항구에 대한 기술. 그 넓이, 그 길이. 이 항구의 이점과 불편한 점들. 그 식물과 광물 생산물. 새, 생선, 조개, 네 발 달린 짐승들. 인디언들의 풍습과 관습. 그들의 예술, 무기, 의복, 날려는 기질. 러시아인들 만이 유일하게 간접적으로 교류하였던 강력한 자만심. 그들의 음악, 놀이에 대한 열정, 그들의 언어에 대한 논문.

10장. 프랑스인들의 항구 출발. 아메리카 해안의 탐험. 쿡 선장 섬들의 만. 수로 안내인 모렐의 로스 르므디오스와 뷔카렐리의 항구들. 크로이에르 각하. 세인트-칼로스 각하. 크로스 순 해안에서 헥토르 곳까지 해안의 기술. 거대한 만 혹은 운하 확인 그리고 그 크기의 정확한 결정. 사르틴 각하. 쿡 선장의 나무를 댄 첨병. 우리의 해양 시계들의 확인. 방파제의 끝. 넥케르 각하. 몽트레이 도착.

11장. 몽트르에이 만에 대한 기술. 두 켈리포니아와 그들에 대한 선교에 대한 역사적 세부설명. 개종한 인디언들과 독립적인 인디언

들의 풍습과 관습들. 곡식, 과일, 모든 종류의 채소들. 네발 달린 짐승, 새들, 생선들, 조개들, 이 두 지방의 군사적 구성. 상업에 대한 세부 설명.

12장. 천문학적 관찰들. 달부터 태양까지 거리에 의해, 그리고 아메리카 해안에 대한 우리의 지도에 기초적으로 제공되고 있는 우리의 해양 시계들 에 의해 얻어진 결과들에 대한 비교. 우리의 작업은 항해자들의 신뢰를 받을 만한 것이라고 믿을 정당한 동기들. 몽테르디 주위의 서로 다른 민족들의 언어의 어휘, 그리고 그들의 발음에 대한 지적들.

13장. 몽트레이 출발. 우리가 대서양 동쪽을 관통해서 중국까지 계속할 것을 제안하는 노정 계획. 고르타의 노스트라 세노라 섬의 헛된 찾기. 넥케르 섬 발견. 밤중에 우리가 잃어버릴 뻔한 망루를 만남. 이 망루에 대한 기술. 그 넓이와 길이에 대한 결정. 미라와 자르뎅 섬들에 대한 헛된 찾기. 우리는 마리아나 승천 섬을 발견하였다. 이 섬의 넓이와 길이에 대한 기술과 진정한 위치 ; 마리아나에 대한 옛 지도들의 잘못. 우리는 바쉐 제도의 길이와 경도를 결정하였다. 우리는 마카오 정박지에 정박하였다.

14장. 마카오 도착. 티파 정박지 체류. 총독의 친절한 접대. 마카오에 대한 기술. 그 정부. 그 인구. 뤼콩 섬의 상륙지. 뷜리나오, 만시오크 그리고 마리벨 갯벌의 위치 불확실. 마리벨 혹은 미라벨 마을에 대한 기술. 우리는 남부의 수로를 거쳐 마닐라 만에 들어갔다. ; 우리는 헛되이 북부의 수로를 탐험하려고 하였다. 마닐라 만에서 위험 없이 지그재그로 항해하기 위한 관찰. 움푹한 곳에 정박.

그 병기창에서. 마닐라와 그 주변에 대한 기술. 그 인구. 거기에 수립된 정부로부터 생겨난 불리한 점들. 신성한 주간 중에 우리가 증인이 된 형벌들. 담배 세. 이 건물에 대한 고찰들. 필리핀 남부 도서들에 대한 세부 설명. 서로 다른 섬들의 모르 혹은 마호메트들과의 계속적 전쟁. 마닐라 체류. 뤼콩의 군사적 상황.

16장. 움푹한 곳 출발. 포르모스 운하 가운데의 갯벌을 만남. 이 갯벌의 위도와 경도. 우리는 젤란드라는 옛 요새의 먼 바다에 있는 두 개의 장소에 정박하였다. 우리는 다음 날 출범준비를 하였

다. 그 섬들에 대한 세부설명
페스카도르, 혹은 퐁후에 대하여. 보톨 타바코시마 섬의 확인. 우리는 리쾨 황국의 일부인 쿠미 섬을 항해하였다. 범선들은 일본해에 들어가서, 중국 해안을 항해하였다. 우리는 제주도를 향해 항해를 하였다. 우리는 한국해안을 항해하였고, 매일 천문학적 관찰을 하였다. 한국의 제주도 섬에 대한 세부설명, 울릉도 발견, 그 경도와 위도.

Milet-Mureau, M. L. A. 『세계 일주 라페루즈 여행 : 1791년 4월 22일 법령에 의해 발행』 De l'Imprimerie de la République, 1797, FRE 278 v.3

17장. 일본 북서부 지방을 향한 여정.
18장. 우리는 북쪽을 향해 계속 갔다.
19장. 카스트리 만에서의 휴식.
20장. 카스트리 만 출발.
21장. 이전 장들에 대한 보충.
22장. 아바추사 만에서의 정박.
23장. 캄추아트카에 대한 요약된 세부설명.
24장. 마우나 섬사람들의 풍속, 관습, 예술과 풍습.
25장. 마우나 섬 출발.
26장. 항해자들의 섬 출발.

Milet-Mureau, M. L. A. 『세계 일주 라페루즈 여행 : 1791년 4월 22일 법령에 의해 발행』 De l'Imprimerie de la République, 1797, FRE 278 v.4

1785년 8월 24일, 드 라 페루즈의 탐험대의 일원들이었던 물리학자들, 드 라마농과 몽즈 씨들에 의한 트네리프 봉우리로의 여행 발췌문과 새로운 화산, 다양성들에 대한 기술과 함께 이 봉우리에서 행해진 몇 가지 화학 경험들의 개요
파크와 모웨 섬들의 거주자들에 대한 연구 보고서 혹은 논문; 롤랭 씨, 의학박사, 해군의 일반 외과의사, 그리고 드 라 페루즈 씨에 의해 지휘되고 있었던 부솔 구축함의 외과 군의관에 의해서
파크 섬에 대한 지리학적 연구보고서, 베르니제 씨, 드 라 페루즈 씨의 탐험대에 고용된 지리학 기술자에 의해서

미국인들에 대한 생리학적 연구 보고서, 롤랭 씨에 의해서
칠레의 원주민들에 대하여
캘리포니아의 원주민들에 대하여
프랑스 만 주위에 거주하고 있는 미국인들에 대하여
일반적 관찰들
미국 토착민들의 비율 비교표
몇 개의 곤충들에 대한 서술적 연구 보고서, 드 라 마르티니에르 씨에 의해서, 세계 일주 여행에 고용된 자연과학자
두 민족들의 비율 비교표에 이어 계속된 쵸카 혹은 스갈리안 섬의 거주자들과 동 타타르 인들에 대한 논문; 롤랭 씨에 의해서
드 라 펠루즈 탐험대에 책임 기술자의 자격으로 승선한 공병대 대위인 드 몬느롱 씨의 관찰들
트리니테 섬
세인트 카트린느 섬
칠레
파크 섬, 샌드위치 섬들, 프랑스인들의 만
몽트레이 항구
마닐라와 포르모스에 대한 연구 보고서들, 드 라 페루즈 씨에 의해서
초록 조개들 혹은 병아리들에 대한 연구 보고서와 동 타르타르의 바다에서 발견한 종에 대한 기술; 드 마농 씨, 튀랭의 학회, 과학학회의 통신회원에 의해서
S. I. 양미리에 대한 서술
S. II. 동물에 대한 서술
다몬 뿔에 대한 연구보고서와 남부 해양의 열대 지방들에서 발견되는 한 종에 대한 서술, 드 마농씨에 의해서
바다 넘어 피혁 상업에 대한 연구보고서, 드 달 펠루즈 씨에 의해서; 가죽 부대 모피들의 상태와 프랑스 인들의 항구에서 그것에 의해 처리된 비버들의 상태에 뒤이어
드 라 페루즈, 드 랑글, 라마농 씨들의 해군 장관과의 서신 발췌문
드 라 페루즈와 다즈레 씨가 플레리외 씨에게 보내는 편지들의 발췌문
드 라 펠루즈 씨가 항구의 부 책임자 그리고 선박의 선장인 드 라 투슈 씨 에게 쓴 편지들의 발췌문; 그리고 라마농 씨가 드 세르비에르 씨에게 쓴 편지들의 발췌문

드 라 말르티니에르 씨가 해군 장관에게 보낸 편지
드 라마농 씨가 과학학회 평생비서인 콩도르세 씨에게 보낸 편지 발췌본
대기의 유출과 재유출을 발견하기 위한 북위 1도에서 남위 1도까지 행해진 관찰들; 드 라마농 씨에 의해
드 라 펠루즈의 여행지도에 포함된 칠레의 칡에 대한 서술적 기록; 방트나, 국립연구소 연구원에 의해서
총목록표

Milet-Mureau, M. L. A. 『세계 일주 라페루즈 여행 : 1791년 4월 22일 법령에 의해 발행』 De l'Imprimerie de la République, 1797, FRE 278 v.5

Moncharville, M. 『아프리카와 아시아의 지면』 Pedone, 1938, FRE 96

신탁위원회와 함께 제네바에서
1925. 프랑스 신탁통치 하의 토고와 카메룬
1929. I. 프랑스 신탁통치 하의 토고와 카메룬
II. 일본 신탁통치하의 태평양 제도
1931.
1932.
1933.
1936.
알제리에서. 므잡의 섬광들
튀니지에서. 뮤즐만 젊은이들을 위한 학교
1931년 중일갈등
토쿄 제국대학에 대한 조망
만주에서
한국에서
I. 일본의 합병 이전과 이후
II. 활기찬 수도, 서울
III. 생기 없는 수도, 케이슈
대만의 도로에서

Moreau Georges. 『한국과 한국인들』 Librairie Larousse, 1894, FRE 70

윤리-정치학
한국과 한국인들
역사
즉위 이전 프리드리히 대왕
즉위 전 프리드리히 대왕
알제의 성가 가수
철가면을 쓴 사람
정치
　일반동향 : 터키 1892-1894
　　　　　　그리스 1892-1894
철학
　50년 이후 철학
교육
　영국 교육

과학
　전기 연구 : 브라운-세커드 와 그의 저서

Moreau M. Georges. 『Revue universelle』 Librairie Larousse, 1901, FRE 71 1901

핸릭 시엔키비츠
영국의 연극공연장
외국의 장난감
르네
일반 동향
로마 고미술품
몽마르트 카바레
아리조나의 석화된 숲
포르투갈(1898-1900)
일반 동향
그릴랜드
푸로-라미의 임무

육아법
오베르만
일반동향
도시의 장식품
이혼 개선
헤이그
엠마누엘 시노레
일반 동향
네덜란드 예술
시의 진화
머리치장과 지붕이기
스페인(1890-1900)
19세기 과학의 진화
일반동향
아르놀드 벡클린(1827-1901)
동물심리학
브로글리 공작(1821-1901)
파리의 무기들
일반 동향
빅토리아 여왕과 그녀의 통치기
빅토리아 여왕의 장례식
일반 동향
뵈른스테르느 뵈른손
동물심리학
하층 중산계급의 사회문제
코린느
일반 동향
빌헬민 왕비의 결혼
베르디(1813-1901)
경제와 재정의 해(1900)
일반 동향
이랑드의 죄인들
19세기 젊은 문학인
쇄빙선들

일반 동향
토막 칼
중국의 열광
아르망 실베스트르(1837-1901)
일반 동향
19세기 이상적인 여성
알제리 토착 예술 산업
해초 수확
피의 빗물
일반 동향
로마에서의 대사(大赦)의 해
프랑스의 주요 수도회
일반 동향
튀니지
페스트
일반 동향
사람 데생 편지
알제리의 정치와 행정 조직
봄의 서리
일반 동향
늑대와 곰의 아이들
발판 위의 나폴레옹
회기성 물고기와 수로형 어도
트랜스발 전쟁과 인민의 권리
일반 동향
파리건축(1895-1901)
캉칼의 대상(隊商)
장-사를르 카젱(1841-1901)
일반 동향
살롱
이탈리아(1890-1901)
일반 동향
살롱
알제

일반 동향
H. 도미에(1808-1879)
장틸의 임무
개 박람회
이슬람
일반 동향
욥살의 5월 1일
오염된 지방의 소독
엑테르나흐의 춤추는자들의 출현
이슬람
일반 동향
중국의 공무
가구 박물관
이슬람
일반 동향
앙티노에 유적지
경마
중국의 공무
보헤미아인들의 메카
일반 동향
물고기
파리의 탕플 시장
아레산맥에서의 브르타뉴식 결혼식
데생 입문
일반 동향
워터루 격전지
성(聖) 장의 불
물고기
정치의 이중성
일반 동향
소년 시절
자동차
일
일반 동향

프랑스 지방의 인기있는 구경거리
예술의 계절
영국과 보어인의 전투
낭시대학
일반 동향
진짜 카르타고
오트빌-앙-뷔제의 전지(轉地) 요양소
영국과 보어인의 전투 : 2번째 시기
일반 동향
도쿄대학
프랑스의 노동자 운동
우박처럼 쏟아지는 사격
일반 동향
금광산
아오스트 계곡의 예술
랑팡의 임무
카마르구 말
10세기 말 비잔티움 전성기
일반 동향
브르타뉴 지방
미국(1896-1900)
기구에 의한 지중해 횡단
일반 동향
오귀스트 로뎅
목걸이 작업
카데 루셀
일반 동향
작가들의 인기 언어
비둘기들의 여행
캐나다(1896-1901)
일반 동향
어린이들의 데생
작가들의 인기 언어
사모니의 전철

일반 동향
인기예술교육
수송
셍-퀄렘 사막
36가지 동물게임
일반 동향
러시아의 시베리아 식민지화
지질학과 사진술
징벌 교정
일반 동향
러시아
꽁피에뉴 성
쾌속석 <사브와>
일반 동향
병적 예술
러시아
프랑스 선박
현대 페미니즘의 기원
일반 동향
18세기 세브르의 <비스켓>
병적 예술 : 어릿광대 데생
물리의 진보
우표수집의 해
일반 동향
화산의 세벤 지방
고전 초상화
길 위의 군용열차
모권제
일반 동향
크메르 유적
프랑스 시의 정복
피로와 잠
일반 동향
세네갈

일반 동향
죽은자들의 의식
새 병원 트루소
학교와 선생
크리스피(1819-1901)
일반 동향
사건과 자료
알베르 베나르
학교와 선생
퀘라를 넘어서
일반 동향
현대 양봉
영국 편지 속의 여인들
유스티니아누스와 6세기 비잔티움 문화
영국 광부
일반 동향
레알
베아른에서의 결혼
일반 동향
앙베르 항구
작가들의 괴벽
새로운 전투소총에 의한 부상
러시아 예술
일반 동향
프랑스의 쇄신의 대역사
앙베르 항구 II
일반 동향
루이 15세 가족
길거리 가수
용감한 사람들
일반 동향
여자 의사
엥테르렝당 수도원
일반 동향

포텡 교수(1825-1901)
일반 동향

Moreau M. Georges. 『Revue universelle』 Librairie Larousse, 1901, FRE 71 1904

벵상 뎅디
연극
책과 정기간행물
부고
장난감 산업
중립지 모레네
군사지 : 남쪽 오라네 전투
과학지
부고
관념과 암시
지리학지 : 1900-1903년 극지탐험
제 모습을 보는 환각
책들
예술지 : 스텡랑과 그의 전시회
가을의 살롱
음악지
허버트 스펜스(1820-1903)
티벳의 영국인들
프랑스-이탈리아 중재협정
삶과 이미지
문학과 예술
J.-L. 제롬(1824-1904)
교회음악
연극
문학인들의 저녁식사
문학지
과학윤리와 정치
마틸드 공주(1820-1904)

파나마 공화국
잔다르크의 영웅담
부고
사상
지리학지 : 1900-1903년 극지탐험
낭트의 운반차교
과학지
순수과학과 응용과학
방사능
≪우유 맛≫ 작품
지리학지 : 1900-1903년 극지탐험
문학과 예술
문학과 미술
프레데릭 마송의 접대
살라망크 대학
책과 정기간행물
부고
삶과 이미지
과학윤리와 정치
러시아-일본 투쟁
블라디보스톡, 여순항, 제물포
사학지
문학과 미술
값싼 집
상징주의
책과 정기간행물
순수과학과 응용과학
넹(전설 속의 난장이)
과학지
과학윤리와 정치
터키 폭동
러시아와 파쇼다
루와지 수도원의 ≪소책자≫
책들

부고
문학과 미술
연극
사상
순수과학과 응용과학
지질학지(1903)
책과 정기간행물
문학과 미술
현대사상의 거장들
책과 정기간행물
순수과학과 응용과학
정치학지
식민지학지
르 분
책들
부고
순수과학과 응용과학
리에보 박사 (1823-1904)
정치학지
부고
순수과학과 응용과학
해상전쟁
회의
문학과 미술
소박람회
새로운 학교들
띠에르의 유럽여행
신법
책들
삶과 이미지
문학과 미술
구스타브 제프루아
연극
과학윤리와 정치

새로운 학교들
랑팡의 임무
부고
순수과학과 응용과학
농업지
과학지
순수과학과 응용과학
아시아쪽 러시아
전력에 의한 전속력으로 차를 끌기
책들
문학과 미술
음악지
부고
과학윤리와 정치
라마이즘
1904년 2월 13일의 프랑스-샴 협정
혼성 국제회의
책과 정기간행물
부고
사상
삶과 이미지
문학과 미술
프랑스 최초의 박람회
연극
과학윤리와 정치
태평양 전쟁
프랑스-영국 협상
타이부르 근처의 셍-제임스 차도
부고
순수과학과 응용과학
N광선
거대한 사진기
부고
문학과 미술

1904년의 살롱
과학윤리와 정치
고등사범학교 재편성
책들
부고
순수과학과 응용과학
사진학지
책들
부고
삶과 이미지
문학과 미술
조르주 상 (1804-1876)
교향곡 대콘서트
금지된 일반 콩쿠르
책과 정기간행물
부고
과학윤리와 정치
분빌 : 영국의 노동자 마을
정원도시들
자유민들의 후원
루센 부인
부고
문학과 미술
현대 스페인 문학
이스파한으로
순수과학과 응용과학
나이애가라 폭포의 건조
정치학지
16세기 샹파뉴의 조각
알바 부활
성녀들의 기념물
알려지지 않은 몽셍미셸
노장-르-로트루 성
피에르피트에서 뉘-셍-소베르까지의 철도

옛 프랑스의 도로와 길들
관광 협회
프랑스의 문화재 환경청
나무의 모험담
인기있는 판화제작
시골풍 예술
예술과 문학의 지역화에 관한 조사
시의 향토주의
시골티 나는 삶
프랑스사 알아보기
과학윤리와 정치
알자스
책들
부고
문학과 미술
조르주 프레데릭 와츠 (1817-1904)
연극
부고
순수과학과 응용과학
고체 알콜
책들
삶과 이미지
과학윤리와 정치
칠레
기사의 임무
하드리아누스 빌라
부고
순수과학과 응용과학
공업적 냉기
과학지
문학과 미술
프랑스의 레이스 예술
연극
책들

과학윤리와 정치
잡지
순수과학과 응용과학
숲과 공원들
책들
삶과 이미지
문학과 미술
자연, 데셍의 장인
데셍 교육
소규모 전시회
과학윤리와 정치
아시아쪽 러시아
책들
부고
순수과학과 응용과학
과학지
문학과 미술
인기있는 판화제작
연극
책과 정기간행물
과학윤리와 정치
영국인들의 티벳 탐험
식민지학지
정기간행물
부고
사상
순수과학과 응용과학
세트 항구와 토 못
책들
삶과 이미지
문학과 미술
팡템 라투르
브랑토므의 원고
드레스드의 ≪팡타그뤼엘≫

브르타뉴인들의 원고
단어와 어법
계속 요망

Mulett-Merrick, H. J. **『현대의 한국』** Inprimerie de J. Dumoulin, 1921, FRE 350

I. 오늘날의 한국 5쪽
II. 한국인의 질문의 다른 면. 일본인의 이주. 종교적 질문 22쪽
III. 한국에 있어 일본의 정책 : 동화 63쪽
IV. 한국에 있어 정치와 종교 74쪽
V. 한국에 있어 학교 교육에 관한 질문 84쪽
VI. 한국에 있어 일본의 역할. 사이토 제독 소집장 88쪽

Mutel, Mgr. G. **『1839년에서 1846년까지 한국의 순교자들과 관련된 서류들 : 서울 선교』** Inprimerie de Nazareth, 1924, FRE 57

대 회의의 연대기 (1839)
궁전 일지 (1839)
헌종의 통치기 (1839-1846)
대 회의의 연대기 (1846)
궁전 일지 (1846)

Mutel, Mgr. G. **『한국에서의 천주교 : 그 기원과 발전』** Imprimerie de la Societe des Missions Etrangeres, 1924, FRE 192

머리말.-국가와 그 거주자들
1 부. 한국에 천주교의 도입.-초기의 박해들.(1784-1831)
2 부. 피의 박해.-여러명의 순교자들.(1831-1866)
3 부. 한국 교회는 지하묘지로부터 나왔다.-수확이 시작되다.
4 부. 한국 교회가 조직되었다.-여러 교회 지역으로 구분
최종적 주석과 결론

Neziere, Joseph de la. **『그림으로 본 극동 : 시베리아, 중국, 한국, 일본』**

Felix Juven, 1902, FRE 179

제목 페이지
만주에서
한국에서
일본에서

Niox, General. 『러일 전쟁 : 연대기』 Delagrave, 1906, FRE 239

서문
전쟁의 연대기
연대기 : 1904년 3월 1일
연대기 : 4월 1일
연대기 : 5월 1일
연대기 : 6월 1일
일본인들에 의한 얄루의 통과, 5얼 1일
연대기 : 1904년 7월 1일
킨 체우 전투, 5월 26일
우아 판 구 전투(텔리스), 6월15일
연대기 : 1904년 8월1일
캐 핑 전투, 7월 8일
연대기 : 1904년 9월1일
여순 항에 대한 공격 ; 7월26, 27, 28일
1904년 8월 10일 해상전투
연대기 : 1904년 10월1일. 리아오 양 전투, 8월2일에서 9월 3일
연대기 : 1904년 11월 1일
차호 전투, 10월9일에서17일
연대기 : 1904년 12월1일
연대기 : 1905년 1월1일
여순 항 방어
언덕 203 점령
연대기 : 1905년 2월1일
미트쉔코의 니우 창에 대한 공습

연대기 : 1905년 3월1일
상 푸 전투, 1월25-29일
연대기 : 1905년 4월1일
묵덴 전투, 2월24일에서 3월11일
연대기 : 1905년 5월1일
연대기 : 1905년 9월1일
토시마 해군 전투, 5월27일
연대기 : 1905년 10월1일
평화
연대기 : 1905년 11월1일
영일조약
전쟁 전의 러시와 와 일본의 재정적 상황 개관
시베리아 횡단 철도에 대한 의견서

Niox, Lieutenant-Colonel. 『대영 제국과 아시아』 Baudoin, 1888, FRE 267 v.7

서론
1부. 대영 제국
I. 영국 제도
군사력
II. 영국 식민지들
대항로에 있어서 영국의 전략적 위치
III. 대 식민지들
캐나다 자치령
남아프리카
오스트레일리아 식민지들
인도제국
2부. 아시아
I. 아시아의 지리학적 개관
II. 아시아에 있어서 러시아인들
시베리아
러시아령 투르키스탄과 부카리아, 시르-다리아와 아무-다리아.

무르가프, 헤리-루드와 아트렉; 메르프 오아시스와 투르크멘 사막
중앙 아시아에서의 러시아 점령
카스피 해 횡단 지역의 점령.-투르크멘의 항복-테크스
III. 아프가니스탄
아프가니스탄에서의 영국인들
페르시아
페르시아의 국경들
IV. 아시아에 있어서 프랑스
인도의 프랑스 시설들
인도 차이나
인도 차이나에서의 프랑스
안남과 코친차이나
라오스와 코친차이나
코친차이나의 점령
캄보지아
통킹
통킹의 점령
사이암 왕국
미얀마
V. 중국, 한국과 일본
한국
일본
부록
알파벳 색인
지도. 대영제국과 프랑스 식민지들

Okakura, Kakuzo. 『오리엔트의 사상 : 잠을 깬 일본』 Payot, 1917, FRE 113

머리말
오리엔트의 사상
I. 이상추구에 얽매임

II. 일본의 원시미술
III. 유교. 북중국
IV. 노장사상과 도교. 남중국
V. 불교와 인도예술
VI. 아스카시대
VII. 나라시대
VIII. 헤이안시대
IX. 후지와라시대
X. 가마쿠라시대
XI. 아시가가시대
XII. 도요토미시대와 도쿠가와의 전기시대
XIII. 도쿠가와의 후기시대
XIV. 메이지시대
XV. 원근법

잠을 깬 일본

I. 아시아의 밤
II. 번데기
III. 불교와 유교
IV. 내부의 소리
V. 파탄
VI. 내각과 규방
VII. 변화
VIII. 재건과 개혁
IX. 윤회
X. 일본과 평화

연대표

Olichon, Armand. **『선교들 : 세계 속의 가톨릭 팽창사』** Bloud et Gay, 1936, FRE 45

파리의 대주교, 베르디에 추기경, 그 각하의 편지
서론
첫 시기. 로마제국의 정복
1장. 선택된 국민의 탈퇴
신의 선택
배척된 선택
2장. 예루살렘에서 안티오크—가톨릭을 위한 전투

생 피에르와 새로운 성직의 명령
예루살렘에서 안티오크
생 폴과 예루살렘의 종교회의
3장. 생 폴 교회들
인간, 방법들
첫 선교 : 소 아시아(46-49)
두 번째 선교(51-54) : 그리스의 교회
세 번째 선교(55-64) : 로마를 향해서
네 번째 선교 : 스페인
4장. 제국의 정복
1세기의 기독교 팽창
2세기
3세기의 위기
4세기의 승리
5장. 정복의 대리인들
신의 섭리의 준비들
크리스트 교회의 활동
6장. 야만인들을 통과하자
교회사의 전환
성 아우구스티누스
파비의 성 스테파누스. 골 족의 주교들. 수도승들
7장. 아일랜드의 포교
성 파트리키우스, 아일랜드의 사도
아일랜드의 수도승들
8장. 프랑크 족의 개종(6세기 초)
골(갈리아) 족의 첫 포교
골(갈리아)에서의 야만족 침공
클로비스의 개종
9장. 영국의 포교(6세기 말)
성 그레고리우스 대왕과 천사들
성 아우구스티누스 선교
포교 계획
두 번째 시기. 기독교 유럽의 형성. 제국과 황제의 선교들
서론. 7세기의 이슬람과 포교의 후퇴

1장. 샤를 마르텔과 성 보니파키우스
가롤링 왕조 하에서의 선교 행위의 특징들
성 보니파키우스의 포교
2장. 샤를마뉴와 색슨 족들
샤를마뉴와 기독교 세계에 대한 관념
정복과 반란
종교 당국의 반발들
독일에서의 이교도의 종말
3장. 덴마크와 노르웨이의 선교–성 안쉐르와 루이 르 피외
4장. 불가리아와 모라비아의 선교
슬라브 교회들의 문제
9세기의 불가리 개종에 있어서 불가리아와 비잔티움의 경쟁
키릴로스의 성인들과 모라비아에서의 방식
5장. 한 세대의 의식에 대한 조사
10세기의 정치적 위기
종교 당국의 타락
종교개혁의 방향
6장. 스칸디나비아, 헝가리 그리고 러시아의 선교
덴마크와 카누스 대왕
스웨덴의 선교
노르웨이와 성 올라 왕의 생각
교황, 헝가리의 성 테티에누스
북부의 슬라브인들에게서
제3의 시대. 유럽 밖에서의 첫 팽창 시도들 : 프란시스코와 도미니크파의 선교
서문. 12세기의 십자군
십자군과 선교
십자군의 종교정책
첫 십자군과 예루살렘의 점령
두 번째 십자군과 예루살렘의 상실
예루살렘의 상실
1장. 1219년의 성신강림 대축일
모슬렘 영토에서의 첫 선교단계

성 프랑스와 다시와 이집트의 군주
모로코의 선교와 순교자들
2장. 모슬렘의 영토에서의 두 번째 선교시기
모슬렘의 문제
도미니크 파
프란체스코 파
3장. 아시아의 발견
징기스칸과 프랑스와 다시
몽골 제국의 건설
아시아에서의 교황정책
장 드 프랑 카르팽 형제 사절
기욤 드 루브릭, 성 루이의 사절
4장. 중국 첫 선교
니콜라스 4세와 장 드 몽 코르뱅
칸 발리크의 장 드 몽 코르뱅
장 드 몽 코르뱅, 베이징의 대주교
오도릭 드 포르드논과 극동에서의 프란시스코 파의 선교들
5장. 14세기의 선교운동의 정지
장 22세의 교서(1318)
도미니크 파의 선교 : 서 아시아
프란시스코 파의 선교들 : 동 아시아
붕괴
중국의 기독교 계는 몽골 왕조와 함께 사라졌다.
14세기와 15세기 서양에서의 종교적 위기
종교 수도회들 주위에서의 선교사 포교의 방법적 조직
어떤 실패의 교훈
네 번째 시기. 16세기의 식민지 선교
서론. 선교의 역사에 있어서의 새로운 시대
15세기에 있어서의 기독교 세계의 슬픔
그리스 제국의 몰락
세계의 새로운 길들
포르투갈의 발견자들

스페인의 발견자들 : 크리스토프 콜롬부스, 코르테즈, 피자르
프랑스 식민지의 첫 시도들
새로운 문제들, 새로운 선교들
1장. 스페인의 선교들
식민지 활동
선교 활동
페르낭 코르테즈의 활동
영적 정복
대중의 전도
엘리트의 전도
토착 성직자의 문제
2장. 성 프랑스와 자비에르 이전의 포르투갈 선교
포르투갈 선교의 장
콩고인의 선교
인도의 첫 선교
포교 방법들에 대한 비판
3장. 성 프랑스와 자비에르의 선교
성 프랑스와 자비에르의 선교의 특징들
인도의 선교(1542-1544)
몰러카스 제도이 선교(1546)
선교사의 진정한 시련들
일본의 선교(1549년 8월-1551년 9월)
중국의 항구에서의 죽음(1551년 12월)
그의 포교 방법들
16세기의 후반기 중의 동인도의 선교
4장. 프랑스 선교
프랑스의 시대
콜베르의 식민지 정책
식민지화의 종교적 개념
초기 프란치스코 파의 선교들
예수회의 선교들
페. 조그의 일지
피의 증언

프랑스에서의 신앙 표명자
새로운 노동자들
순교
피속에 잠겨있는 예수회 원들의 선교
성 쉴피스 회의 선교
결론
다섯번째 시기. 근대 선교의 시대
서론. 새로운 시대
두개의 매우 중대한 것들 : 선전 기관과 교황 대리 기관
새로운 시대의 새로운 명령들
1장. 파라구아이, 인도, 중국에서의 예수회 원들
파라구아이의
인도에서의 페. 드 노빌리
명 왕조 시대의 첫 중국 선교들
2장. 교구의 새로운 노동자들 : 파리의 외방전도회의 사제들
외방 전도회의 설립
전도회의 규정과 교회력
극동에서의 선교단 들의 토착민 세미나
3장. 18세기의 선교 위기–내부의 위기
첫 갈등들
첫 번째 교황대리의 죽음
마이그로 각하의 교서
관습의 투쟁
교황에 반대하는 황제
처형의 시대
4장. 18세기의 선교 위기–외적 위기
프랑스에서의 종교적 감정의 위기
예수회의 억압
혁명의 결과
5장. 한 세기의 결산
선교 국가들의 불평
아메리카의 선교
남 아메리카

인도의 선교들
실론 섬
중국의 선교
인도 차이나의 선교
광명과 희망의 빛
여섯번째 시기. 현대 선교시대
서론. 19세기의 프랑스와 선교들
선교에 대한 관념의 각성
선교사 모집의 재기
선교 지원 활동들의 창설
프랑스와 선교 보호령
새로운 포교의 장들
1장. 오세아니아의 선교
식민지화와 포교
동 오세아니아의 픽퓌시안들
중앙과 동 오세아니아에서의 성모 마리아 회원들
2장. 아프리카의 선교
I. 선구자들과 순교자들의 시대
마다가스카르에서의 솔라즈 신부
기니아에서의 생 에스프리 신부들의 첫 선교
마리옹 브레질락 각하와 시에라 레옹에서의 리옹의 아프리카 선교의 초기
아프리카 북부와 남부에서의 백색 신부 협회의 초기
II. 개척자들의 시대 그리고 수확의 시대
회교도 아프리카에서의 선교
물신 숭배하는 아프리카에서의 선교
남 아프리카에서의 선교
3장. 일본에서의 선교의 부활
옛 기독교인들의 발견
우라카미의 기독교 세계
1870년의 박해
일본의 근대적 포교
4장. 북 아메리카의 선교
캐나다 서부

북서 인도의 선교
에스키모 인들에게서
옛 포교의 장들
1장. 19세기의 유럽과 중국
추방의 시대(1800-1860)
보호 받은 선교 (1860-1900)
미래에 대한 예견
2장. 인도차이나의 선교
가이 롱의 통치(1800-1821)
순교자들의 시대(1821-1855)
프랑스의 통치(1885)
3장. 인도의 선교
인도에서의 포교의 어려움들
포교의 방법들
쇼타 나그포레의 선교
현재의 상황과 미래 희망
종장. 19세기의 선교 임무와 희망
회고적 개관
현재의 어려움
희망의 동기들

Orange, Marc. 『한국에 관련된 프랑스 고문서』 분석목록, Collège de France, Centre d'études Coréennes, 1987, FRE 100010 v.1

일러두기
1871년에서 1898년의 외무장관들의 연대기적 목록
1888년에서 1918년까지의 서울에 근무한 외교관들과 공사들의 목록
논문들과 서류들, 아시아, 4권
논문들과 서류들, 아시아, 23권
논문들과 서류들, 아시아, 55권
논문들과 서류들, 아시아, 55권
논문들과 서류들, 중국, 17권
논문들과 서류들, 중국, 23권
정치적 통신, 한국, 1권

정치적 통신, 한국, 2권
정치적 통신, 한국, 3권
정치적 통신, 한국, 4권
정치적 통신, 한국, 5권
정치적 통신, 한국, 6권
상업적 통신, 서울, 1권
상업적 통신, 서울, 2권
영사들의 정치적 통신, 중국, 1권
영사들의 정치적 통신, 중국, 중국, 2권
영사들의 정치적 통신, 중국, 6권
영사들의 정치적 통신, 중국, 13권
영사들의 정치적 통신, 중국, 14권
영사들의 정치적 통신, 상하이, 2권
영사들의 정치적 통신, 상하이, 3권
영사들의 정치적 통신, 상하이, 4권
영사들의 정치적 통신, 상하이, 5권
영사들의 정치적 통신, 상하이, 6권
영사들의 정치적 통신, 상하이, 7권
영사들의 정치적 통신, 상하이, 7권
영사들의 정치적 통신, 상하이, 11권
영사들의 정치적 통신, 상하이, 13권
상업적 통신, 광동, 5권
상업적 통신, 홍콩, 2권
상업적 통신, 마카오, 3권
상업적 통신, 베이징, 5권
상업적 통신, 베이징, 6권
상업적 통신, 베이징, 7권
상업적 통신, 상하이, 2권
상업적 통신, 상하이, 6권
상업적 통신, 상하이, 7권
상업적 통신, 상하이, 9권
상업적 통신, 상하이, 13권
상업적 통신, 상하이, 14권
상업적 통신, 텐진, 2권

색인
권두 주석
약어들
일반 색인
지명들
신문 이름들
배 이름들
성들 (중국의)
성들 (한국의)
성들 (일본의)
성들 (서양의)
추가

Ossendowski, Ferdinand. 『아시아의 인간과 신비』 Plon, 1925, FRE 235

서론
머리말
1부. 사라진 유목민들의 국가
1장. 가혹한 호수
2장. 최고조에 있는 감옥 속의 사냥거리
3장. 휩쓸려간 도시
4장. 꽃 가운데에서
5장. 타타르 인들의 말 훈련
6장. 목초지에서의 비극
7장. 독거미들의 전투
8장. 아북 칸의 저주
9장. 목초지 부족의 모계 관습들
2부. 호랑이의 나라
10장. 동양의 진주
11장. 호랑이 포획들에 대하여
12장. 황폐화된 바다 핏빛어린 종적
13장. 호랑이의 클럽
14장. 인삼의 붉은 수호신
15장. 나는 호랑이 앞에서 도망하였다

16장. 시코타 알랭 산맥에서의 비극
17장. 단지 하나의 눈길
18장. 샤먼이즘
19장. 인간들-호랑이들
20장. 검은 통과 술에 중독된 호랑이
21장. 철의 의지
22장. 보드카로 되어 있는 기념물
23장. 사냥꾼의 천국
24장. 소택지에서
25장. 세 번의 죽을 위험
26장. 나는 세상에 혼자였고, 내 너머에 단지 하늘만이 있었다.

3부. 악마의 섬

27장. 접근 불가능한 강
28장. 털이 많이 난 아이누 사람들에게서
29장. 지옥에서의 나옴
30장. 오노르의 복수
31장. 곰과의 결투
32장. 검은 형제

4부. 거대한 알타이의 그늘에서

33장. 사라진 바다에서의 운항
34장. 키르기즈인들에게서의 늑대 사냥
35장. 황금을 탐색자
36장. 신 앞에서
37장. 곰 사냥과 샤만의 저주
38장. 나는 목초지의 한놈에서 벗어났다.

Palafox, Juan de. 『타타르인들에 의한 중국 점령사』 Bertier, 1670, FRE 180

황태자
통지
1장 ~ 32장

Parent-Desbarres P. F. 『중국통사 : 기원부터 현대까지』 Parent Desbarres, 1860, FRE 10

1권

중국의 팽창과 한계
국가명 차이나의 기원
지형학적 분류
지리학적 분류
중국연대개론
선사시대
청동기시대
진시황제, 최초의 중국황제
신농(神農)
황제(黃帝)
소호(少昊)
전욱(顓頊)
제곡(帝嚳)
제지(帝摯)
역사시대
요(堯)
순(舜)
우(禹)
제1왕조 : 하(夏)
계(啓)
태강(太康)
중강(仲康)
상(相)
소강(少康)
저(杼)
괴(槐)
망(槐)
설(泄)
불항(不降)
경(扃)

근(廑)
공갑(孔甲)
고(皐)
발(發)
걸(桀)
제2왕조 : 상(商)
탕(湯)
태갑(太甲)
옥정(沃丁)
태갑(太甲)
소갑(小甲)
옹기(雍己)
태무(太戊)
중정(中丁)
외임(外壬)
하단갑(河亶甲)
조을(祖乙)
조신(祖辛)
옥갑(沃甲)
조정(祖丁)
남경(南庚)
양갑(陽甲)
반경(盤庚)
소신(小辛)
소을(小乙)
무정(武丁)
조경(祖庚)
조갑(祖甲)
늠신(廩辛)
경정(庚丁)
무을(武乙)
태정(太丁)
제을(帝乙)
제신(帝辛)

제3왕조 : (周)
무왕(武王),　　기자(箕子) - 철학자
성왕(成王),　　주공(周公) - 중국현학자
강왕(康王)
소왕(昭王)
목왕(穆王)
공왕(共王)
의왕(懿王)
효왕(孝王)
이왕(夷王)
여왕(厲王)
선왕(宣王)
유왕(幽王)
평왕(平王)
환왕(桓王)
장왕(莊王)
이왕(釐王)
혜왕(惠王)
양왕(襄王)
경왕(頃王)
광왕(匡王)
정왕(定王),　　노자(老子) - 철학자
간왕(簡王)
영왕(靈王),　　공자(孔子) - 철학자
경왕(景王)
경왕(敬王)
원왕(元王)
정정왕(貞定王)
고왕(考王)
위열왕(威烈王)
안왕(安王)
열왕(烈王)
현왕(顯王)
신정왕(慎靚王)

난왕(赧王)
동주군(東周君)
맹자(孟子) - 철학자
하(夏), 상(商), 주(周) 왕조의 문화, 과학, 예술에 관한 고찰
제4왕조 : 진(秦)
진시황제
호해(胡亥)
제5왕조 : 한(漢)
고조(高祖) 고황제(高皇帝)
효혜황제(孝惠皇帝)
소황제(少皇帝) 유공(劉恭)과 유홍(劉弘)
효문황제(孝文皇帝)
효경황제(孝景皇帝)
효무황제(孝武皇帝), 사마천 - 역사가
효소황제(孝昭皇帝)
폐황제(廢皇帝) 유하(劉賀)
효선황제(孝宣皇帝)
효원황제(孝元皇帝)
효성황제(孝成皇帝)
효애황제(孝哀皇帝)
효평황제(孝平皇帝)
유자(孺子) (劉嬰)
왕망(王莽)
광무황제(光武皇帝)
효명황제(孝明皇帝)
효장황제(孝章皇帝)
효화황제(孝和皇帝), 반소(班昭) 문장가
효상황제(孝殤皇帝)
효안황제(孝安皇帝)
효순황제(孝順皇帝)
효충황제(孝沖皇帝)
효질황제(孝質皇帝)
효환황제(孝桓皇帝)
효영황제(孝靈皇帝)

제6왕조 : 후한
제7왕조 : 서진(西晉) · 동진(東晉)
무황제(武皇帝)
효혜황제(孝惠皇帝)
효회황제(孝懷皇帝)
효민황제(孝愍皇帝)
원황제(元皇帝)
명황제(明皇帝)
성황제(成皇帝)
강황제(康皇帝)
목황제(穆皇帝)
애황제(哀皇帝)
폐황제(廢皇帝) 사마혁(司馬奕)
간문황제(簡文皇帝)
효무황제(孝武皇帝)
안황제(安皇帝)
공황제(恭皇帝)
제8왕조 : 송(宋 : 420~479)
고조(高祖) 무황제(武皇帝)
소황제(少皇帝)
태조(太祖) 문황제(文皇帝)
세조(世祖) 효무황제(孝武皇帝)
폐황제(廢皇帝) 유자업(劉子業)
명황제(明皇帝)
폐황제(廢皇帝) 유욱(劉昱)
순황제(順皇帝)
제9왕조 : 제(齊)
태조(太祖) 고황제(高皇帝)
세조(世祖) 무황제(武皇帝)
폐황제(廢皇帝) 소소업(蕭昭業)
고종(高宗) 명황제(明皇帝)
폐황제(廢皇帝) 소보권(蕭寶卷)
화황제(和皇帝)
제10 왕조 : 양(梁)

고조(高祖) 무황제(武皇帝)
태종(太宗) 간문황제(簡文皇帝)
세조(梁世祖) 효원황제(孝元皇帝)
목종(穆宗) 경황제(敬皇帝)
제11 왕조 : 진(陳)
고조(高祖) 무황제(武皇帝)
세조(世祖) 문황제(文皇帝)
폐황제(廢皇帝) 진백종(陳伯宗)
고종(高宗) 효선황제(孝宣皇帝)
후주(後主)
제12 왕조 : 수(隋)
고조(高祖) 문황제(文皇帝)
세조(世祖) 양황제(煬皇帝)
제13 왕조 : 당(唐)
고조(高祖) 신요대성대광효황제(神堯大聖大光孝皇帝)
태종(太宗) 문무대성대광효황제(文武大聖大廣孝皇帝)
고종(高宗) 천황대성대홍효황제(天皇大聖大弘孝皇帝)
중종(中宗) 대화대성대소효황제(大和大聖大昭孝皇帝)
예종(睿宗) 현진대성대흥효황제(玄眞大聖大興孝皇帝)
현종(玄宗) 지도대성대명효황제(至道大聖大明孝皇帝)
숙종(肅宗) 문명무덕대성대선효황제(文明武德大聖大宣孝皇帝)
두보와 이태백, 시인
대종(代宗) 예문효무황제(睿文孝武皇帝)
덕종(德宗) 신무효문황제(神武孝文皇帝)
순종(順宗) 지덕홍도대성대안효황제(至德弘道大聖大安孝皇帝)
헌종(憲宗) 소문장무대성지신효황제(昭文章武大聖至神孝皇帝)
목종(穆宗) 예성문혜효황제(睿聖文惠孝皇帝)
경종(敬宗) 예무소민효황제(睿武昭愍孝皇帝)
문종(文宗) 원성소헌효황제(元聖昭獻孝皇帝)
무종(武宗) 지도소숙효황제(至道昭肅孝皇帝)
선종(宣宗) 원성지명성무헌문예지장인 신총의도대효황제
(元聖至明成武獻文睿智章仁 神聰懿道大孝皇帝)
의종(懿宗) 소성공혜효황제(昭聖恭惠孝皇帝)
희종(僖宗) 혜성공정효황제(惠聖恭定孝皇帝)

소종(昭宗) 성목경문효황제(聖穆景文孝皇帝)
애종(哀宗) 소선광렬효황제(昭宣光烈孝皇帝)
제14 왕조 : 후량(後梁, 907~923년)
태조 주전충(太祖 朱全忠)
말제 주우정(末帝 朱友貞)
제 15 왕조 : 후당(後唐, 923~936년)
장종 이존욱(莊宗 李存勖)
명종(明宗)
민제(閔帝)
말제(末帝) 노왕 이종가(潞王 李從珂)
제 16 왕조 : 후진(後晉, 936~946년)
고조 석경당(高祖 石敬瑭)
출제 석중귀(出帝 石重貴),
제 17 왕조 : 후한(後漢, 947~950년)
고조 유지원 (高祖 劉知原)
은제 유승우 (隱帝 劉承祐)
제 18 왕조 : 후주(後周, 951~960년)
태조 곽위(太祖 郭威)
세종 시영(世宗 柴榮)
공제 시종훈(恭帝 柴宗訓)
제 19 왕조 : 송(宋, 960~1279년)
태조 조광윤(太祖 趙匡胤)
태종 조광의(太宗 趙匡義)

2권

진종 조항(眞宗 趙恆)
인종 조정(仁宗 趙禎), 사마광, 중국의 역사가
영종 조서(英宗 趙曙)
신종 조욱(神宗 趙頊)
철종 조후(哲宗 趙煦)
휘종 조길(徽宗 趙佶)
흠종 조환(欽宗 趙桓)
고종 조구(高宗 趙構)
효종 조선(孝宗 趙昚), 주희, 문장가

광종 조돈(光宗 趙惇)
영종 조확(寧宗 趙擴), 징기스칸, 몽고의 군주
이종 조윤(理宗 趙昀)
도종 조기(度宗 趙禥)
공종 조현(恭宗 趙㬎)
단종 조시(端宗 趙昰)
소황제 조병(少皇帝 趙昺)

제20 왕조 : 원나라(元, 1271~1368년)
세조 쿠빌라이 칸, 허형, 사상가-중서 좌성
성종(成宗) 테무르
무종(武宗) 카이산
인종(仁宗) 아유르바르와다
영종(英宗) 시디발라
진종(眞宗) 예순테무르
명종(明宗) 쿠살라
문종(文宗) 투그테무르
영종(寧宗) 린칠반
혜종(惠宗) 토곤테무르
제21 왕조 : 명(明, 1368~1644년)
태조 주원장(太祖 朱元璋)
혜종 주윤문(惠宗 朱允炆)
성조 주체(成祖 朱棣)
인종 주고치(仁宗 朱高熾)
선종 주첨기(宣宗 朱瞻基)
영종 주기진(英宗 朱祁鎭)
대종 주기옥(代宗 朱祁鈺)
영종 주기진(英宗 朱祁鎭) 복위
헌종 주견심(憲宗 朱見深)
효종 주우당(孝宗 朱祐樘)
무종 주후조(武宗 朱厚照)
세종 주후총(世宗 朱厚熜)
목종 주재후(穆宗 朱載垕)
신종 주익균(神宗 朱翊鈞)

광종 주상락(光宗 朱常洛)
희종 주유교(熹宗 朱由校)
의종 주유검(毅宗 朱由檢)
안종 주유송(安宗 朱由崧)
명나라 말엽과 청나라 초기에 관한 통계표
제 22 왕조 : 청(淸, 1616~1912년)
순치제
강희제
옹정제
건륭제
가경제
도광제
지형학적 사전
중국정부, 계급, 상업, 예술, 직업 등
인물, 특색, 관습, 풍습, 결혼, 장례, 축제
중국어
중국문자
중국문학
중국연극
중국음악
조상들의 덕을 기리는 중국찬가

Perrinjaquet. **『한국과 일본 : 1910년 8월 22일 조약에 의하여 한국의 일본 병합과 그 결과들』** A . Pedone, 1910, FRE 308

I. 1910년 8월 22일 서울에서 서명된, 한국을 일본에 병합한 조약
II. 1910년 8월 29일 황제 칙서
III. 1910년 8월 29일 일본제국 정부의 선언
IV. 항복문서 인멸과 관세제도의 미래적 수정은 새로운 조약의 유일한 국제적인 결과다.

Piacentini, L'abbé Arthur. **『리델 주교 각하 : 필리포폴리스의 주교, 그의 서신에 따른 한국의 교구장』** Emmanuel Vitte, 1890, FRE 94e3

서문
1권
1장. 펠릭스 리델의 어린 시절
2장. 마르세이유
3장. 한국의 왕은 방어태세를 갖추다.
4장. 한국 인구
5장. 상복
6장. 리델 씨 자신의 교구 운영을 시작하다.
7장. 한국에서의 정부 변화
8장. 피의 처형
9장. 리델 씨 중국에 되돌아오라는 명령을 받았다.
10장. 프랑스의 한국 원정
11장. 상하이에서의 리델 씨
12장. 한국으로의 귀환 시도
2권
1장. 피오 10세의 접대
2장. 새로운 작별인사
3장. 체 푸에서의 리델 주교 각하; 상하이로의 귀환
4장. 자신들의 국가로 한국인들의 귀환
5장. 베이징에서의 리델 주교 각하의 여행
6장. 중대한 결정
7장. 리델 주교 각하의 베이징 주재 프랑스 공사, 브르니에 드 몽모랑 씨와의 교제
8장. 리델 주교 각하가 서울에 자신의 거주지를 건설하였다.
9장. 추종자들
10장. 리델 주교 각하에 대한 2차 심문
11장. 리델 주교 각하의 석방
12장. 리델 주교 각하 석방을 위한 일본과 중국 정부들의 조치들
13장. 한국의 최근 사건들에 대한 조망
14장. 리델 주교 각하는 한국에 남아있는 선교사들을 독려하고 지도하였다.
15장. 한불 사전
3권

1장. 병의 초기 발병들
2장. 한국은 서양인들과의 관계를 맺기 시작하였다.
3장. 반느에서의 체류

Pierre Loti. 『라문초. 아지야데』 Edititions Pierre Lafitte, 1923, FRE 35

라문초
아지야데

Pierre Loti. 『실망한 자들』 Edititions Pierre Lafitte, 1923, FRE 38

실망한 자들
선원

Pierre Loti. 『한 스파이의 소설. 나의 형제 이브』 Edititions Pierre Lafitte, 1923, FRE 36

한 스파이의 소설
나의 형제 이브

Pierre Loti. 『크리장테므 부인. 이랑드의 죄인』 Edititions Pierre Lafitte, 1923, FRE 37

서문
크리장테므 부인
이랑드의 죄인

Pimodan. 『극동에서의 산책(1895-98) : 마르세이유에서 요코하마, 일본, 대만, 페스카도르 제도, 통킹, 에조, 시베리아, 한국, 중국』 Honoré Champion, 1900, FRE 52

I. 마르세이유에서 요코하마
II. 일본
III. 대만, 페스카도르 제도, 통킹
IV. 에조, 시베리아, 한국

V. 중국

Piolet, J. B. 『선교 : 19세기의 프랑스 카톨릭들』 Librairie Armand Colin, 1900, FRE 2 v.3

1장. 파비에 신부 각하에 의한, 중국과 중국인들
2장. 파비에 신부 각하에 의한, 옛 선교
3장. 파비에 신부 각하에 의한, 중국에서의 성 라자로 회원들
4장. 망긴과 빌라레 신부에 의한, 체리 각하
5장. 노베레 신부에 의한, 동 창퉁
6장. 콜롬벨 신부에 의한, 키앙난
7장. 엠. 아. 로네에 의한, 파리 외방전도회
8장. 엠. 아. 로네에 의한, 티베트
9장. 엠. 아. 로네에 의한, 만주
10장. 엠. 아. 로네에 의한, 한국
11장. 엠. 아. 로네에 의한, 일본

Postel, Raoul. 『극동 : 코친 차이나, 안남, 통킹』 Degorce-Cadot, 1882, FRE 21

프랑스령 코친차이나

I. 코친차이나의 일반적 지형.-그 강들.-그곳의 기온.-그 기후.-면적.-인구.- 지방의 분포.-지방의 특징.
II. 풀로 콩도르 제도.-푸쿼옥 섬.-사이암 만에 있는 항구들.-사이공에 있는 세인트 자크 갑에 대하여.
III. 전략적 관점에서 코친차이나.-토착민 민병대들.
IV. 유럽적 도시:사이공.
V. 토착민 인구와 사이공의 아시아 사람 (안남인들,중국인들, 인도인들, 캄보디아 인들, 타갈로그 사람들, 말레이지아 인들, 모이스).
VI. 사이공의 장소.-그 곳의 비앙 호아와 교통.-르 고 비압.-아드랑 주교구의 기념물.-요새.-다양한 식민지의 중심지들, 극동의 주요 시장들의 거리.-우편 서비스들.
VII. 중국의 도시 : 초 렌.-중국적 풍습들.

VIII. 안남의 한 도시: 미토.-코친차이나의 안남인들 풍속들.-고 콩 그룹과 그 반란들.

IX. 안남인들의 종교.-고대인들의 신앙.-무덤들의 평원.

X. 아편과 노름에 대하여.

XI. 토착민의 옛 행정.

XII. 프랑스 행정체계에 대하여.

XIII. 사법적 문제.

XIV. 공교육.-성직자.

XV. 코친차이나의 상업.-예산.-식민화.

캄보디아

I. 사이공에서 프놈펜.- 캄보디아 인들과 노로돔 왕.- 궁전의 풍속과 민중들의 풍속.-훈련된 코끼리들.

II. 캄보디아 보호령.-지리학적 상황.-생산품들과 상업.-1877년 1월 15일 헌법 개혁.-노예제도.

III. 프놈펜에서 앙코르 폐허까지.-성직자들-바캉의 마법사들.-바탐봉.-프놈펜으로의 귀환.-프레아 칸의 축제들.-바쿠스.-노예해방.-왕의 대향연.

안남 왕국

I. 지리학적 윤곽.-강들.-기후.-그 국가의 일반적 서술.-각 지방의 생산품들.-해안의 해적들.-선단과 해군.-군대.-고관들과 공무원들.-행정부.-장관들.-왕권.

II. 투안 안 항구.- 트루옹 내륙 행로- 티앙 후에; 그곳에 대한 서술; 그 곳의 변두리 지역들; 그 인구; 그 상업.- 트루옹 티앙의 고지대 분지.-투란; 그 상업; 그 미래.-우잉 혼; 그 상업.-투루옹 티안의 고지재 분지.- 투란; 그 상업; 그 미래.-우잉 혼; 그 상업.; 그 미래.-귀잉 혼; 그 상업.-뷔웅 앙.

III. 안남인들의 특성과 풍속.-설비 편의.- 종교와 중들.- 명예 훈장들.-부족 달.-중국 이민자들.

통킹

I. 해결된 상업적 문제.- 뒤퓌 씨와 홍 해.-통킹의 상황; 그 인구; 그 범위.- 송 코이의 삼각지대.- 태빈과 쿠아 캄.-내륙 운하들.- 송 코이의 행로.- 강- 클래르와 흑강.- 상업적 도정의 선택.

II. 보 친 계곡과 기앙의 항로.- 통킹 점령이 제공하는 편리들.-통킹 사람들의 풍속, 상업, 산업.- 그들의 군대.- 그 지역의 기온.

III. 1874년 3월 15일과 8월 31의 조약들.- 양도된 항구들의 현 상황.- 우리의 토착민 보조자들.- 안남인들에 의한 조약들 위반들.- 취해진 조치들과 취할 조치들: 합병 혹은 보호령.- 통킹의 실제 상업 상황.

Prevost, M. I. Abbé. 『여행의 일반 역사 : 혹은 알려진 모든 국가들의 서로 다른 언어로 현재까지 발행된, 바다와 육지 여행의 모든 관계들의 새로운 총서』 Chez Didot, 1748, FRE 261 v.5

Prevost, M. I. Abbé. 『여행의 일반 역사 : 혹은 알려진 모든 국가들의 서로 다른 언어로 현재까지 발행된, 바다와 육지 여행의 모든 관계들의 새로운 총서』 Chez Didot, 1748, FRE 261 v.6

권 I. 해군 기술자, 벨렝의 프레보스트 신부에게 보내는 편지

권 II. 그 지역의 시민적이고 자연적 역사를 포함한, 중국에 대한 기술

서론

1장. 중국의 지리학적 기술

I. 페츠리 지방, 다르게 말하면, 츠리 혹은 리 파 푸

II. 강 난, 두 번째 지방

III. 강 시, 세 번째 지방

IV. 포 켄, 중국의 네 번째 지방, 퐁 후와 태완 혹은 포르모스 제도에 대한 기술

V. 체 캉, 다섯 번째 지방

VI. 후 광, 여섯 번째 지방

VII. 호난, 일곱 번째 지방

VIII. 창통, 여덟 번째 지방

IX. 창시, 아홉 번째 지방

X. 첸시, 열 번째 지방

XI. 스 추앙, 열한 번째 지방

XII. 광통, 열두 번째 지방, 해난 섬

XIII. 광시, 열세 번째 지방

XIV. 운남, 열네 번째 지방

XV. 퀘 츠외, 열다섯 번째 지방

XVI. 미오 트세 국에 대한 설명들
XVII. 만리장성과 호수, 그리고 중국의 강에 대한 관찰들

2장. 중국인들의 특질, 풍속, 관습

I. 시민사회의 의무 속에 있는 중국의 기념식들
II. 중국인들의 축제들과 오락
III. 중국인들의 결혼
IV. 중국인들의 죽음과 장례식
V. 그들의 여행, 그들의 축제, 그들의 공적 작업들에서 중국인들의 중요성

3장. 서로 다른 계층들에서의 중국 민족의 구분

I. 고관과 지식인들을 포함한, 중국 귀족계층
II. 노동자들 계층과 중국인들이 농업에 대하여 갖고 있는 생각
III. 상인 계층, 중국인들의 상업과 항해
IV. 여행의 편리함과 육상 운송
V. 지폐, 동전, 무게 & 측정
VI. 중국의 장인들과 수공예 예술
VII. 누에를 기르는 방법과 그것들의 생산품을 뽑아내는 방법
VIII. 포르셀린 제조들
IX. 잉크, 종이, 중국인들의 붓, 그들의 인쇄방법과 책 제본방법

4장. 중국인들의 과학

I. 산술. 천문 기하학
II. 수학의 다른 분야에서의 중국인들의 발전
III. 자연 철학과 중국인들의 의학
IV. 음악, 시, 역사에 대한 중국인들의 기호
V. 중국인들의 특수 과학, 중국의 위대한 철학자, 공자 혹은 콩푸체의 삶
VI. 중국어, 프랑스, 영국, 포르투갈어의 발음에 따라서, 중국어를 구성하고 있는 모든 단어들의 알파베트 표

5장. 중국에 세워진 종교들

I. 중국에 세워진 자연종교
II. 토체 분파
III. 포 혹은 푸에 분파
포, 한 중국 작가에 의해 끌어낸, 그 원리에 대한 설명
선교사들에 의해 그려진, 다른 상황들

IV. 주 키오 파
V. 중국에서의 유대이즘과 마호메트이즘의 기원과 발전
VI. 중국에서의 기독교의 기원, 발전, 황폐
6장. 중국의 헌법과 정부
I. 중국 왕정의 고대성과 그 범위
II. 중국정부의 원리들
III. 중국 황제의 권위. 그 크기. 그 가족
IV. 시민 사건을 위한 정부 관리들
V. 중국의 법정 혹은 궁전들
최고 혹은 일반 법정들
베이징의 다양한 다른 법정들
지방과 도시의 법정들
시민 사건들과 범죄 사건들에 있어서의
중국인들의 방법
중국의 형벌들
중국의 감옥들
VI. 군사 정부와 제국의 무력
7장. 중국의 자연사
I. 기후, 공기 & 영토
II. 과일 나무들
매우 주목할 만한 네 나무들
목화와 차를 생산하는 소관목들
꽃을 생산하는 나무들
목재와 유용한 나무들
뿌리, 잎과 잎사귀
III. 중국의 화석 ; 광산 & 광물
돌과 광물
IV. 새, 가금류, 곤충과 파충류
V. 사냥 뱀과 다양한 다른 종류의 동물들
VI. 연수물의 독
권 III. 한국, 동 타타르, 티베트에 대한 기술
1장. 예수회원, 장 밥티스트 레지스 신부에 의한, 한국에 대한 지리학적 고찰과 역사
I. 한국에 대한 지리학적 고찰들
II. 한국의 역사와 혁명들
2장. 그 국가와 관계를 갖고, 어떤 섬에 조난되어, 한국에서의 몇몇 네덜란드 인들의 여행
I. 퀠 파르 섬(제주도) 주위에서 네덜란드 인들의 조난.

그들의 이 섬에서의 체류, 그것에 대한 기술
II. 한국에 대한 기술 ; 그 상황 & 그 범위. 거주자들의 풍습
한국의 관습과 과학
한국의 상업과 종교
한국의 왕권과 정부
3장. 중국에 종속된 타타르에 대한 서술
I. 일반적으로 동 타타르로 이름붙여진, 만주의 타타르 인들의 지방
만주 타타르인들의 언어에 대한 언급들
II. 예수회원, 페르디낭 베르비에프트 신부에 의한, 1682년 동 타타르 지방 여행
III. 엄밀하게 말하여, 몽골인들의 관습
몽골인들의 방식, 관습, 언어
몽골의 타타르인들의 종교
IV. 칼카스 몽골 지방
칼카스인들의 종교
몽골인들과 칼카스인들에 대한 설명
V. 몽골인들과 칼카스인들의 지역에 대한 자연사
VI. 동 타타르 지방 상황들에 대한 표

Prostoi, Michel. 『격동의 아시아』 Editions Liberte, 1948, FRE 120

서론
1부.
아시아의 병, 공산주의
마르크스주의에 대한 요약 혹은 많은 분량
불가피한 공산주의 망령
스탈린의 절대주의
영원한 무(無)
2부.
소련의 강제노동
폭탄
로봇국가

퍼져가는 암
3부.
프랑스 공산주의자들의 범죄
소련의 침해
제3차 인터네셔널에서의 러시아의 우월과 프랑스인들의 종속
I.C.의 전쟁정책과 P.C.F.의 패배주의자들의 정책
뮌헨으로부터 독소조약까지
독소조약과 프랑스 공산주의자들의 패배주의
1940년 6월이후의 공산주의자들의 정책
공산주의와 드골주의
모스크바의 국제공산당원들과 또 다른 분파들
소련에 대항한 독일의 공격 이후의 프랑스 스탈린주의자들
공산주의자들과 드골주의자들의 동맹
위대한 그날 저녁의 준비
파리폭동, 자유 그리고 허용된 과격주의화
4부.
남아있는 위험
준비된 망상조직
가톨릭과 공산주의
공산주의자들의 힘
지위의 배치
프랑스는 내일의 먹이인가?
결론
예측과 가능성

Raquez, A. 『무료 입장』 Claude, 1903, FRE 47

권두.
서론.
필리핀 도착.
개회 전.
취임식.

하노이 살롱.
중앙 궁전.
캄보디아에서.
사이암에서.
인도에서.
마다가스카르에서.
필리핀 제도에서.
야만인들에게서
코친차이나.
인도차이나에서의 인체측정.
숄롱에서.
라오스에서.
중국에서.
일본에서.
랑송 중국 항구
하노이-남딘 노선의 개통 - 남딘에서의 프랑스 산업.
농업, 숲, 상업의 총괄적 관리.
숲속의 정자.
지질학적 업무.
수의학, 축산학 그리고 수역적 업무.
안남에서.
튀니지에서.
레위니옹에서.
알롱 만에서 - 출판 대표단들의 소풍.
회랑과 궁전 주위에.
출판 건물.
통킹에서.
리용 지구.
배심원.
기계 회랑.
본국 회랑들.

Ray, Jean. 『근대의 강대국 일본』 Plon, 1944, FRE 141

머리말
서언
I. 근대 일본의 탄생 ; 1867년 근대화
II. 황제
III. 사회평등과 계급제도
IV. 종교생활
V. 가족
VI. 정치생활
VII. 육군과 해군
VIII. 행정
IX. 경제성장
X. 노동자와 농민
XI. 교육과 문화
XII. 예술
XIII. 외국의 정치
XIV. 해외 식민지 ; 일본과 동부아시아
결론

Raynaud, Jean. 『아시아에서의 전쟁』 Braun et Liorit, 1939, FRE 247

증언
코베 도착에 관한 놀라운 소식들
일본인들의 접대에 매혹되어서
서양의 표면 이면에
일본 대국
전쟁의 대가
상하이의 프랑스인들
중국의 통일을 향해
순 야 센, 세계의 가장 오랜 왕국을 붕괴시킨 사람
질서와 평화의 이름으로!.
난경의 보따리
그만큼의 다른 것들과 같은 폭격
중국의 전선에서
공산주의의 구실
양 체의 협곡에서 비행기로
충킹, 전쟁의 수도
창 개 척 부인과 중국의 저항

어떻게 세 명의 프랑스인들이 서사군도((西沙群島)를 점령하였을까.
서양과 아시아

Reclus, Elisée. 『(새로운) 세계 지리학 : 토지와 사람들』 Librairie Hachette, 1882, FRE 40 v.7

1장. 일반적 고찰
2장. 중국 제국–티베트
3장. 중국령 튀르케스탄–타림 분지
4장. 몽골
I. 쿠쿠 노르
II. 칸수 몽골
III. 중가리와 중국령 일리
IV. 북부 몽골과 고비
V. 중국령 만주
5장. 중국–전체적 모습
페이 호 분지와 페칠리 분지
찬퉁 반도
호앙 호 분지–칸수, 첸시, 호난 지역들
양츠 키앙 분지–세추앙, 코이체우, 후프, 후낭, 느간호에이, 키앙수, 키앙시, 체키앙
난 찬의 동쪽 경사면, 남쪽의 체키앙 그리고 포키앙
시 키앙 분지–쿠앙시와 쿠앙퉁 지역들
운남
하이난
타이완
중국의 물질적 그리고 사회적 상태
정부와 행정
6장. 한국
7장. 일본

Reclus, Elisée. 『중국 제국 : 기후, 토양, 인종, 중국의 자원』 Librairei Hachette, 1902, FRE 331

1권
1장 전체적 조망
2장 일반 자료
3장 중국 탐험
4장 중국 국토의 기복
5장 중국의 기후
6장 중국의 식물과 동물상
7장 중국인들
8장 중국 언어
9장 중국인들의 종교
10장 중국인들의 풍속
11장 중국의 가족
12장 새로운 시대의 여명

2권
북 중국 : 호양 호
1장 페이 호 분지
페칠리, 베이징
2장 창퉁 반도와 지방
3장 호양 호 혹은 황강
4장 호양 호 분지의 산들과 계곡들
5장 황토 지역
6장 주목할 만한 도시와 장소들

3권
중부 중국 : 양쯔 키앙
1장 양쯔 혹은 청강
2장 양쯔 분지의 산들과 계곡들
3장 양쯔 분지의 기후, 식물과 동물상
4장 양쯔 분지의 인구
5장 주목할 만한 도시들과 분지

4권
남부 중국

1장 난창의 동쪽 지역
2장 시 키앙 분지 : 쿠앙슬과 쿠앙퉁
3장 주목할 만한 도시와 장소들
4장 하이난 섬
5장 운난

5권
중국의 물질적, 사회적, 정치적 상황. 농업, 산업, 상업, 정부, 행정, 재정
1장 중국의 도시들
2장 중국의 농업
3장 중국의 산업
4장 중국의 상업
5장 교통로들
6장 중국의 외국과의 관계들
7장 정부, 행정

Recouly, Raymond. 『만주에서의 10달 동안의 전쟁 : 어떤 증인의 인상들』 Felix Juven, 1905, FRE 311

머리말
서문
I. 첫 번째 공격
II. 전쟁 초기의 상하이
III. 만주를 향하여
IV. 만주의 초입에서
V. 베이징에서의 몇 일
VI. 니우 추앙에서의 생활
VII. 한 중국인이 전쟁에 대하여 생각하고 있는 것
VIII. 러시아 군대의 사령부
IX. 만주의 수도에서
X. 만주의 수도에서(계속)
XI. 만주의 수도에서(계속)
XII. 전쟁을 향한 갑작스러운 움직임
XIII. 결정적 허가
XIV. 전쟁의 발전

XV. 리아오 퉁에 있는 러시아 전초기지에서
XVI. 리아오 퉁에 있는 러시아 전초기지에서(계속)
XVII. 타체키아오 교차로에서. -후퇴와 기다림에 대한 인상들
XVIII. 만주의 스위스 주둔지에서 쿠로파트킨과 함께
XIX. 타체키아오와 인케우의 상실
XX. 두 세계의 만남
XXI. 리아오 양을 향한 후퇴.-해창으로부터의 철수
XXII. 커다란 충격 속의 기다림 속에서
XXIII. 리아오 양의 전투.-불침번
XXIV. 리아오 양의 전투
XXV. 리아오 양의 전투.-옌태 전투
XXVI. 러시아의 공격.-출발
XXVII. 야영지에서.-협로를 향한 행진
XXVIII. 투민 협로에서.- 첫 전투들
XXIX. 투민 협로에서.-산봉우리 공격
XXX. 전투에서 길을 잃고
XXXI. 나의 마지막 탈출.-겨울에 그 진지에 있는 군대
XXXII. 러시아 패배의 이유들

Remusat, Jean Pierre Abel. **『호 쿠에 키 : 혹은 불교 왕국들의 관계』** Imprimerie Royale, 1836, FRE 324

서론
1장. 창안 출발
2장. 첸 첸 왕국들
3장. 유 티안 왕국
4장. 체 호 왕국
5장. 키에 차 왕국
6장. 트숭 링 산맥
7장. 신 추 강
8장. 우 창 왕국
9장. 수 호 토 왕국
10장. 키안 테 웨이 왕국
11장. 추 차 치 로 왕국
12장. 포에 레우 차 왕국
13장. 나 키 왕국
14장. 눈 덮인 조그마한 산들

15장. 피 차 왕국
16장. 모 테우 로 왕조
17장. 승 키아 치 왕국
18장. 키 자오 이 도시
19장. 차 치 왕국
20장. 키우 사 로 왕국
21장. 나 피 키아 도시
22장. 키아웨이 로웨이 도시
23장. 랑 모 왕국
24장. 샤르봉 탑
25장. 피 체 리 왕국
26장. 5개의 강의 합류
27장. 모 키에 티 왕국
28장. 고립된 바위 산
29장. 키 체 산봉우리
30장. 키아 랑 토 대나무 정원
31장. 키아 에 도시
32장. 아 유 철로된 바퀴의 일인자가 되었고 얀 페우 티를 통치하였다.
33장. 닭 다리 산
34장. 파 리앙 포에로의 귀환
35장. 타 첸 왕국
36장. 파 히안에 의해 모아진 책들과 교훈들
37장. 첸 포 왕국
38장. 사자들의 왕국에 대한 기술
39장. 모 호 피 호 로 예배당
40장. 사자들의 왕국 출발
부록 1. 치 파 히안에 의해 언급된 주요 장소들에 대한 지리학적 요약
부록 2. 히우앙 창의 여정
색인

Renouvin, Pierre. 『극동 문제 1840-1940』 Hachette, 1946, FRE 93

서론

1부

1장. 극동의 개방(1840-1868)

I. 1840년 극동의 환경

II. 중국의 개방

III. 일본의 개방

IV. 인도차이나의 개방

V. 개방의 직접적 결과들

2장. 영향력의 침투(1868-1894)

I. 일본의 변화

II. 중국의 변화

III. 극동의 국가들과 강대국들간의 관계

IV. 1894년 강대국들의 이해관계

3장. 중국의 위기(1894-1901)

I. 중일 분쟁 (1894-1895)

II. 유럽 강대국들과 일본(1895-1899)

III. 중국과 강대국들(1895-1899)

IV. 태평양의 분할 (1898-1899)

V. 중국의 반발

2부. 일본 제국주의의 기초들

1장. 일본의 첫 승리

I. 러-일의 적대와 만주 전쟁

II. 일본의 승리와 강대국들

III. 중국의 혁명

2장. 제1차 세계대전 중의 극동

I. 세계대전 직전의 극동의 상황

II. 1914년에서 1918년의 일본의 팽창

III. 일본의 팽창

3장. 일본의 새로운 노력

I. 1922년에서 1937년의 극동 국가들

II. 1930년에서 1936년 사이의 일본 팽창

III. 일본의 팽창 앞에서의 강대국들 (1923-1927)

IV. 1937년의 중일 전쟁

V. (남쪽 바다들>을 향한 일본의 팽창과 미국의 개입

결론
인물 이름의 목록

Retord, Pierre-André. 『피에르 앙드레 르토르 신부 각하의 삶 : 아칸트 주교 그리고 서 통킹의 교구장』 Imprimerie de Louis Perrin, 1859, FRE 176

1장. 어린 시절, 직업, 학업.
2장. 성. 조지 교구
3장. 파리에서의 수련기.-작별 행사.
4장. 보르도에서 마닐라 까지의 항해.
5장. 통킹에 대한 개관.
6장. 선교 입문.-추방 생활.
7장. 르토르 씨와 그의 사랑하는 제자, 자비에르 칸 순교자.
8장. 마닐라에서 성사.-새 주교의 첫 간청들.-안남 선교의 계획.
9장. 토착민 성직자와 종교 기관들.
10장. 공포에 의해 억눌린 박해.
11장. 르토트 신부 각하의 신성한 재치. 죄인들의 개종 방법들.-이교도들을 위한 포교 방법.-성모 마리아와의 협정.
12장. 야만 부족들에 있어서의 르토르 신부 각하.-숲속의 그리고 열광적 선교.-혼란으로 끝난 갈채.
13장. 두 교구의 선교 구분.-극동의 계층적 조직의 계획.-르토르 신부 각하에게 부여된 역활의 중요성.-성지에 대한 자손으로서의 애착.-페스트와 기근 중의 영웅적 자선행위.
14장. 통킹에서의 50주년.-왕의 형제의 음모.-쇠플러 씨의 순교.-이 세 가지 상황에서의 르토르 신부 각하의 행위.
15장. 호교론자 르토르 신부 각하.-통킹의 부왕에 대한 그의 기억.-그의 1852년의 순교자, 보나르 씨와의 교신.-서로 서로에 의해서 개종한 많은 이교도들.-순교의 열정적 열망.
16장. 행정가 르토르 신부 각하.-교구의 조직.-자선 사업 기금.-정부의 보조를 받는 문둥병 환자들의 보호소.-아동보호를 위한 세례자들과 의사들의 협회.-중국 문학원.-안남의 인쇄소와 유럽식 출판소 설립.
17장. 다양한 종교적 그리고 정치적 백성들에 대한 르토르 신부 각하의 생각과 판단.

18장. 1857년 프랑스 대사관.-안남 선교에 대한 그의 실패에 대한 충격.-그들의 주교와 함께 죽기를 요구하는 개종자들.-르토르 신부 각하의 첫번째의 짧은 쇠약.

19장. 1858년 프랑스와 스페인의 무력 개입.-투렌과 사이공의 점령.-박해자는 선교사들과 기독교도들에게 복수하였다.-르토르 신부 각하는 한 동굴에서 전진하지 못하였다.-호랑이들이 가득찬 숲속에서 길잃고 산 네달.-아칸트 주교의 마지막 고통들과 죽음.

Rosny, J. H. 『향기로운 봄 : 한국 소설』 Dentu, 1892, FRE 196

그녀는 날아 다니는 제비 처럼 공간을 다녔다.
그는 곧 나이드신 여인을 찾는데 몰두하였다.
I-도령은 여인으로 가장했다.
당신은 우리가 얼마간 산책하기를 원하는가?
그녀는 탐색하게 되었다.
매우 부드러운 애무속에서, 그의 애무에 대하여 그녀는 즐거움을 느꼈다.
그 순간 길을 지나고 있는 한 장인
I-도령은 창문에 나타났다.
그 장막 뒤에서, 밀정은 춘향이 ...하자 마자

Rosny, Leon. 『고대 중국인들로부터 알려진 동방의 민족들 : 원작들로부터』 Ernest Leroux Editeur, 1881, FRE 215

목차
일반적 고찰들
동쪽 민족들.
남동 민족들.
남쪽 민족들
부록.
주석들과 설명을 위한 서류들
리에우 키에우.
인도 제도

지도의 설명.
1. 인도차이나의 민족지학
2. 고대 중국인들로부터 알려진 인도제도
3. 인도차이나와 말레이지아. 주(周) 시대[기원전 l134년에서 256년].
4. 인도차이나와 말레이지아. 진(秦) 시대[기원전 221년에서 206년].
5. 인도차이나와 말레이지아. 한(漢) 시대[기원전 202년에서 서기 220년].
6. 인도차이나와 말레이지아. 진(晉) 시대[서기265년에서 419년].
7. - 인도차이나와 말레이지아. 수(隋) 시대[서기 581년에서 617년]. 당(唐) 시대[서기 618년에서 906년].
이 첫 보고서에 인용된 이름들의 목록

Rosny, Leon. 『한국인 : 민속학적 역사적 개관』 Maisonneuve Frères et Ch. Leclerc, 1886, FRE 335

1장. 땅과 자연.
§ 1. 지리학적 개관 7
§ 2. 지역 생산물 21
2장. 민족적 요소.
§ 1. 한국인에 관한 열거 26
§ 2. 한국과 일본의 고대적 관계 37
3장. 신체적 지적 특징.
§ 1. 한국인의 특징 41
§ 2. 제도, 풍속과 관습 48
4장. 국가적 특성.
§ 1. 한글 61
§ 2. 언어와 문학 67
부록.
1. 한국의 인구 75
2. 한국 왕들의 왕조에 관한 메모들 76
3. 한국 연대기의 날짜들 78

분석적 색인 87

Rosny, Leon. 『한국의 지리학과 역사에 대하여』 Imprimerie Orientale de Ve Raybois, 1868, FRE 302

I. 자연 지리학
II. 역사 지리학
우리 시대 이전의 시대
우리 시대 이후의 시대

Ross, Colin. 『새 아시아』 Sorlot, 1944, FRE 146

서론
I. 떠오르는 태양의 섬 제국
1. 일본 제국
2. 후지의 그늘아래에 있는 섬
3. 떨어지는 꽃들-올라가는 국가
4. 강가에 있는 공장의 굴뚝들
5. 죽은자들의 광장
6. 히미 선교사 웃다
7. 코도 : 공화제국?
8. 부처의 변화들
9. 신코쿠-신의 제국
10. 일본을 가로지르는 자동차 여행에 대한 교훈들
11. 일본에서의 자유 경제 위기
12. 일억명의 국민들을 위한 백년 계획
13. 일본의 성공 비밀
II. 한국, 혹은 아침의 평화로운 국가이기를 멈춘 국가
14. 극동 아시아의 운명적 길
15. 비극의 다리
16. 한국인들은 일본인들이 되어야만 할 것인가?
III. 만주국,
17. 만주의 보루
18. 새로운 수도

19. 가느 북부의 바람
20. 치푸리의 개척자들
21. 백러시아의 꿈
IV. 몽골, 제국의 요람
22. 라마스 성
23. 아시아 국민들의 이주
24. 대 칸들의 세습
25. 징기스칸의 마지막 후손 방문
V. 붉은 태양 아래의 중국
26. 만리장성과 사람들
27. 중국 평원에 들어감
28. 붉은 태양은 ... 위로 떠오른다
29. 중국의 펀펀한 들판
30. 철길에서의 일본의 전쟁
VI. 백인 지배의 쇠퇴기
31. 새로운 유럽적 질서
32. 상하이의 성장과 비극
33. 누가 홍콩을 방어하는가?
VII. 하얀 태양아래의 중국
34. 비약
35. 환상적 도시가 연안푸에 야간에 나타났다
36. 중국 북서지방의 새로운 중요한 도로
37. 구름으로 덮인 가장 아름다운 세계아래에 있는 훌륭한 땅
38. 중경 도착
39. 중경의 독일인들
40. 포탄아래의 일상 생활
41. 군대에 복무하는 국민
42. 양츠강 위의 사원
43. 누가 중국을 통치하는가?
44. 최고 사령관과 부인
45. 대륙과 결혼한 자매들
46. 창투 도로
VIII. 중앙 아시아, 지상의 " 정치적 공지"

47. 중앙 아시아를 위한 투쟁
48. 천막과 견인차
49. 티베트는 개발될 것이다
50. 사마르캉-싱캥-충-킹-라사

IX. 아시아에서의 새로운 질서의 실현과 그 결과들
51. 미국의 보이지 않는 제국
52. 중국은 너무 크다
53. 보편주의에서 지역주의로

Roux, Hugues le. 『일본의 시대 : 태평양-일본-중국』 Plon-Nourrit, 1918, FRE 234

I. 태평양에서
II. ((상 필))을 통하여
III. 꽃으로 덮인 섬
IV. 바다로 떨어지고 있는 하루
V. 궁핍과 자만심
VI. 일본인들의 정신
VII. 사람들이 접촉하고 있는 두개의 일본
VIII. 천황
IX. 일본 헌법
X. 공공 여론
XI. 그늘 속의 세 명의 노인들
XII. 동맹국과 적들
XIII. 일본의 군사적 협력
XIV. 일본은 원하지 않았다.
XV. 카토 남작에 대한 방문
XVI. 오쿠마 백작
XVII. 황제의 즉위
XVIII. 황제가 민물송어로 저녁을 하다.
XIX. 만약에 황제가 신이기를 중단한다면
XX. 일본에서의 프랑스 문화
XXI. 귀족들의 클럽에
XXII. 중일 간의 미묘한 움직임들
XXIII. 죽어가고 그리고 다시 소생하는 한국
XXIV. 아름다운 만주
XXV. 베이징의 매력
XXVI. 공사관의 폐쇄된 마당
XXVII. 일본은 유안 시 카이에게 길을 막았다.

XXVIII. 중국의 중립성은 손상되지 않았는가?
XXIX. 유리한 사건
XXX. 일본의 언론은 잘못 생각하고 있다.
XXXI. 꿈과 현실
XXXII. 중국인의 정신에 대한 일견
XXXIII. 수치들
XXXIV. 외부에서 본 유안 시 카이
XXXV. 훌륭한 장관과 분명하지 않은 탁월함
XXXVI. 나의 친구 공화주의자들과 함께
XXXVII. 유안 쉬 카이의 접견
XXXVIII. 프랑스에서의 중국
XXXIX. 만주의 방패막
XL. 1917년의 일본
XLI. 일본의 시대

Sainson, Camille. 『**한국의 기원들**』 Pe-T'ang, 1895, FRE 305

서론
단군의 한국
기자 한국
위만 한국
4개의 지역 시대
두개의 도 시대
삼한

Saint-Yves, G. 『**아시아에 대한 공격 : 아시아에서의 유럽의 점령**』 Alfred Mame et Fils, 1901, FRE 194

머리말
1 장. 아시아에 대한 개관
2 장. 인종과 종교
3 장. 바다를 통한 인도의 점령
4 장. 아시아에 영국인들, 네덜란드 인들, 프랑스 인들의 첫 출입-세개의 동인도 회사들
5 장. 인도 소유를 위한 투쟁들—2중적.
6 장. 영국에 의한 인도 점령

7 장. 아편 전쟁까지의 유럽과 중국간의 관계
8 장. 아편 전쟁 이후 개항과 중국에서의 유럽인들
9 장. 러시아의 교착.—시베리아—튀르키스탄
10 장. 영·러 전쟁터—아프가니스탄—파미르와 페르시아
11 장. 인도차이나에서의 프랑스 인들과 영국인들—일본의 발전
12 장. 아시아의 터키. 1900년의 시리아와 팔레스타인
결론. 19세기 말 아시아에서의 유럽 강대국들의 각각 상황

Sansom, G. B. 『일본 : 일본 문명사』 Payot, 1938, FRE 49

머리말.
서론.
일본사의 시기들.
1부 : 고대사.
I. 기원들.
II. 고대 신화들과 연대기.
1. 토착인 전통과 중국의 인식들.
2. 토착인 들의 제도와 외국과의 관계.
III. 토착 신앙.
IV. 중국학의 도입.
V. 중국과의 문화 관계와 타이카와의 정치개혁.
2부 : 나라.
VI. 유교와 불교.
VII. 예술과 문학.
1. 토착문학.
2. 예술.
VIII. 법률과 행정.
IX. 나라 시대의 정치적 사건들의 개요.
3부 : 헤이안 시대.
X. 새로운 수도와 지방들.
XI. 일본 영토에서의 중국 제도의 발전.
XII. 종교와 예술.
1. 고대 헤이안 시대의 불교.
2. 중국학.

3. 토착문학.
4. 마지막 헤이안 시대의 불교.
5. 헤이안 예술.

XIII. 헤이안 시대의 정치적 사건들의 개요.
1. 후지와라 가문의 지배.
2. 타이라 가문의 상승과 몰락.

4부 : 카마쿠라.

XIV. 봉건사회의 발전.

XV. 호조 가문의 섭정.

XVI. 종교, 예술과 문학.
1. 불교.
2. 예술과 문학.

5부 : 무로마키.

XVII. 아쉬카가 군벌.

XVIII. 종교와 예술.

6부 : 센고쿠.

XIX. 센고쿠.
1. 정치적 장.
2. 서양과의 첫 접촉들.

XX. 아주치와 모모야마.
1. 새로운 봉건제도들.
2. 문화적 장.

7부 : 에도.

XXI. 토쿠가와 정체.
1. 국가적 배제 정책.
2. 행정과 법률들.
3. 경제적 조건들.

XXII. 겐로쿠.

XXIII. 겐로쿠.
1. 지적 경향들.
2. 경제적 운동들.

Scherzer, M. F. 『아시아 신문, 혹은 추억, 발췌문 그리고 간단한 설명들의 모음집』 8번째 총서, Ernest Leroux, 1885, FRE 206 v.6

람프시니니트 이야기 번역문에 대하여
(엠. 제. 마스페로)
중국어로 처음으로 번역된, 익명의 한국인에 의한, 한국에 대한 기억, 챠오시앙체(엠. 에프.쉐르제르)
인도 경전들의 기원에 대한 소고.(엠. 지. 알레비)
베르베르 어휘기술학에 대한 주석.(르네 바세 씨.)
소식들과 논문집.—알렉산더 코소마 데 코로스의 삶과 작품들.(엠, 엘. 페르.)
—새로운 발간물들 : 세편의 희극들.—타바리 연보.—1885년 7월 카비에 개정.

Scherzer, M. F. 『아시아 신문, 혹은 추억, 발췌문 그리고 간단한 설명들의 모음집』 8번째 총서, Ernest Leroux, 1885, FRE 206 v.7

갈라와 쉬마의 역사.(엠. 아쉬. 조텐베르그.)
뮤즐만의 고전학과 도량형학의 역사를 위해 사용하기 위한 자료들.
(엠. 아쉬. 소베르.)
크쉐멘드라의 브리하트카타만자리오.
(계속 그리고 끝.)(엠. 지. 실뱅 레비)
영구적 논평을 담은, 익명의 한국인에 의해, 처음으로 중국어로 번역된, 한국에 대한 논문, 챠오시앙체
(계속 그리고 끝.)(엠. 쉐르제르)
소식들과 잡문들.—1886년 2월 12일, 3월 12일 그리고 4월 9일 회의의 의사록.
—기도서 혹은 기도 책, 조정과 성무일과에 관한 개론책.(엠. 루벤스 뒤발.)
—엠. 바세의 엠. 바비에 드 메이나르에게 보내는 편지.
—비엔나의 동양 연구자들의 회의.

Scherzer, M. F. 『차오시앙체, 처음으로 중국어로 번역된, 익명의 한 한국인에 의한, 한국에 대한 회상』 Imprimerie Nationale, 1886, FRE 189

참고문헌적 간략한 설명

I. 역사적이고 지리학적 개관
II. 수도에 대한 기술
III. 다양한 행정기관들 (열거와 권한)
IV. 관습
V. 옛 수도들
VI. 고대의 발자취
VII. 산과 물의 흐름
VIII. 정자들과 테라스들

Scidmore, Eliza Ruhamah. 『서양을 통해 극동에 : 한국에 대한 간단한 설명과 함께 중국과 일본의 주요 도시들 안내』 Du Chemin de fer Pacifique Canadien, 1900, FRE 214

서문.
I. 크리스토프 콜롬버스가 ...향해 서쪽으로 항해를 하였을 때
II. 허드슨을 따라 철도로 하루 여행 후
III. 한 중국 배가 방쿠버 항에 정박해 있을 때
IV. 종종 "황후"호가 정오 경에 땅에서 보인다. 그리고
V. 멋진 호텔들과 이국적 생활방식과 관심
VI. 리와 초는 일본의 거리 측정 단위들이었다.
VII. 요코하마에서 토쿄까지의 철도.
VIII. 5시간 만에 사람들은 토쿄에서 니코까지 철도로 간다.
IX. 토쿄와 키오토간의 여행을 하는 여행자는 ...을 탈 수 있다.
X. 캐나다의 태평양 상의 증기선들 정기적 정박 항구들
XI. 어떠한 여행자도 키오토,.. 정신과 중심..., 를 방문하는 것을 빼놓지 않는다.
XII. 여행의 빠름은 ...을 위해 어떠한 고려의 대상이 아니다.
XIII. 나가사키에서, ...의 북부를 방문하기를 원하는 여행자
XV. 강렬한 푸른 바다, 갈색을 띤 해안
XVI. 사람들은 홍콩에서 마카오까지 두 시간 동안 갈 수 있다.
일본어 문장들과 단어들
일본과 중국에 대한 참고 문헌들
신문
주요 여행사들 목록

Seu, Ring-Hai. **『한국인의 삶의 결으로』** Editions Agence Korea, 1929, FRE 145

1 부
2 부
3 부
한국 공화국의 독립선언

Tessan, François de. **『침체되고 활기찬 일본』** Baudinière, 1929, FRE 240

((모든 세상)), 모리스 데코브라의 머리말
편지-폴 클로델의 서문
I. 새로운 통치와 제국에 대한 생각
II. 의회주의와 정당의 발전
III. 사회 운동들
IV. 일본인들은 어디에 있는가
V. 지적, 종교적, 스프츠에 있어서의 근대화
VI. 촉매와 재건
VII. 이주와 식민화
VIII. 제1회 범아시아 회의
IX. 중국 혼란 앞에서
X. 토키오와 모스쿠 사이에서
XI. 영국과의 관계들. 해군과 항공 정책
XII. 미국과의 관계들
XIII. 태평양에서의 프랑스의 역할과 인도차이나의 역할
XIX. 일본과 국제연맹

Thalasso, Adolphe. **『아시아의 사랑에 관한 선집』** Société du Mercure de France, 1907, FRE 297

서론 : 아시아 시론
I. 아프가니스탄.
2. 알태 (투르크멘스).
3. 안남

4. 아라비아
5. 아르메니아
6. 소아시아 (아나톨)
7. 벨루기스탄
8. 비르마니
9. 캄보디아
10. 중국
11. 시르카시
12. 한국
13. 다게스탄
14. 지오르지
15. 힌두스탄
16. 일본
17. 카피리스탄
18. 카자크스(중국령 튀르크스탄)
19. 시베리아의 키르기스
20. 쿠르디스탄
21. 만주
22. 동몽골(타타르인들)
23. 서몽골(칼 묵크스)
24. 네팔
25. 페르시아
26. 사이암
27. 시리아
28. 티베트
29. 투르키스탄

Tournafond, Paul. 『한국』 Tequi, 1894, FRE 253e2

서론
1부. 한국의 역사. 지리. 관습. 관례-풍습.
 1장. 북쪽 경계. 킨 웬 시장. 베이징의 대사관. 어떻게 사람들은 한국에 들어가는 가.
 2장. 지리학적 위치. 산. 평야. 동물군, 식물상. 인삼. 기후. 질병.

3장. 민족지학. 거주. 의복.
4장. 가족 관계. 식량. 단결.
5장. 정치 지리학. 인구. 군대. 시민적 그리고 군사적 고관.
6장. 궁전. 환관들. 문객. 일화들.
7장. 시험. 문학 학위들. 다양한 과학 학교들.
8장. 언어, 글씨, 한국의 문학.
2부. 한국의 문명화 된 강대국들간의 관계들
1장. 첫번째 아편전쟁. 프랑스가 거기에서 한 역할. 프랑스는 자국의 상업과 선교사들에게 유리한 조약을 얻어냈다. 프랑스에게는 이러한 조약들을 집행하는 것을 감시하기 위한 시지가 있어야만 했다.
2장. 한국의 교회는 어떻게 설립되었는가. 최초의 선교사들. 그들은 죽음을 당하였다. 세실 제독이 한국에 출동하였다. 김 앙드레의 순교
3장. 글르와르와 빅토리외즈 호의 조난. 한국 정부와 라피에르 지휘관 사이의 서신 교환. 선교사들에게 부여된 상대적 자유. 드 몽티니 씨의 프랑스 조난들에 대한 관대한 개입
4장. 영-불 함대에 의한 베이징 점령. 한국에서의 반발. 프랑스 식민지 목적. 한국에 침투하기 위한 러시아인들의 시도
5장. 잔인한 박해. 로즈 제독의 원정. 그의 통탄할 만한 결과
6장. 미국인들의 개입. 러시아인들의 태도
7장. 한국과 일본
8장. 마지막 사건들
결론

Trousset Jules. 『경이로운 전람회』 Librairie Illustrée Montgredien et Cie, FRE 41 v.1-2

Tsurumi, Yusuke. 『중일전쟁』 Recueil Sirey, 1932, FRE 107

머리말
I. 일본, 만주, 국제연맹
II. 만주문제. 새로운 만주국가
III. 중국에 있어 반일본운동과 보이콧트

i. 중국에 있어 반일본운동과 보이콧트의 특징과 그 위법성
ii. 최근의 보이콧트와 외국인 혐오증
iii. 중국인들의 분할된 권한
iv. 국민당의 역할
v. 반일본주의의 다양한 전문단체와 협회에 의한 체포와 처형
vi. 보이콧 태도. 중국당국의 공모와 일본상인들의 은밀한 개입
vii. 반일본 보이콧트의 경제적 결과

Utley, Freda. 『겉만 번듯한 일본』 Payot, 1937, FRE 104

머리말
1장. 일본의 허풍
2장. 자원이 부족한 일본, 외국무역에 의존하다.
3장. 일본의 진정한 창설: 산업
4장. 농업
5장. 비참함과 농지의 불안요소
6장. 일본의 노동력은 비싼가 혹은 저렴한가?
7장. 일본 국가경제 약점의 근본적인 원인
8장. 전제주의와 시민법의 결핍 그리고 초보적인 자유
9장. 절박한 시민혁명
10장. 일본과 전쟁의 시련. 보급, 무장, 도덕과 재정
11장. 1937년의 중일전쟁

Valentin, F. 『라 페루즈의 여행과 모험』 Alfred Mame et Fils, 1883, FRE 25e17

1장. 브레스트에서 세인트 섬으로의 횡단-브레스트 해안에서의 카트린느.- 칠리의 콘셉숀에서 체류
2장. 파크 섬에 도착(바이후)-이 섬에 대한 기술.-그 곳의 거주자들의 풍속.- 하와이(상드위치) 제도에서의 휴식.
3장. 하와이 제도 출발.- 아메리카 북서 해안.-프랑스인들의 항구. -탐험의 첫 재앙.-프랑스인들의 항구에 대한 기술.-그 거주자들의 풍속과 관습.
4장. 프랑스 인들의 항구 출발.- 아메리카 해안 탐험.- 캘리포티아 해

안, 몽트레이에 도착과 체류.
5장. 몽트레이에서 마카오까지의 횡단.-이 이름을 갖고 있는 만에서의 휴식.-마닐라에 도착.-이 섬에 대한 상세한 설명.
6장. 카비테 출발.- 포르모즈 섬.- 일본 해에 진입.- 타타르 해안에 상륙.
7장. 테르네이, 쉬프렌, 랑글, 에스탱, 카스트리 만에서의 계속적 휴식.-타타르 인들의 풍속과 관습.-크릴롱 곶.-쵸카 섬.-캄챠트카 도착.
8장. 아바트샤 만 정박.- 캄챠트카 총독의 범선들의 승무원들에 대한 환영.-프랑스로부터 받은 소식들.-통역관 레셉스 출발.-탐험대는 아바트샤 만을 떠나다.
9장. 하모아(항해자들) 제도.-마우나에 정박.-두 선박의 승무원들 중 랑글과 11명의 인원들 학살.-오이오라바와 폴라에 대한 확인.
10장. 니우하(코코스와 트레트르) 제도.-통가(친구들) 제도 도착.-통가 거주자들과의 관계-금기.-노르포르크 섬.-보타니 만 도착.
라 페루즈에 의해 탐험된 다양한 섬들에 대한 보충적 세부설명.
파크와 마위 제도.
프랑스인들 만 주위에 거주하는 미국인들에 대하여.
쵸카 제도의 거주자들과 동 타타르인들.
부록.

Vaudon Chanoine Jean. **『한국에서 생-폴의 딸들』** Paris Procure des Soeurs de Saint-Paul. FRE 353

Vautier Claire et Frandin Hippolyte. **『한국에서』** Paris Ch. Delagrave, FRE 5

Vigneron, L'Abbé Lucien. **『황색인들의 모습 묘사들(한국인들, 일본인들, 중국인들) : 중국인의 생활 광경』** Alfred Mame et Fils, 1896, FRE 224

머리말
황색 인들의 모습 묘사들
I. 한국인들
II. 일본인들

III. 중국인들
IV. 어떻게 우리는 중국에 가려는 생각을 갖게 되었는가?
V. 우리는 중국에 어떻게 갔는가
VI. 우리는 어떻게 육상과 해상으로 중국을 관통하였는가
VII. 중국 사회
VIII. 한 고관의 모습 묘사
IX. 귀족과 편지들
X. 한 고관의 생활
XI. 재판관
XII. 새로운 스타일의 고관
XIII. 농촌에서
XIV. 도시의 길에서
XV. 내부—식사—부인
XVI. 내가 중국에서 한 것
XVII. 기독교적 관점에서 중국에 존재하는 것
XVIII. 그것은 바로 순교자다

중국인의 생활 광경

I. 중국의 명의
II. 마 쿠아 체 볼
III. 새해
IV. 학사
V. 악마의 신발들과 매혹적인 시장
VI. 두개의 실수들
VII. 보다 심각한 실수

Viollis, Andrée. **『일본과 일본제국』** Editions Bernard Grasset, 1933, FRE 151

I. 상해와 요코하마 사이에서
II. 일본의 견해와 상해 <<사건>>
III. 만주, 일본군대의 영지
IV. 도쿄의 다양한 얼굴
V. 민족주의 운동의 탄생과 성장
VI. 시민권에 대한 군인들의 항거

VII. 군인들의 음모와 정치적인 암살
VIII. 민중들로부터 외면당한 의회의원들
IX. 현재의 통치자들
X. 일본의 젊은 군대는 무엇을 원하나?
XI. 숨어있는 자들
XII. 사회주의에서 파시즘으로
XIII. 파시즘과 프롤레타리아당
XIV. 파시스트 협회를 넘어서
XV. 일본의 산업위기
XVI. 일본 협잡꾼들의 거드름
XVII. 일본 노동자들의 슬픈상황
XVIII. 일본 농민들의 비참함
XIX. 일본의 넘쳐나는 인구
XX. 시기상조의 쿠데타와 국방장관
XXI. 일본은 어디로 가고 있나?

Witte, Comte. 『일본과의 전쟁 : 필수적 선언들 : 쿠로파트킨 장군의 작품에 대한 답변』 Berger-Levrault, 1911, FRE 82

머리말
서문
우리의 전쟁 준비의 부족과 그 원인들
  러시아와 외국에서의 군사비 지출
  재무장관에 의해 군사당국의 요구에 가해진 감축들
  극동에서의 우리의 상황의 강화를 위하여 할당된 예산들
  전쟁에 관계된 예산의 동기들
  극동에서의 재무부 기획을 위한 지출
  달니에서의 항구 건설
  재무장관에 의한, 수입 예측을 위한 비정규적 평가
일본과의 전쟁 어려움들
전쟁의 원인들
  A. 동 중국 철도
  B. 여순항의 점령
  C. 만주 문제

D. 한국 문제
재무장관의 태도
국방장관의 태도

Yong, Ann-Yuen. 『만주 분쟁의 원인 : 중국-일본-베르사이유 평화』 Librairie Orientaliste Paul Geuthner, 1934, FRE 75

머리말
서론. 1914년 이전의 중일 관계
1부. 중국의 중립성
1장. 세계대전 초기의 중국의 정치적 상황
1. 국내 정치적 상황
2. 중국 중립 선언
2장. 키아오추에서의 일본
1. 침공
2. 점령
3장. 일본의 21개 요구들
1. 기원
2. 21개 요구에 대한 분석적 설명
3. 21개 요구와 중국에서의 외국 이해관계
4장. 일본의 21개 요구(계속)
1. 협상의 단계 : 1915년 2월 2일에서 4월 17일
5장. 일본의 21개 요구(계속)
2. 협상의 단계 : 1915년 5월 25일의 중일 조약 서명
21개 요구 문제에 대한 결론
6장. 일본과 중국에서의 군주정의 부활 시도들(1915년 7월-1916년 6월)
1. 군주정의 부활 시도들
2. 군주정 부활 시도들에 있어서 일본의 역할
7장. 1916년과 1917년 만주에서의 일본 음모
1. 창 키아 툰 사건과 일본의 8개 요구들
2. 만주에서의 군주정 운동과의 관계 속에서 창 키아 툰 사건
2부. 연합국 측의 중국
1장. 연합국 측에서 전쟁에 참여한 중국의 결정에 대한 일본의 태

도
1. 일본의 반대
2. 중국에서의 독일의 권리에 관한 일본과 연합국간의 비밀 협정들
3. 랑싱-이쉬 협약 : 미국에 의한 중국에서의 일본 인정
2장. 독일과의 전쟁
1. 독일과의 외교 관계 단절 (1917년 3월)
2. 독일에 대한 전쟁 선언 이전의 사건들(1917년 4월-8월 1917)
3. 전쟁 선언과 그 결과들(1917년 8월-12월)
4. 중국이 독일에 전쟁을 선언한 동기들
3장. 1918-1919년의 중일 비밀 조약들
군사조약과 해군 조약(1918년 5월)
4장. 1918-1919년의 중일 비밀 조약들(계속)
1. 예비적 지적
2. 소위 중국을 위한 부채들
3. 산퉁에 관련된 협약들
5장. 1918-1919년의 중일 비밀 조약들(계속)
만주와 몽골을 위한 부채들
1. 말하여지는 부채
2. 키린-후에닝 철도 건설에 목적을 둔 부채(1918년 6월18일)
6장. 1918-1919년의 중일 비밀 조약들(계속)
말하여지는 부채
1. 만주의 토지와 하층토의 풍부함
2. 키린과 헤이룽키앙의 금광과 숲들에 관련된 니쉬하라 채권
니쉬하라 사건에 대한 일반적 결론들
3부. 베르사이유 회의에서의 중국
1장. 베이징 휴전협정과 파리에서의 평화 회의 개최
1. 연합국의 승리와 니쉬하라 음모의 종말
2. 평화회의의 조직
2장. 연합국의 최고회의에서의 산퉁 문제
1. 사실들
2. 주장들
3장. 평화회의에서의 21개 요구들

1. 사실들
2. 주장들
4장. 일반적 종류의 요구들
1. 중국이 평화회의에 대하여 기대하고 있는 것
2. 중국이 평화회의에서 얻은 것
일반적 결론들
부록
부록 I. 산퉁 문제에 대한 미국의 항의들
부록 2. 일본의 21개 요구들
부록 3. 1915년 5월 7일의, 일본의 중국에 대한 최후통첩
부록 4. 산퉁에 관련된 조약들, 남만주와 동쪽 내륙 몽골에서 ; 그리고 1915년 5월 25일 중국과 일본간에 교환된 각서들
부록 5. 한편으로 중국과 다른 한편으로 독일과 오스트리아-헝가리간의 전쟁 상태를 선언하는, 1917년 8월 14일 선언
부록 6. 일본과 연합국사이의 비밀 협정들
부록 7. 랑싱-이쉬 협약
부록 8. 1918-1919년 중일 비밀협약
참고문헌

Yvert and Tellier-Champion. 『우표의 유통가격 목록』 Yvert & Tellier, 1923, FRE 24e27

27번째 판의 서문.
알림.
이 목록이 만들어진 원리들.
우표연구의 소 용어집.
확실하고 빠른 방법..가격 정정인 없는 우표들.
I. 국가의 이름이 우표에 적혀있다.
II. 국가의 이름이 우표에 적혀있지 않다.
가격 정정인 없는 우표들.
I. 가격 정정 인은 국가의 이름을 가리킨다.
II. 가격 정정 인은 새로운 가치를 가리킨다.

III. 가격 정정 인은 새로운 돈을 가리킨다.
IV. 다양한 가격 정정인.
아조레스.
아프가니스탄.
영국령 중앙 아프리카.
독일령 동아프리카.
포르투갈령 아프리카.
아구에라.
아이투타키.
알바니아.
알제리.
알렌스타인.

Zischka, Antoine. 『세계 속의 일본 : 일본의 팽창 1854-1934』 Payot, 1935, FRE 105

머리말
1부. 일본의 여러 측면들
I 장. 역사적 배경
에노시대부터 메이지 시대까지, 기원전 6000 년 에서 서기 1868년 까지.
II 장. 일본의 과두정
일본의 경제 : 초기 근대. 국가 독점으로부터 미쓰이와 미쓰비시 독점까지
일본 경제의 팽창 중추, 미쓰이와 미쓰비시
근대 일본의 대학들과 출판
일본 산업과 상업인들에 대한 안내서와 협회들
III 장. 일본의 노동자들
인구과잉, 노동조건과 인력의 조직
인구문제들
불충분한 이주
일본에서의 실업
일본인들의 임금
노동자들의 사회입법과 노동조합들

IV 장. 일본 농민들의 상황
팽창의 방법들에 대한 빈곤의 영향
V 장. 군대
시민 권력에 대한 군인들의 반란. ...간의 투쟁
군대와 재정간의 갈등에서의 중재
VI 장. 일본 해군
상선대와 전쟁 함대의 발전
일본의 전쟁 함대
일본의 팽창 전략
2부. 남쪽으로의 팽창
VII 장. 타이완
남쪽 바다에서의 공개적 식민지화
VIII 장. 필리핀에서의 일본
남쪽으로의 팽창에 대한 미국의 장벽
아시아에서의 몬로 독트린
IX 장. 미국의 지위
일본 팽창에 대한 투쟁에 있어서 미국 상인들과 군인들
미국의 지부랄타, 다이몬드 헤드
X 장. 실효성없는 요새
일본의 팽창에 대한 적들의 도덕, 경제, 군사적 상황
XI 장. 싱가포르
일본의 범아시아 간첩과 선전 본부
XII 장. 네덜란드 령 인도에 대한 개관
수마트라와 자바에서의 일본
일본의 가장 훌륭한 동맹자 : 민족주의
XIII 장. 오스트레일리아, ...에 대한 소 목록
3 부. 북으로의 팽창
XIV 장. 한국,
중국과 러시아와의 첫 대결들
XV 장. 한국에서의 일본 경제
북부 식민지에서의 자금 걱정과 정치적 걱정거리
XVI 장. 만주 점령
남만주 철도
1931년의 중일 전쟁

XVII 장. 만주, 1935
일본의 팽창
XVIII 장. 소련식 중국 혹은 일본에 동맹한 중국?
혁명적 방법들에 대처하는 국가적 방법들: 중국과 일본의 재접근
XIX 장. 러시아에 대한 투쟁
미래의 러일전쟁의 요람, 시베리아
시베리아의 산업화
4 부. 전세계적 팽창
XX 장. 일본 팽창의 기계적 도구
몇몇 일본 산업의 최근 발전
화학 산업
기계 산업
상업팽창의 방법들
XXI 장. 일본의 독재
일차 자원의 점령
인구 문제들
결론
문서

명지대 - LG연암문고 불어본 한글 목차

발행일 _ 2013년 2월 15일 초판
저　자 _ 김윤구, 김차규, 최경국
발행인 _ 유병진

명지대학교 출판부

서울특별시 서대문구 거북골로 34
전 화 (02) 300-1740
팩 스 (02) 300-1742
등 록 제 9-25호 1969. 10. 15
제 작 네오프린텍(주)

ISBN 978-89-7335-373-6 (93010)
30,000원